使う 遊ぶ

博士の実用夢折り紙

Fancy Origami for Practical Use

川崎敏和
Toshikazu Kawasaki

CONTENTS

★簡単　★★比較的簡単　★★★それほど難しくない　★★★★チャレンジしがいがあり
★★★★★名人技に挑戦！

ⓐ あまり時間はかからない　ⓑ 少し時間がかかる　ⓒ かなり時間がかかる

この本の使い方 ……… 4

記号と基本的な折り方 ……… 5

1章　使う折り紙

俵の箸置き ……… 10	★	ⓐ
花の器 ……… 12	★★★	ⓐ
チューリップの器 ……… 15	★★★	ⓐ
合格（5角）ペン立て ……… 18	★★	ⓐ
8角ペン立て ……… 21	★★	ⓑ
葉っぱの器 ……… 24	★★★★★	ⓒ
LEDキャンドル ……… 29	★★★	ⓐ
白鳥のライトスタンド ……… 33	★★★★	ⓑ
Lesson　1. カックン折り　2. つつじ組み ……… 37		
しゃくなげのライトスタンド ……… 38	★★★★★	ⓒ

2章　箱の折り紙

Lesson　3. らせん折り　4. うず留め＋ねじり山折り ……… 52 　　　　　5. うず組み　6. うず隠し ……… 53		
風車箱 ……… 54	★★★	ⓑ
玉手箱 ……… 58	★★★	ⓑ
トマトボックス ……… 64	★★★	ⓑ
4つ星の箱 ……… 67	★★★★	ⓑ

6角浅箱 ……… 73	★★★★	ⓑ	
6角深箱 ……… 79	★★★★	ⓑ	
8角浅箱 ……… 84	★★★★	ⓒ	
8角深箱 ……… 90	★★★★★	ⓒ	
ストライプのギフトボックス ……… 94	★★	ⓐ	
モンドリアンボックス ……… 97	★★★★★	ⓒ	

3章　遊ぶ折り紙

デルタ積み木 ……… 106	★★	ⓐ	
3角雛 ……… 108	★★★	ⓑ	
アルマジロボール ……… 113	★★★★	ⓑ	
鎧玉 ……… 117	★★★★★	ⓒ	

家のパーツ　1.くちばしパーツ　2.半くちばしパーツ　3.M ユニット ……… 120
　　　　　　4. ブロック …… 121
　　　　　　5. 横ジョイント　6. 縦ジョイント　7. 短ジョイント ……… 122
　　　　　　8. 正フタと逆フタ …… 123

可愛い家 ……… 124	★★	ⓑ	
十字の家 ……… 128	★★★	ⓒ	
教会 ……… 130	★★★★	ⓒ	
街の壁（見張りの通路）……… 132	★★★	ⓒ	
木と切り株 ……… 133	★	ⓐ	

写真に使用した用紙一覧 ……… 134

おわりに――仲間に支えられて ……… 135

この本の使い方

難易度について

それぞれの作品を難しさに応じて、星のマークで表しています。
星の数が多いほど、レベルが高くなります。

★★★★★ …… 簡単
★★★★★ …… 比較的簡単
★★★★★ …… それほど難しくない
★★★★★ …… チャレンジしがいがあり
★★★★★ …… 名人技に挑戦！

かかる時間について

難易度の下に、作品を完成させるのにかかる時間の目安を示しています。
折る作品を選ぶときの参考にしてください。

- あまり時間はかからない ……… コツがわかれば、それほど時間はかかりません。
- 少し時間がかかる …………… 工程が少し長いので、多少時間を必要とします。
- かなり時間がかかる…………… 大作なので、時間をたっぷりかけて仕上げてください。

用紙の種類

それぞれの作品を折るのに適した紙の厚さを、5段階で示しています。
薄い紙は楽に折ることができ、厚い紙は力が必要です。
（一般に紙を強くプレスすると薄く硬くなりますが、色画用紙はタントより厚いが柔らかい）

薄い	1	2	3	4	5	厚い
	普通の色紙	両面色紙 柄の色紙 コピー用紙	コンサートの パンフレットなど	タント(70kg)	色画用紙	

必要な練習

それぞれの作品を折るために必要な練習（Lesson）、
124～132ページの作品を折るために必要な家のパーツ（部品）を示してあります。

太字の用語

「基本的な折り方」や重要な用語などは、太い字で示しています。

記号と基本的な折り方

上手に折るための3つのコツ

1 折り目をしっかりつける

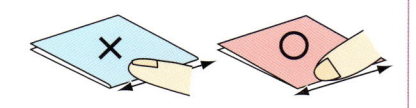

指の腹で押しただけではダメ！

必ずツメを立てて、折り目をきちんとつぶしましょう。

2 フチをきちんと合わせる

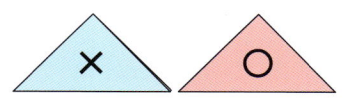

ズレを見のがさない。フチを正確にそろえましょう。

3 次の工程図も見る

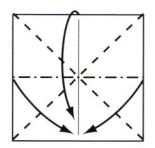

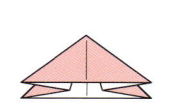

次の図を見ることで、3角形になることや、紙の重なりがわかります。

折り方の記号

この本に出てくる記号です。作品を折る前におぼえておきましょう。

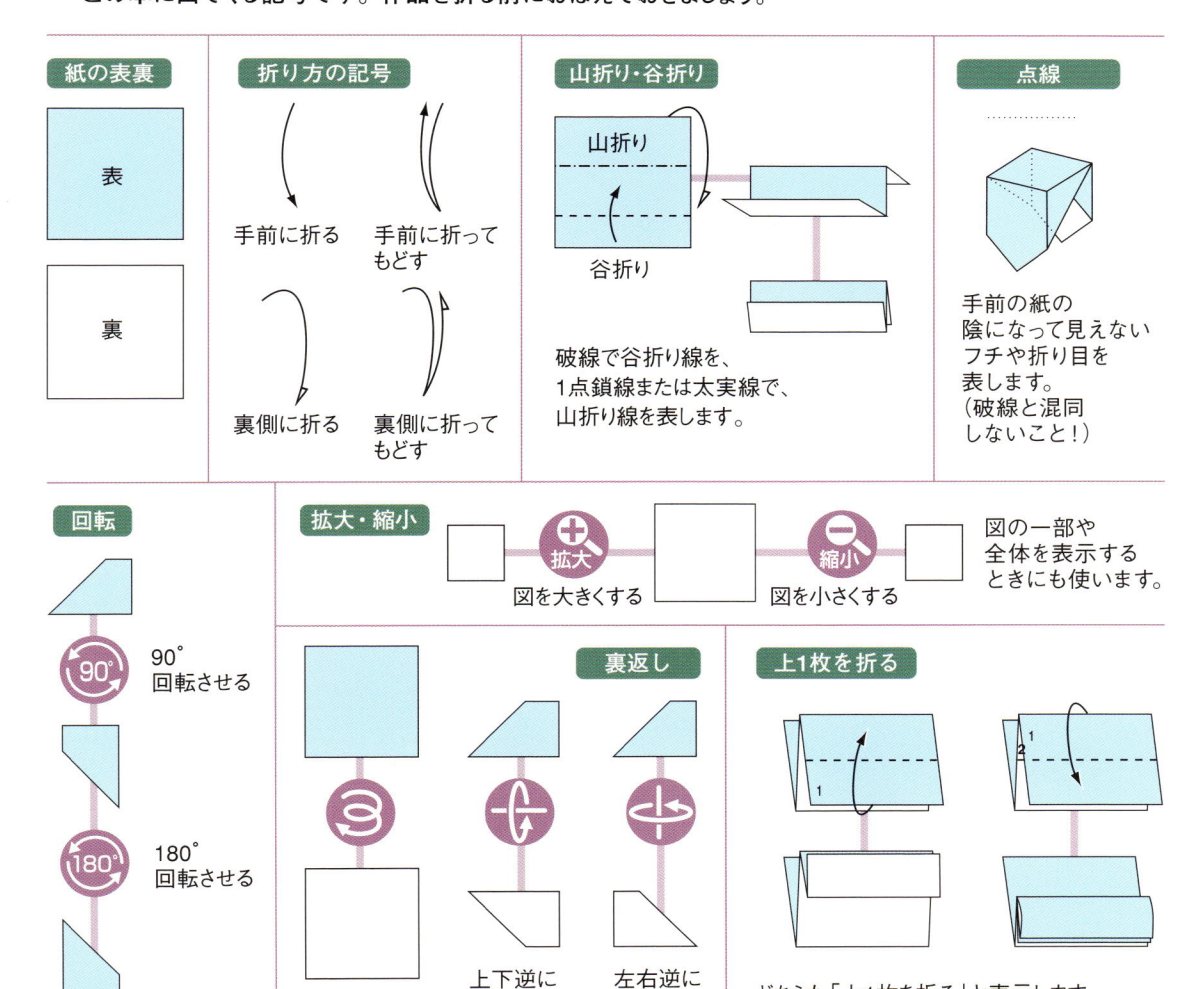

紙の表裏
表 / 裏

折り方の記号
手前に折る / 手前に折ってもどす / 裏側に折る / 裏側に折ってもどす

山折り・谷折り
山折り / 谷折り

破線で谷折り線を、1点鎖線または太実線で、山折り線を表します。

点線
手前の紙の陰になって見えないフチや折り目を表します。（破線と混同しないこと！）

回転
90°回転させる
180°回転させる

拡大・縮小
拡大 図を大きくする / 縮小 図を小さくする

図の一部や全体を表示するときにも使います。

裏返し
裏返す / 上下逆に裏返す / 左右逆に裏返す

上1枚を折る
どちらも「上1枚を折る」と表示します。

基本的な折り方

この本に出てくる基本的な折り方です。作品を折る前におぼえておきましょう。

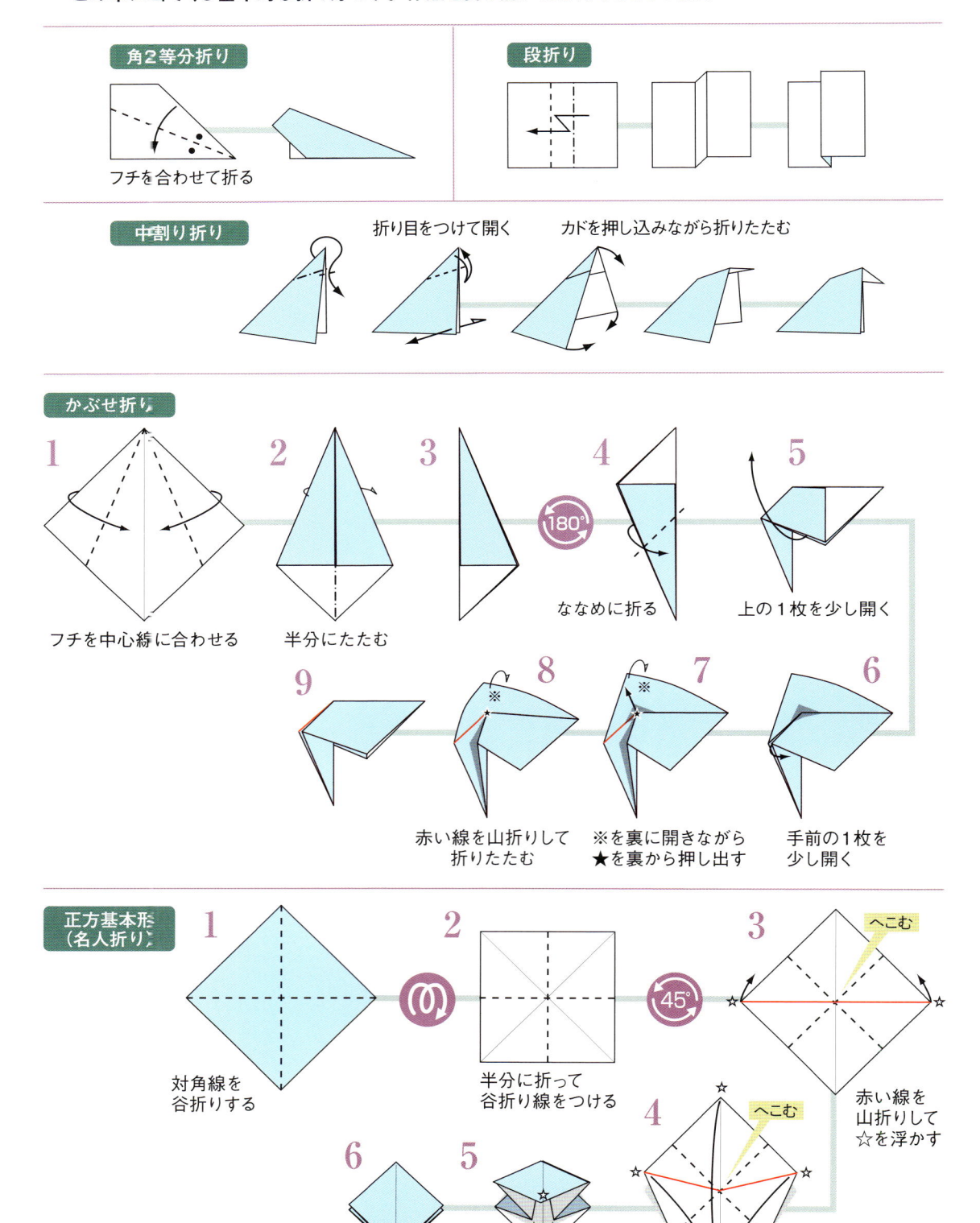

角2等分折り
フチを合わせて折る

段折り

中割り折り
折り目をつけて開く　カドを押し込みながら折りたたむ

かぶせ折り

1. フチを中心線に合わせる
2. 半分にたたむ
3.
4. ななめに折る
5. 上の1枚を少し開く
6. 手前の1枚を少し開く
7. ※を裏に開きながら★を裏から押し出す
8. 赤い線を山折りして折りたたむ
9.

正方基本形（名人折り）

1. 対角線を谷折りする
2. 半分に折って谷折り線をつける
3. 赤い線を山折りして☆を浮かす（へこむ）
4. ☆を手前に集める（へこむ）
5. 途中
6. 正方基本形

6

鶴の基本形（名人折り）

正方基本形の工程3から始めます。

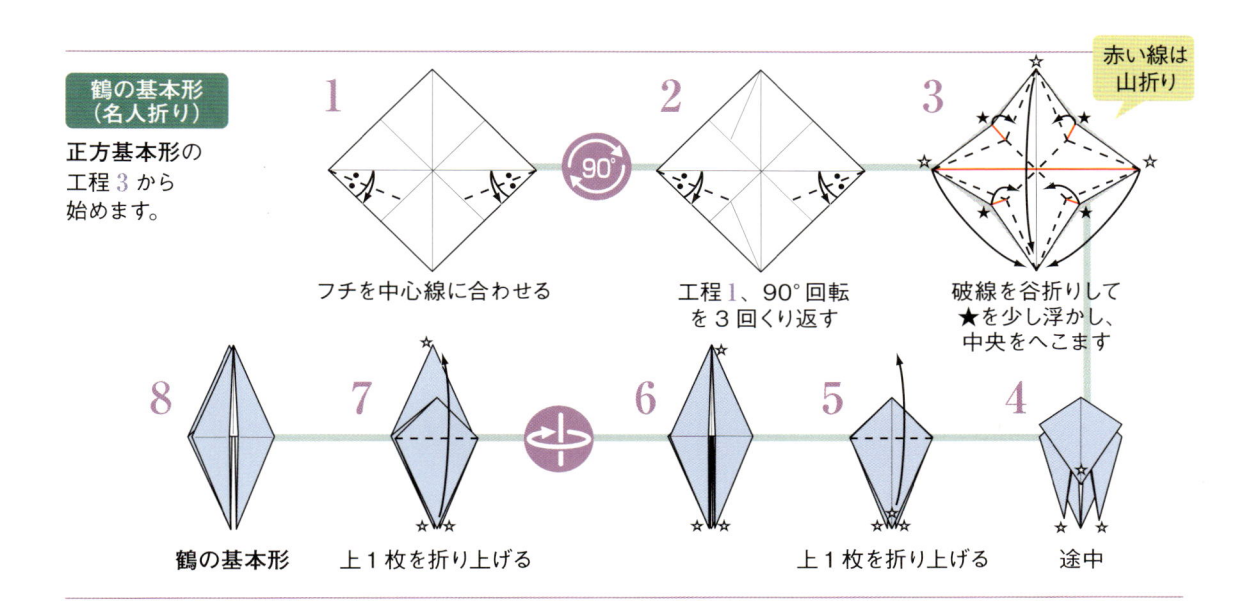

1 フチを中心線に合わせる

2 工程1、90°回転を3回くり返す

3 破線を谷折りして★を少し浮かし、中央をへこます

赤い線は山折り

4 途中

5 上1枚を折り上げる

6

7 上1枚を折り上げる

8 鶴の基本形

用紙を半分に切る方法

紙を重ねて半分に裁断するときに、ずれないように切る方法を説明します。

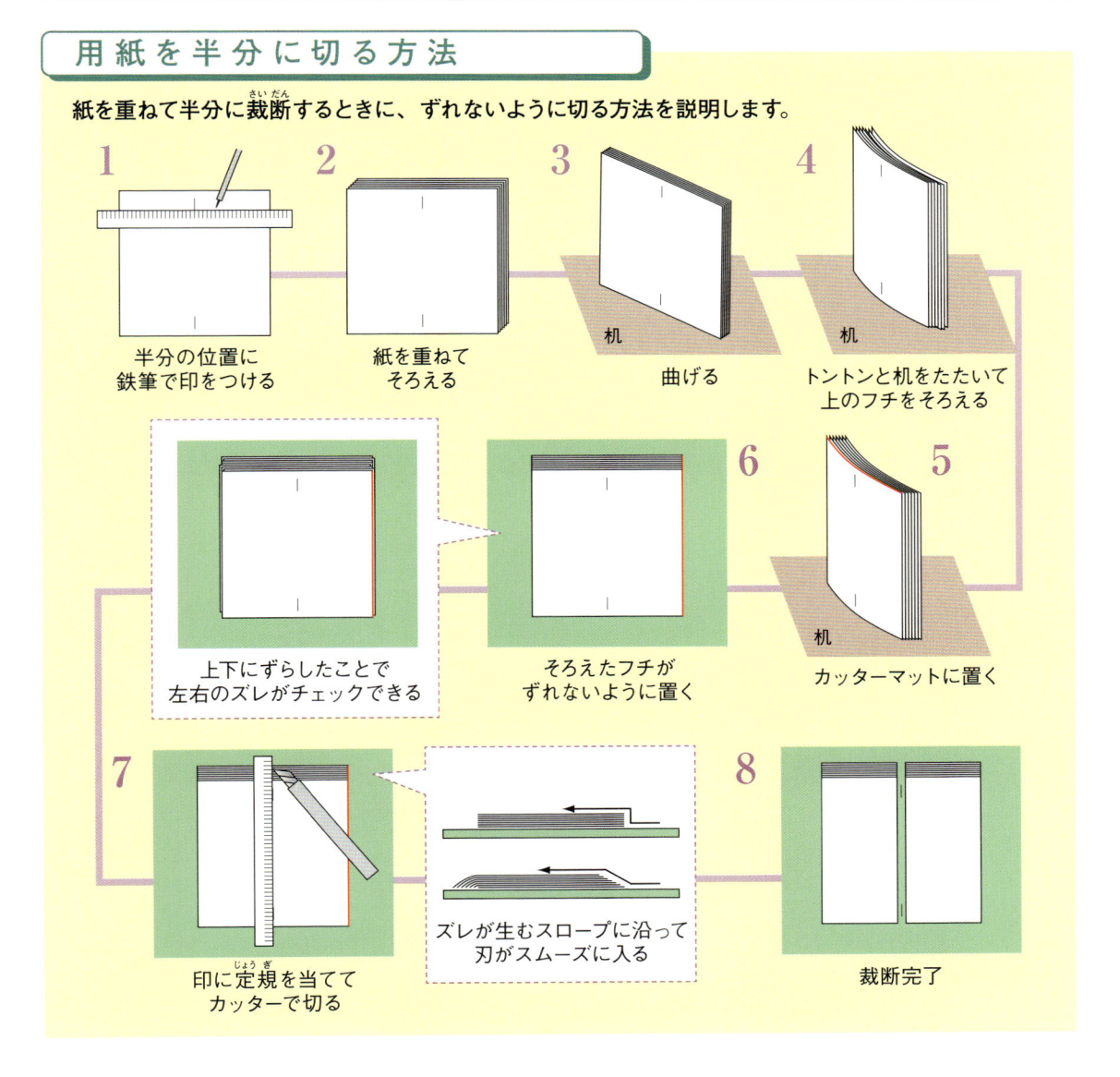

1 半分の位置に鉄筆で印をつける

2 紙を重ねてそろえる

3 曲げる（机）

4 トントンと机をたたいて上のフチをそろえる（机）

5 カッターマットに置く（机）

6 そろえたフチがずれないように置く

7 上下にずらしたことで左右のズレがチェックできる

7 印に定規を当ててカッターで切る

ズレが生むスロープに沿って刃がスムーズに入る

8 裁断完了

1章　使う折り紙

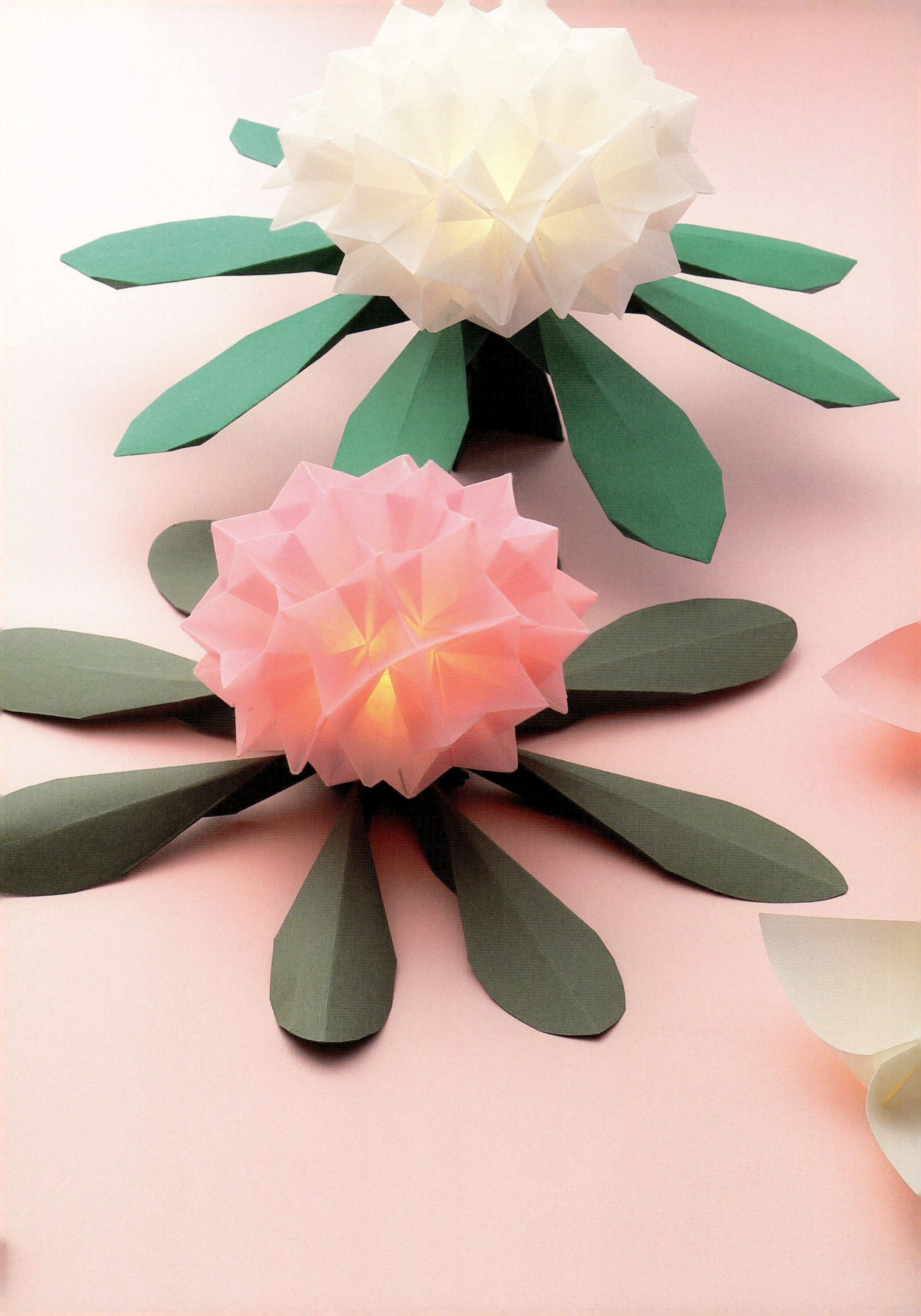

俵の箸置き

じゃばらに折った端が広がらないように留めたものです。
広い紙で練習してから本番に取りかかりましょう。

用紙サイズ 15cm×7.5cm
用紙の種類 普通の色紙

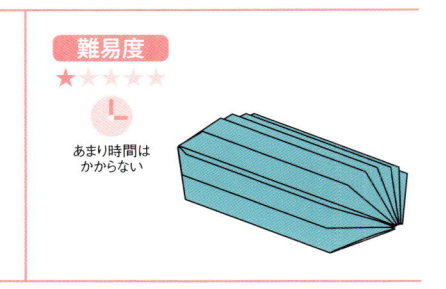

難易度 ★☆☆☆☆

あまり時間はかからない

練習には、広い色紙を半分に切ったもの、または縦横比2:1の長方形で折ってください。

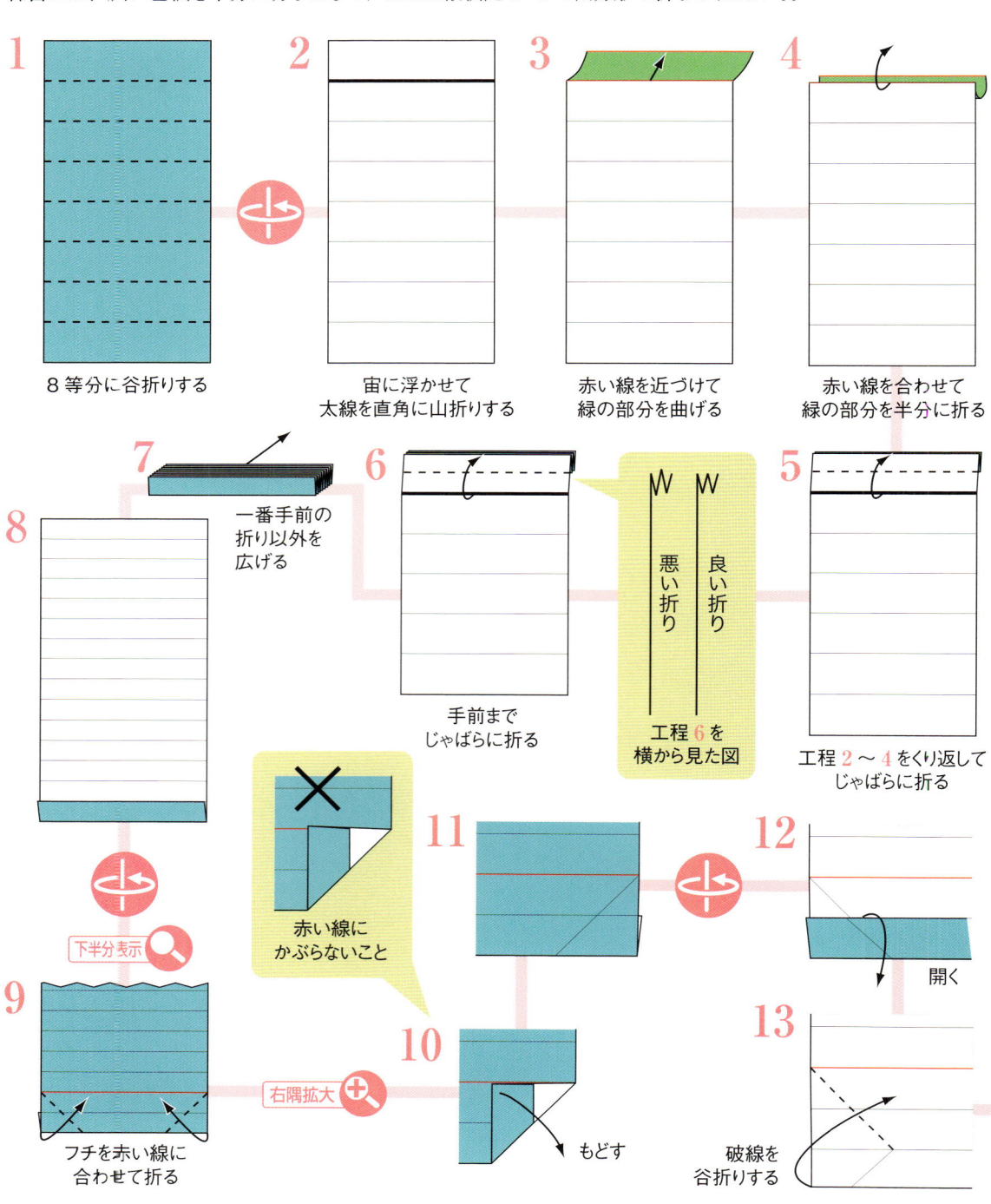

1 8等分に谷折りする

2 宙に浮かせて太線を直角に山折りする

3 赤い線を近づけて緑の部分を曲げる

4 赤い線を合わせて緑の部分を半分に折る

5 工程2〜4をくり返してじゃばらに折る

6 手前までじゃばらに折る

工程6を横から見た図 / 良い折り / 悪い折り

7 一番手前の折り以外を広げる

8 下半分表示

9 フチを赤い線に合わせて折る

10 もどす / 右隅拡大

赤い線にかぶらないこと

11

12 開く

13 破線を谷折りする

10

14
図のように折りたたむ

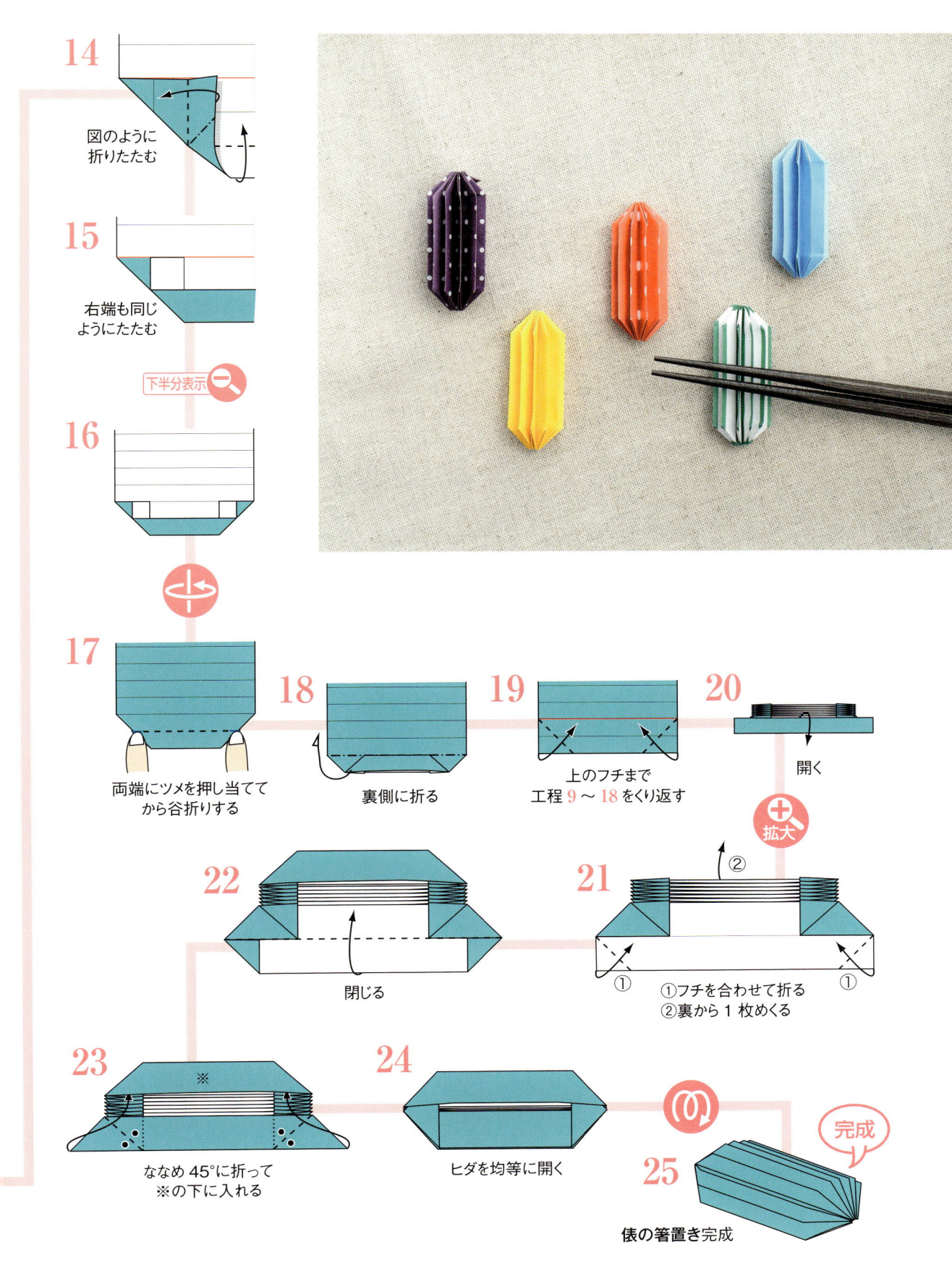

15
右端も同じようにたたむ

下半分表示

16

17
両端にツメを押し当ててから谷折りする

18
裏側に折る

19
上のフチまで工程 9〜18 をくり返す

20
開く

拡大

21
①フチを合わせて折る
②裏から1枚めくる

22
閉じる

23
ななめ45°に折って
※の下に入れる

24
ヒダを均等に開く

25
俵の箸置き完成

完成

花の器

タントのような厚手の紙で折ってください。工程2の3角を小さく折ると浅く広い皿に、大きく折ると深い器になります。

用紙サイズ 15cm×15cm 以上
用紙の種類 タントなど

難易度 ★★★☆☆
あまり時間はかからない

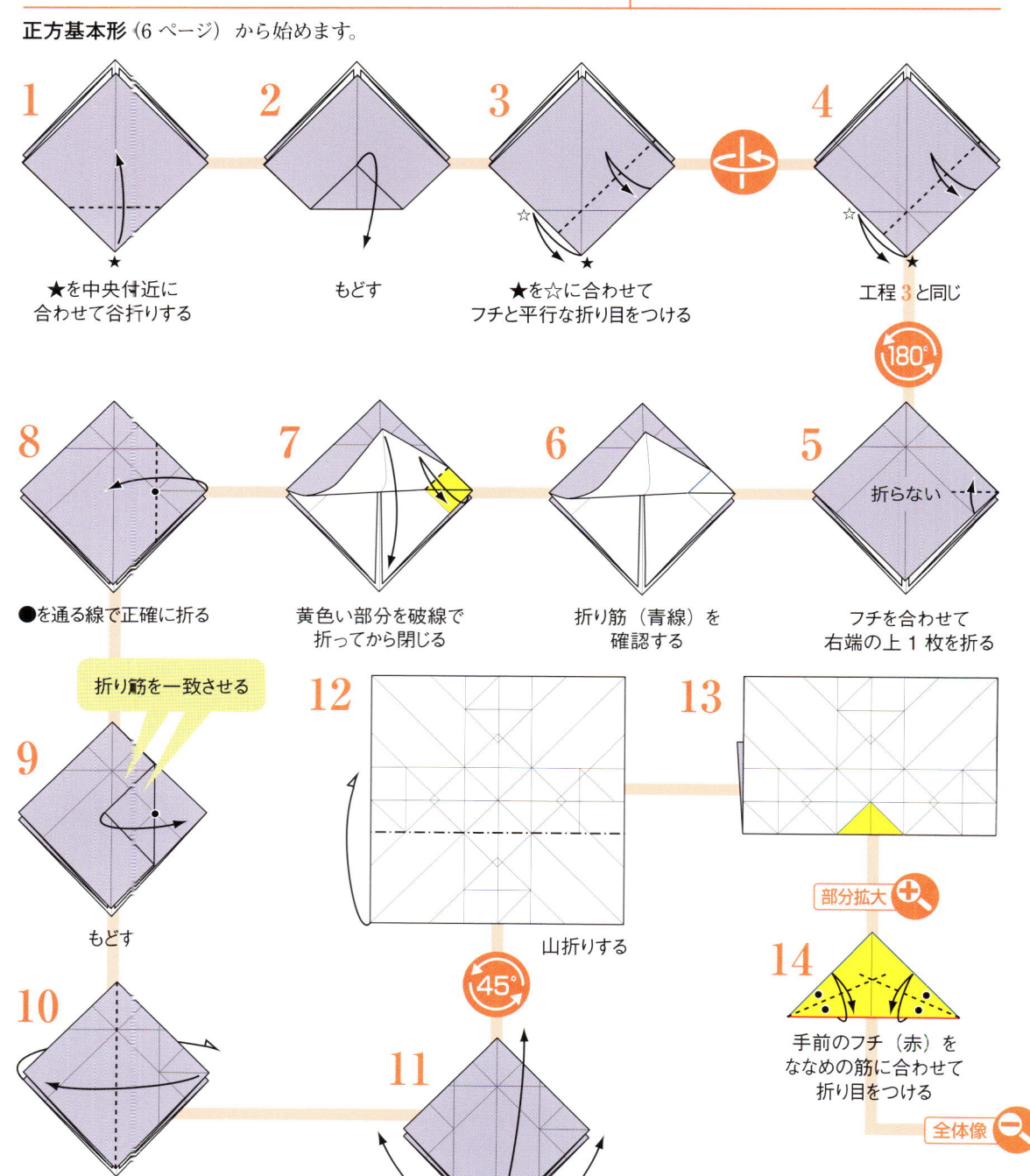

正方基本形〈6ページ〉から始めます。

1 ★を中央付近に合わせて谷折りする

2 もどす

3 ★を☆に合わせてフチと平行な折り目をつける

4 工程3と同じ

5 フチを合わせて右端の上1枚を折る / 折らない

6 折り筋（青線）を確認する

7 黄色い部分を破線で折ってから閉じる

8 ●を通る線で正確に折る

9 折り筋を一致させる / もどす

10 表と裏に1枚ずつめくって工程5〜9を3回くり返す

11 広げる

12 山折りする

13

14 手前のフチ（赤）をななめの筋に合わせて折り目をつける

部分拡大 / 全体像

12

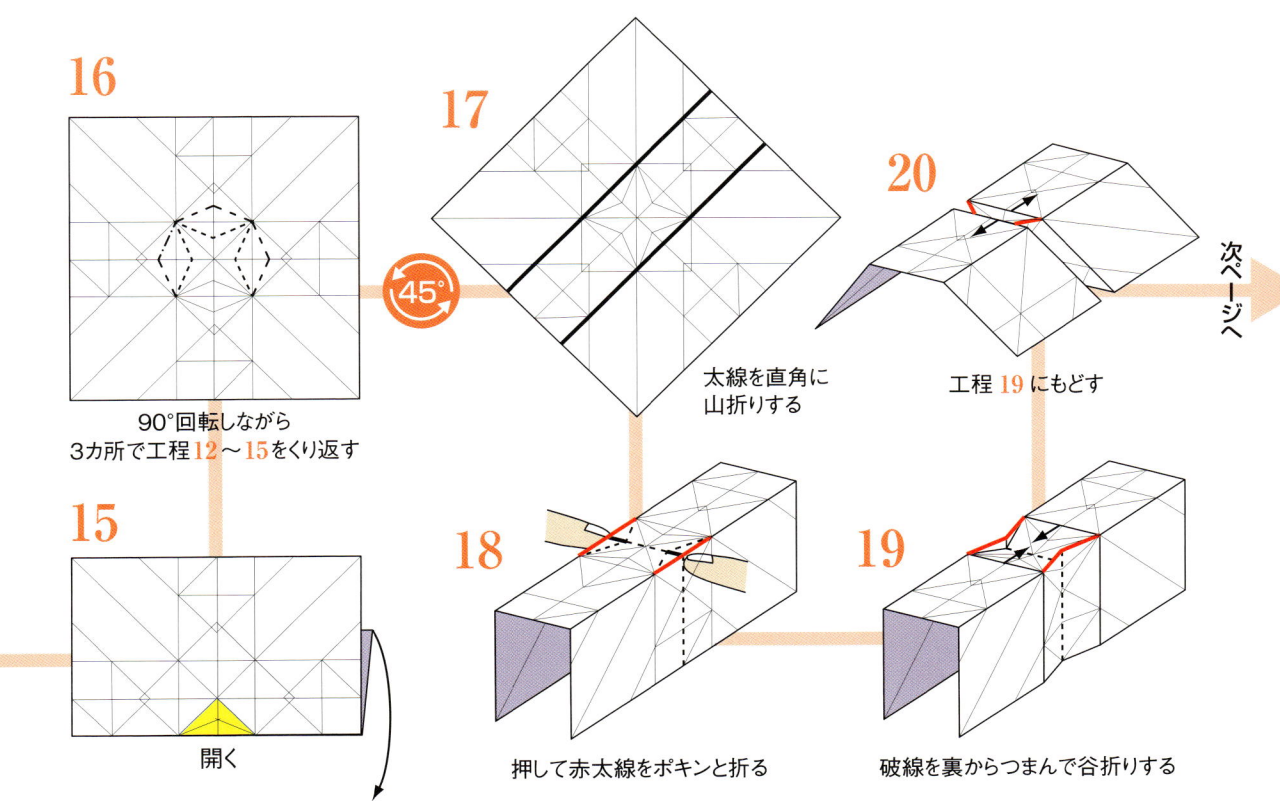

16
90°回転しながら
3カ所で工程12〜15をくり返す

15
開く

17
太線を直角に
山折りする

18
押して赤太線をポキンと折る

19
破線を裏からつまんで谷折りする

20
工程19にもどす

次ページへ

13

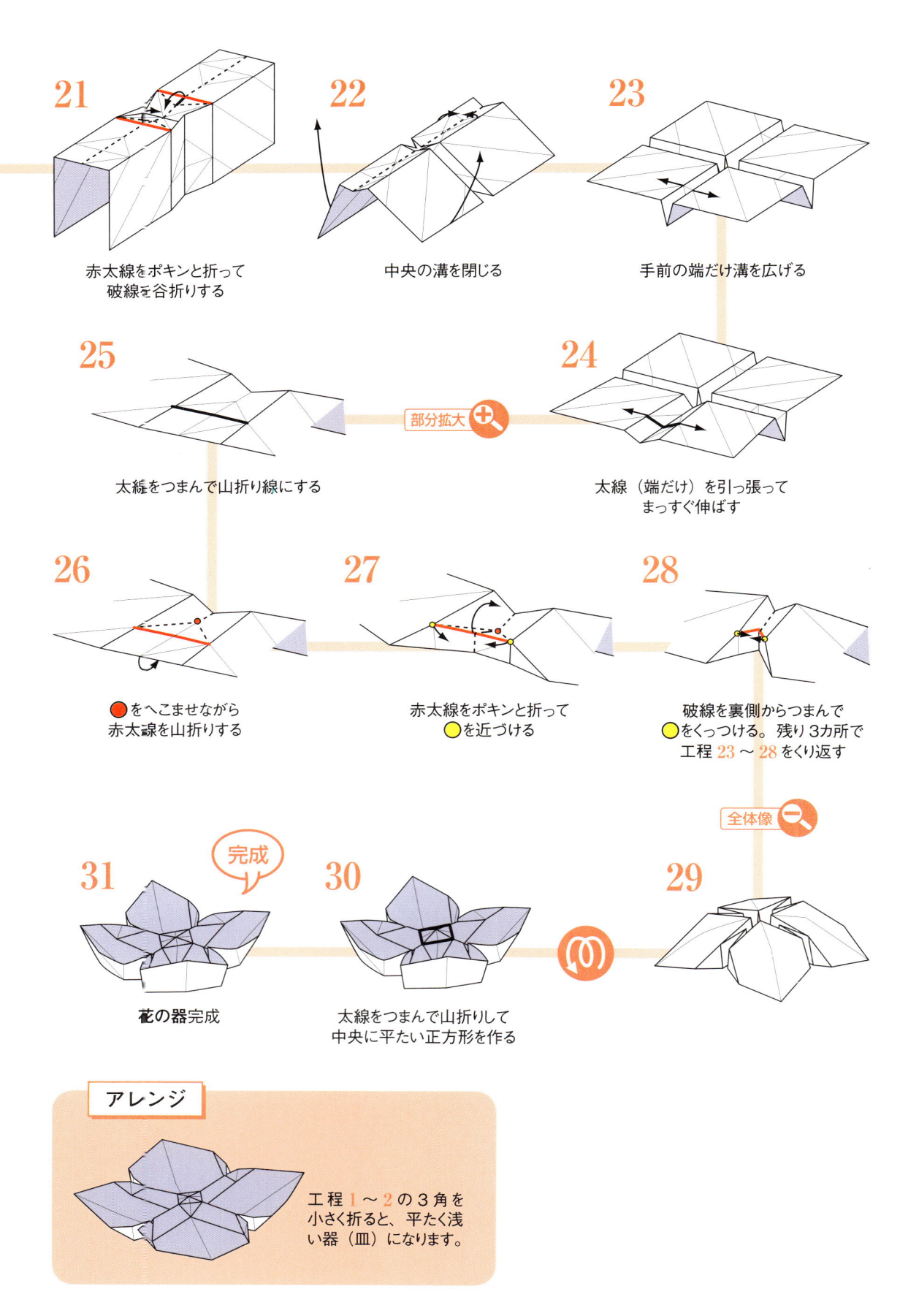

21
赤太線をポキンと折って破線を谷折りする

22
中央の溝を閉じる

23
手前の端だけ溝を広げる

24
太線（端だけ）を引っ張ってまっすぐ伸ばす

部分拡大

25
太線をつまんで山折り線にする

26
●をへこませながら赤太線を山折りする

27
赤太線をポキンと折って●を近づける

28
破線を裏側からつまんで●をくっつける。残り3カ所で工程23〜28をくり返す

全体像

29

30
太線をつまんで山折りして中央に平たい正方形を作る

31
完成

花の器完成

アレンジ
工程1〜2の3角を小さく折ると、平たく浅い器（皿）になります。

チューリップの器

「ねじ組み」という新しい技法で3枚組のパーツを
2つ重ねるので、普通の色紙で折っても
丈夫な器になります。

難易度 ★★★☆☆
あまり時間はかからない

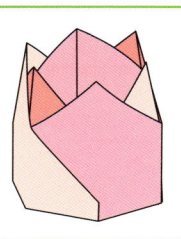

使う折り紙

Step▶1　外パーツを作る

用紙サイズ 15cm×15cm
用紙の種類 普通の色紙、タントなど

1 下半分と上フチに折り目をつける

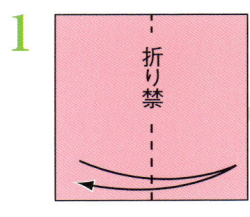

2 フチを中心線に合わせて折り目をつける

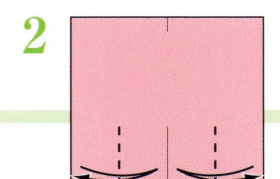

3 カドを青い線に合わせて折る

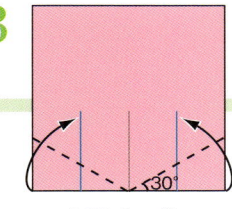

4 カドの位置に山折り線をつける

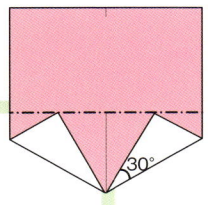

5 開く

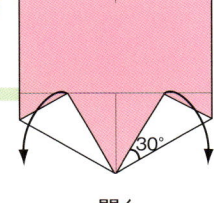

6 ななめ45°に折る

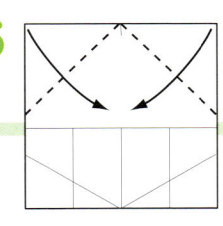

7 対角線に正確に谷折り線をつける

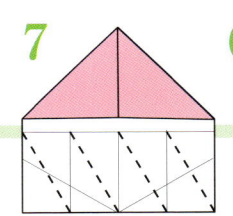

手芸用鉄筆と定規を使って折り筋をつけてから谷折りすると、簡単できれいに仕上がる

8 直角に折る

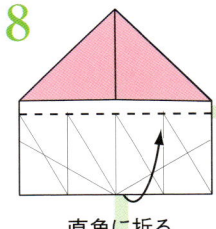

9 側面※を曲げながら①〜④の順に段折りして円柱の形にする

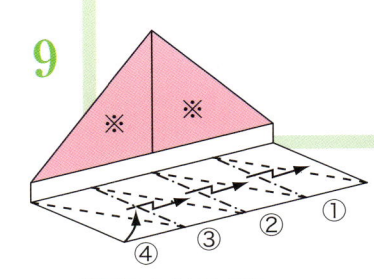

10 赤い線をツメで強く折ってフチをなめらかにする

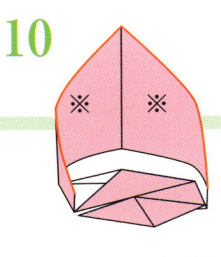

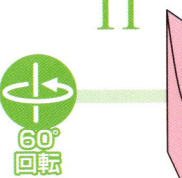

11 60°回転　外パーツ完成

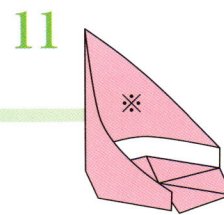

15

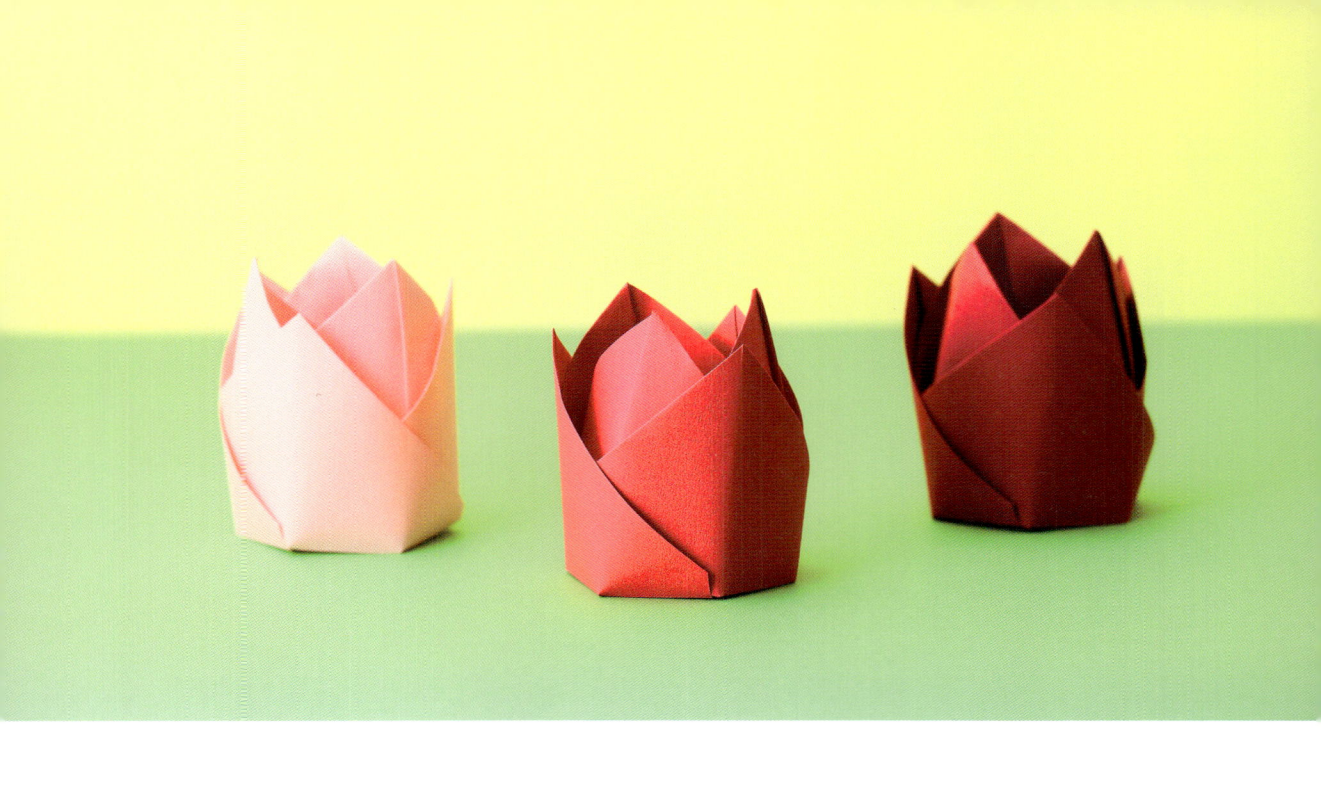

Step ▶ 2 外側の器を作る

材料 外パーツ×3

1 Step 1の工程10を2つ重ねる

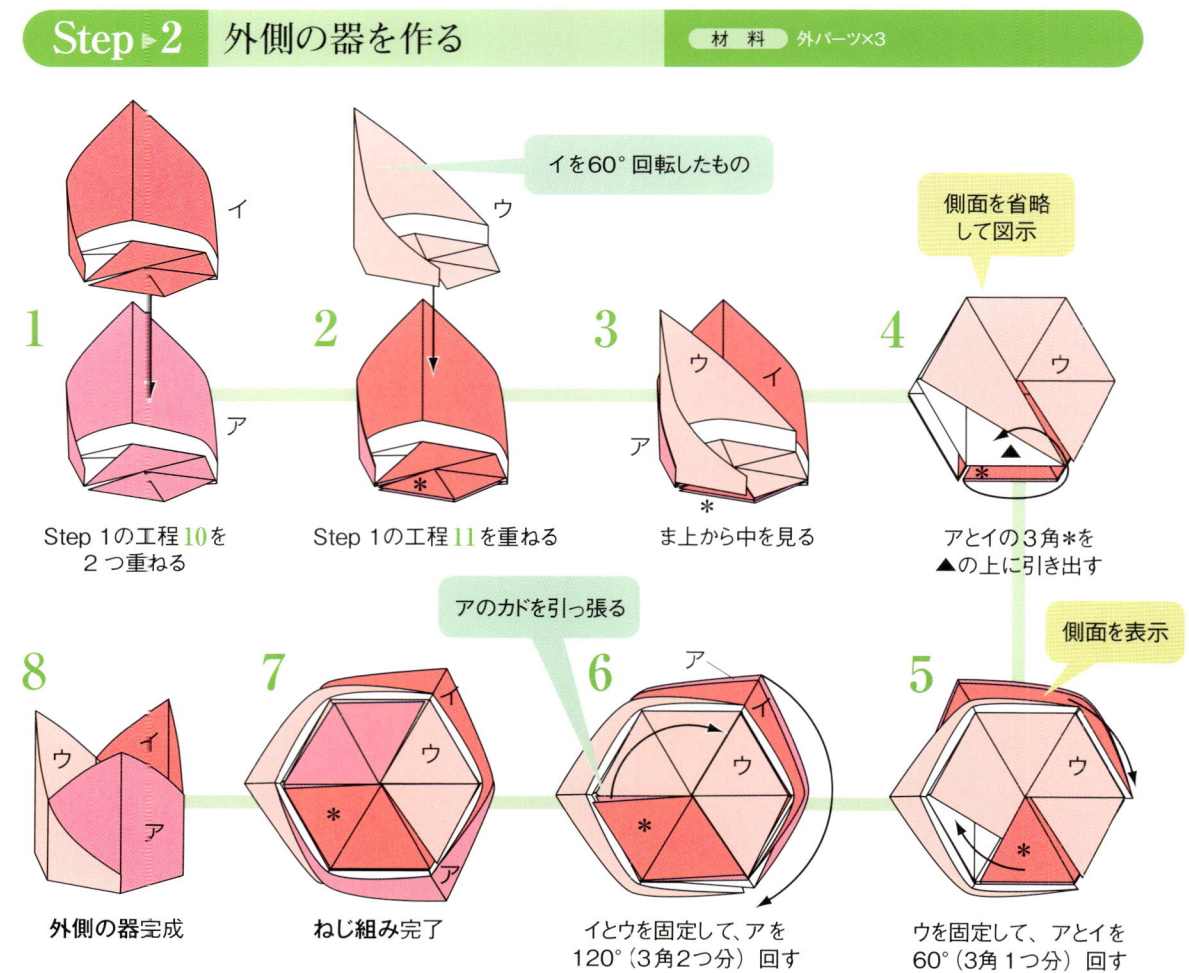

2 Step 1の工程11を重ねる
イを60°回転したもの

3 ま上から中を見る

4 アとイの3角*を▲の上に引き出す
側面を省略して図示

5 ウを固定して、アとイを60°（3角1つ分）回す
側面を表示

6 イとウを固定して、アを120°（3角2つ分）回す
アのカドを引っ張る

7 ねじ組み完了

8 外側の器完成

16

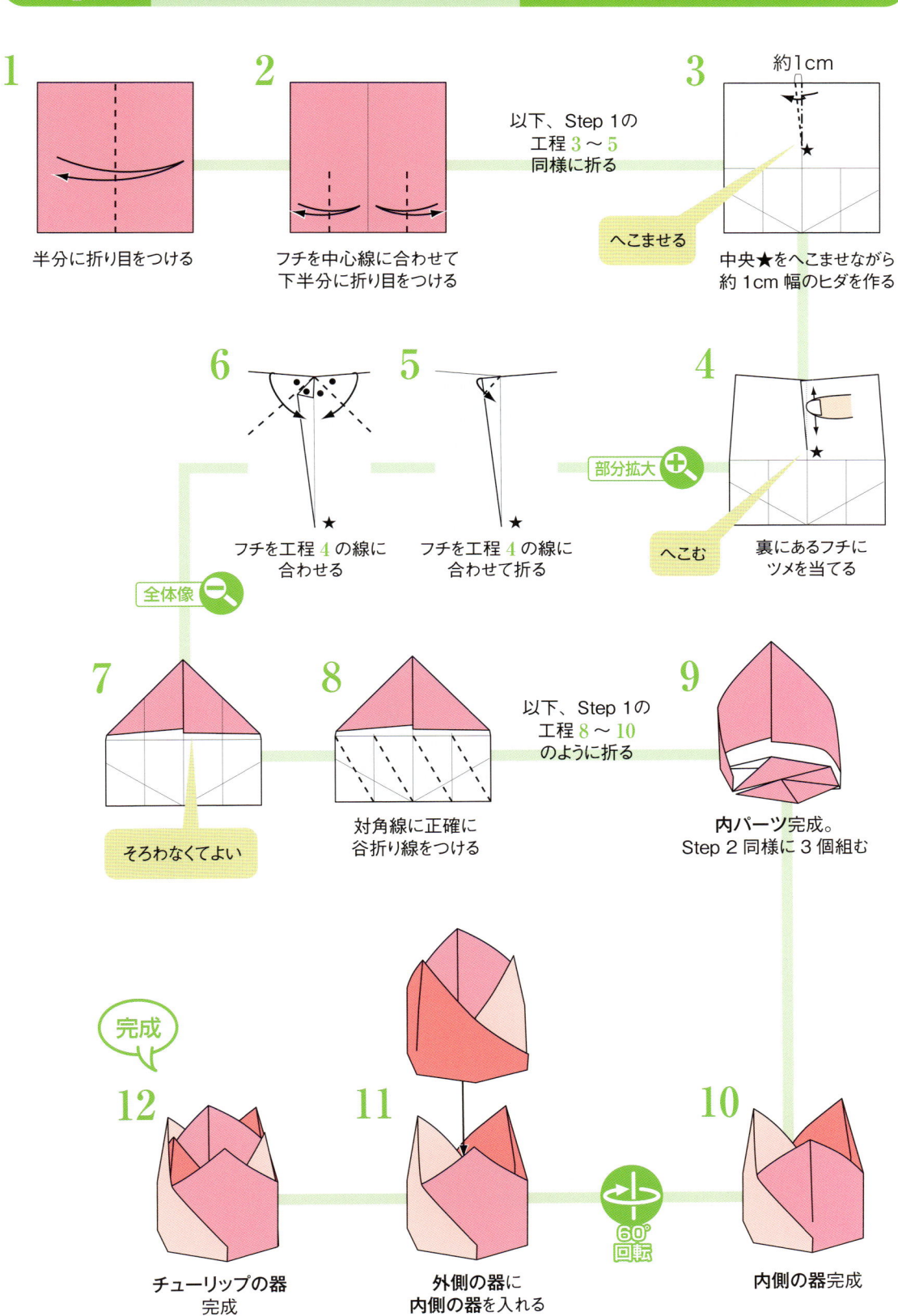

Step ▶ 3　内側の器を作る

用紙　外パーツと同じ×3枚

使う折り紙

1 半分に折り目をつける

2 フチを中心線に合わせて下半分に折り目をつける

以下、Step 1の工程 3 〜 5 同様に折る

3 約1cm／へこませる／中央★をへこませながら約1cm幅のヒダを作る

6 フチを工程4の線に合わせる

5 フチを工程4の線に合わせて折る

部分拡大

4 へこむ／裏にあるフチにツメを当てる

全体像

7 そろわなくてよい

8 対角線に正確に谷折り線をつける

以下、Step 1の工程 8 〜 10 のように折る

9 内パーツ完成。Step 2 同様に3個組む

12 完成　チューリップの器 完成

11 外側の器に内側の器を入れる

60°回転

10 内側の器完成

17

合格(5角)ペン立て

工程 28〜30 で 8 角形から 5 角形に変形します。
少し厚手の色画用紙で折ると、丈夫で実用的です。

- 用紙サイズ　A4、B4またはA3ぐらい
- 用紙の種類　色画用紙など、少し厚い紙

難易度 ★★☆☆☆

あまり時間はかからない

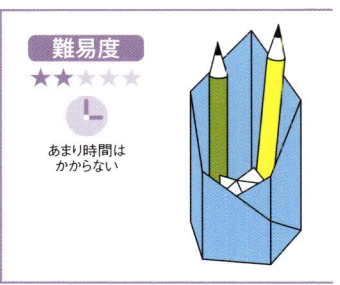

1 半分に折り目をつける

2 中心線に合わせて折る

3 フチで谷折りする

4 中心線に合わせて折り目をつける

ポイント
厚手の紙で折るときに、折り目にツメを当ててしっかりこぶすこと

5 8等分の折り目をつけてから開く

6 カドを折る

7 短い折り筋（赤）を確認する

8 工程7の折り筋を結んで折り目をつけてから開く

左下拡大

9 折り目を延長する。右端も同じ

起点は正確に

10 ななめの折り筋にフチ（赤い線）を合わせる

11 もどす

12 山折りする

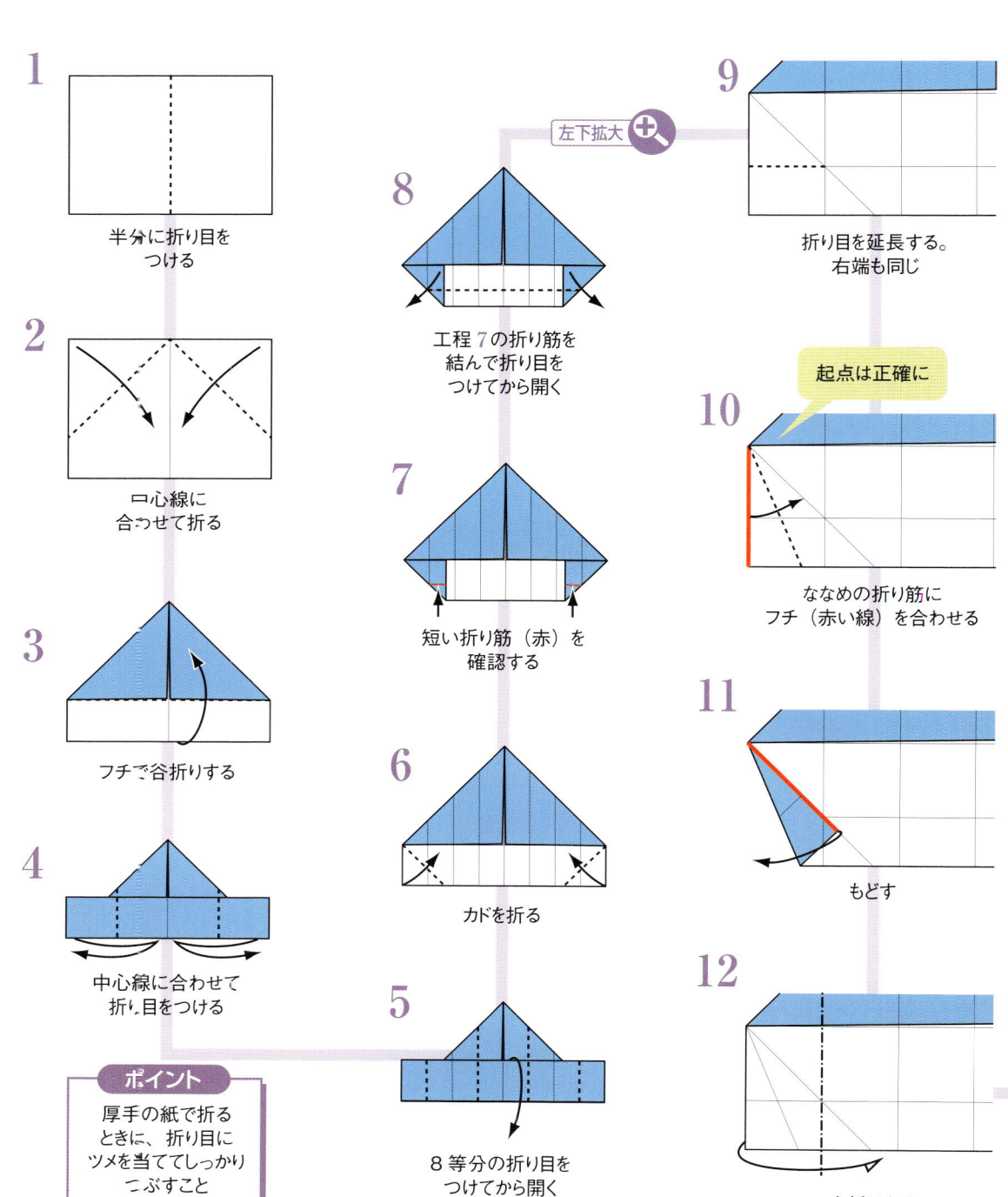

18

13
起点は正確に

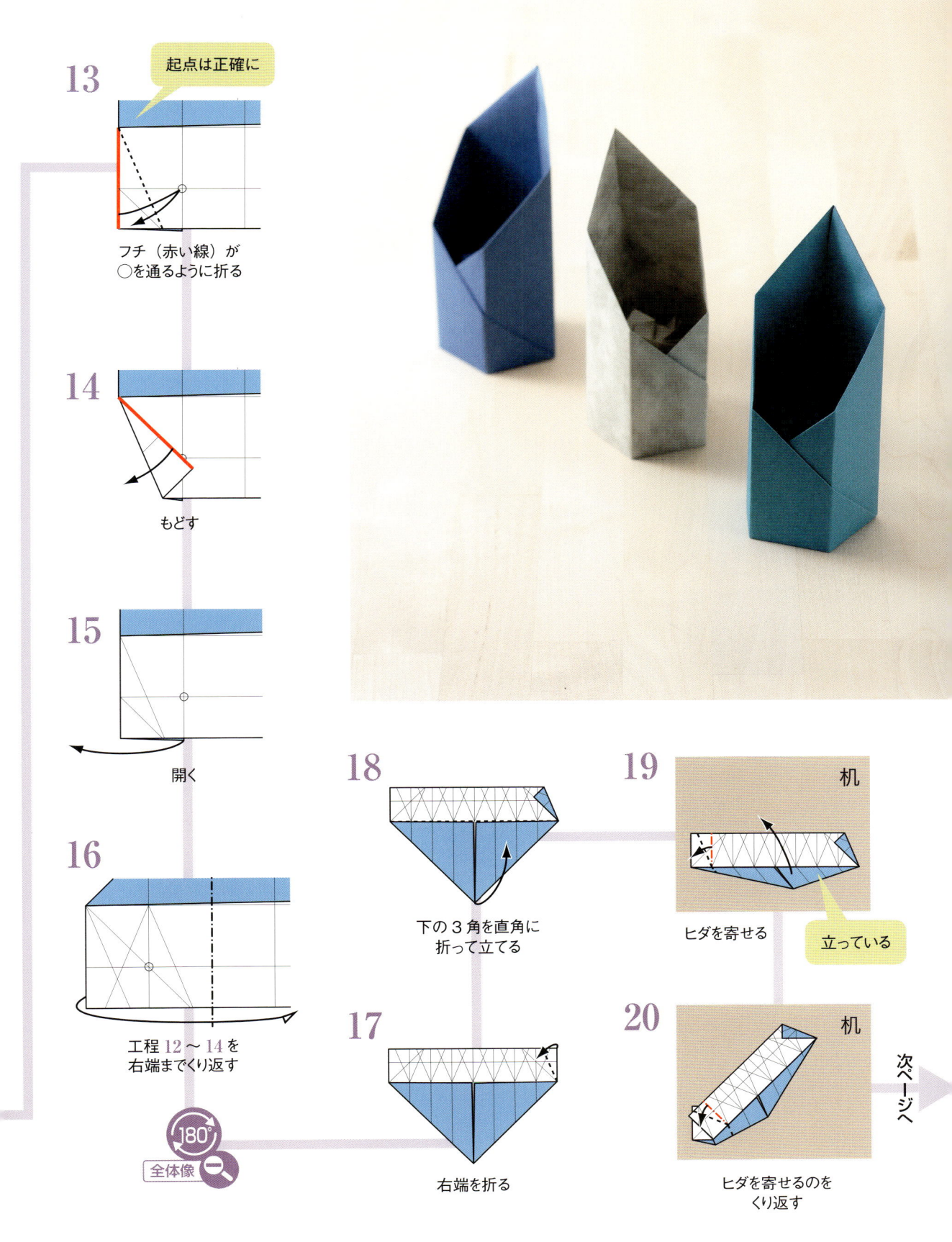

フチ（赤い線）が
○を通るように折る

14
もどす

15
開く

16
工程12〜14を
右端までくり返す

180°
全体像

17
右端を折る

18
下の3角を直角に
折って立てる

19
机

ヒダを寄せる

立っている

20
机

ヒダを寄せるのを
くり返す

次ページへ

21 机 — 端までくり返す

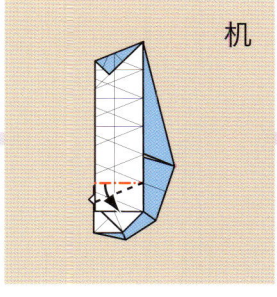

22 机 ⊕拡大

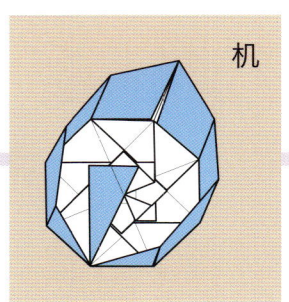

23 机 — 指ではさんで持ち上げる

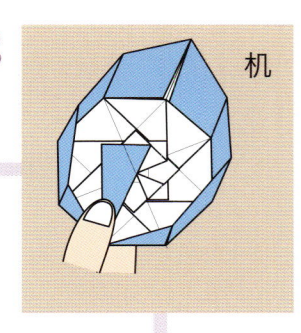

24 指を離す

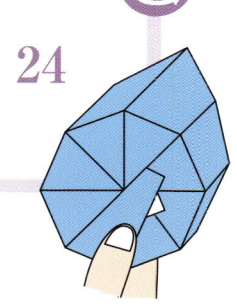

25 黄色い部分を濃い青の裏に回す

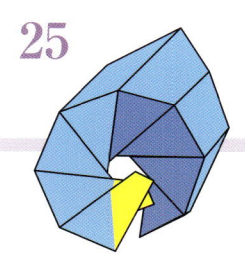

26

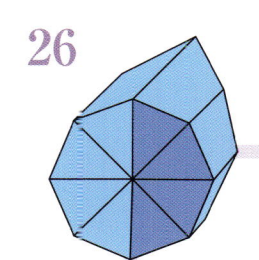

27 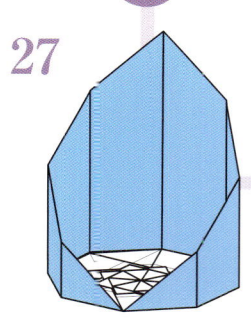 底は正8角形

28 BをAの内側に押し込んで底を7角形にする

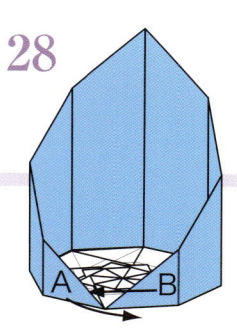

29 CをAの内側に押し込んで底を6角形にする

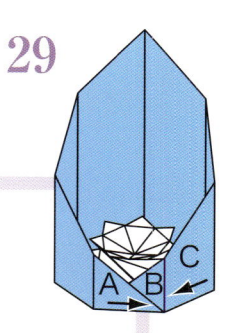

30 CをDの内側に押し込んで底を5角形にする

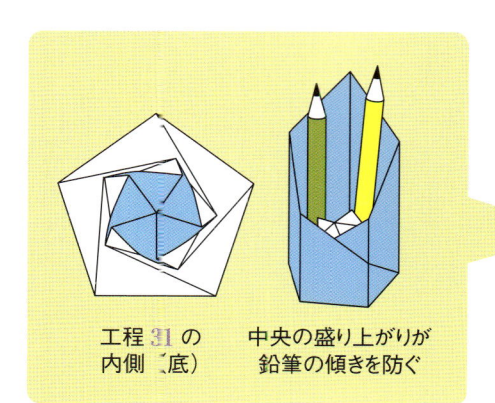

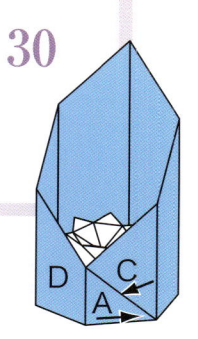

31 完成 合格ペン立て完成

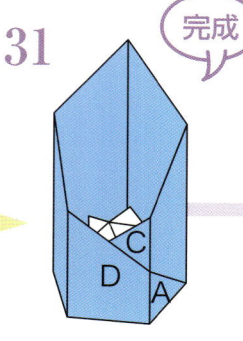

工程31の内側（底）　中央の盛り上がりが鉛筆の傾きを防ぐ

20

8角ペン立て

本書に掲載した作品は本当に使えるものばかりですが、
この作品は特に優れていて、
研究室でペン立てとして使っています。

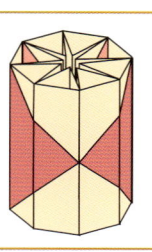

難易度 ★★☆☆☆

少し時間がかかる

使う折り紙

Step ▶ 1　外枠を作る

用紙サイズ 15cm × 15cm × 4枚
用紙の種類 タントなど

厚い紙できれいに折る方法を説明します。

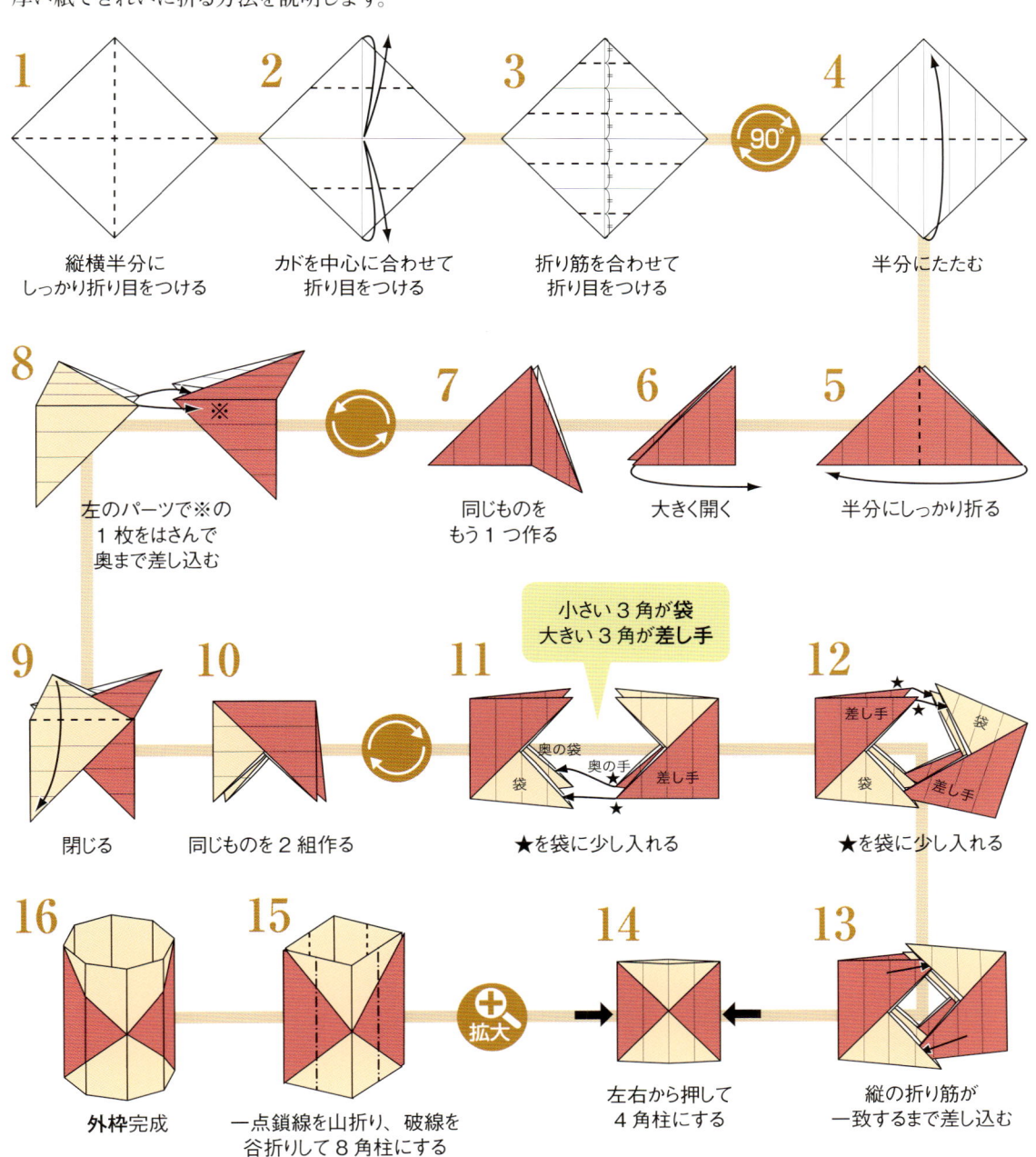

1 縦横半分にしっかり折り目をつける

2 カドを中心に合わせて折り目をつける

3 折り筋を合わせて折り目をつける

4 (90°回転) 半分にたたむ

5 半分にしっかり折る

6 大きく開く

7 同じものをもう1つ作る

8 左のパーツで※の1枚をはさんで奥まで差し込む

9 閉じる

10 同じものを2組作る

11 ★を袋に少し入れる
（小さい3角が袋　大きい3角が差し手）
奥の袋／奥の手／袋／差し手

12 ★を袋に少し入れる
差し手／袋／袋／差し手

13 縦の折り筋が一致するまで差し込む

14 左右から押して4角柱にする（拡大）

15 一点鎖線を山折り、破線を谷折りして8角柱にする

16 **外枠**完成

21

Step ▶ 2　仕切りを作る

材料 Step 1の工程10×4

Step 1の工程10を4つ用意し、中心線が谷折りになるように置いて組んでいきます。

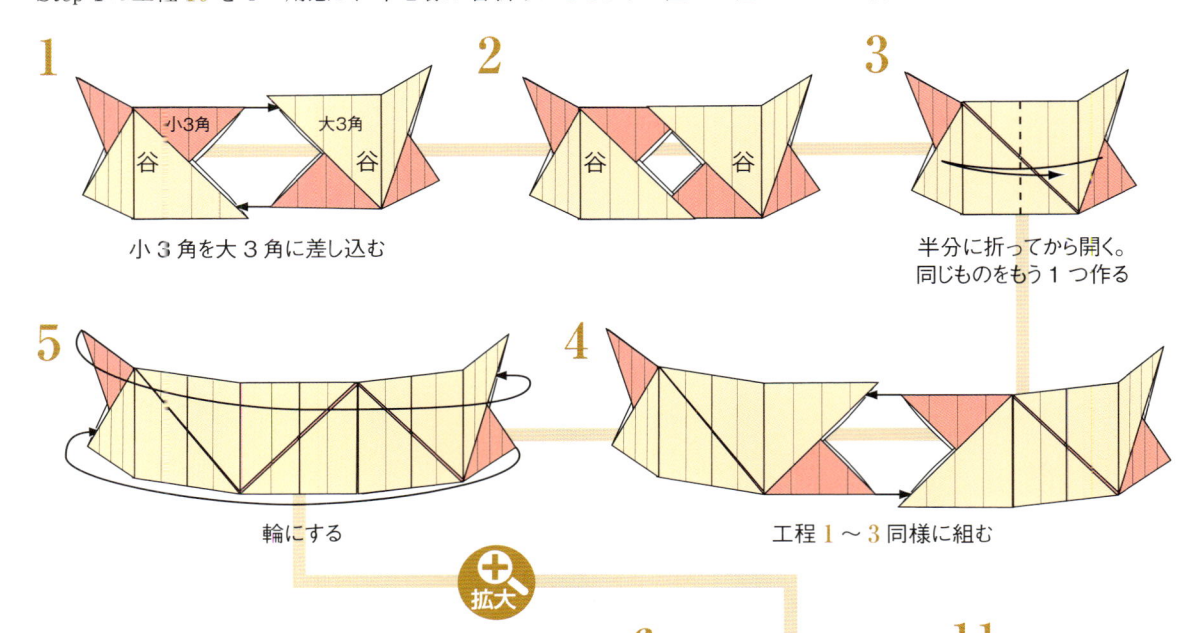

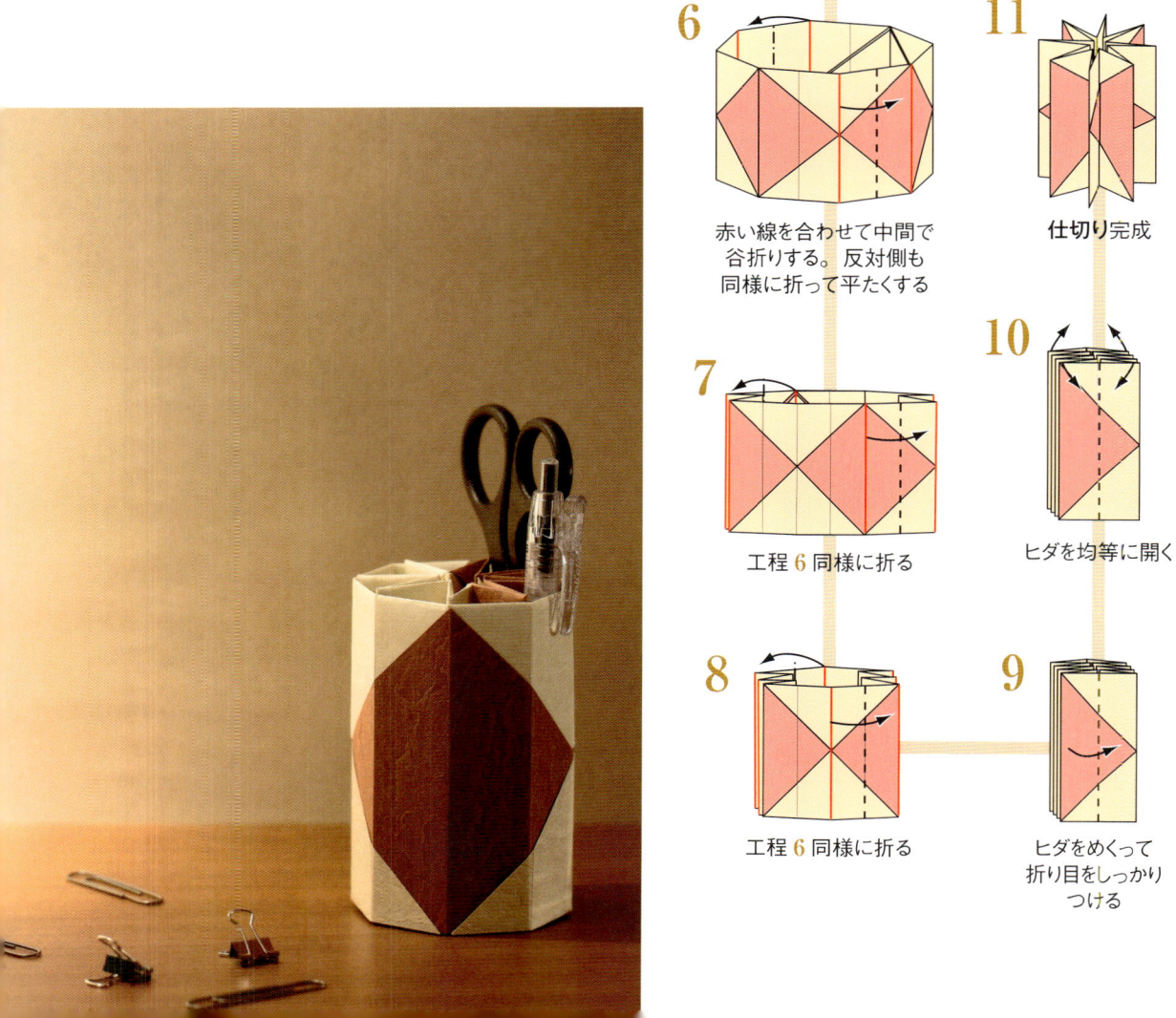

1 小3角を大3角に差し込む

2

3 半分に折ってから開く。同じものをもう1つ作る

4 工程1〜3同様に組む

5 輪にする

➕拡大

6 赤い線を合わせて中間で谷折りする。反対側も同様に折って平たくする

7 工程6同様に折る

8 工程6同様に折る

9 ヒダをめくって折り目をしっかりつける

10 ヒダを均等に開く

11 仕切り完成

Step ▶ 3　底を作る

用紙サイズ 15cm × 21.2cm
用紙の種類 タントなど

コピー用紙から切り出す方法を説明します。

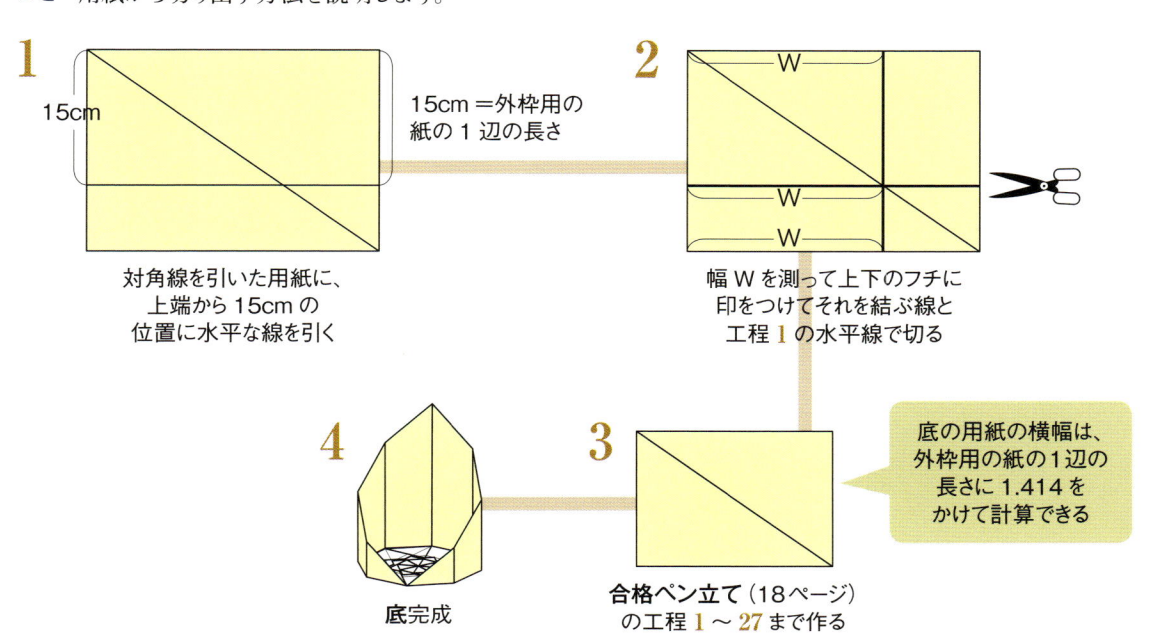

1
15cm　　15cm ＝外枠用の紙の1辺の長さ

対角線を引いた用紙に、上端から15cmの位置に水平な線を引く

2
W

幅Wを測って上下のフチに印をつけてそれを結ぶ線と工程1の水平線で切る

底の用紙の横幅は、外枠用の紙の1辺の長さに1.414をかけて計算できる

3
合格ペン立て（18ページ）の工程1〜27まで作る

4
底完成

Step ▶ 4　8角ペン立てを組み立てる

材料 外枠、仕切り、底×各1

1
外枠に底を入れる

2
仕切りを入れる

3
途中

4
完成

8角ペン立て完成

使う折り紙

23

葉っぱの器

葉っぱ型のパーツを「うず組み」して作ります。
タントなど表裏同色の紙を使うときは、27ページのように
裁断してStep 1の工程3から始めてください。

難易度 ★★★★★
かなり時間がかかる

必要な練習
Lesson 3〜6

Step▶1　葉っぱパーツを作る

用紙サイズ 15cm×7.5cm
用紙の種類 普通の色紙、タントなど

1 半分に折り目をつける

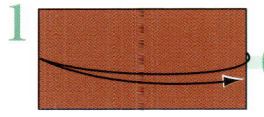

2 髪の毛ほどフチから離して折る

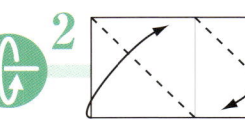

3 白髪ほどあく／2枚重ねて折り目をつける

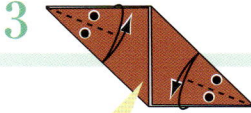

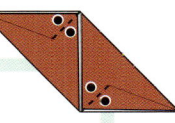

4 2枚重ねて折り目をつける／カドが尖るようにていねいに折る

5 つまんで破線を谷折りする

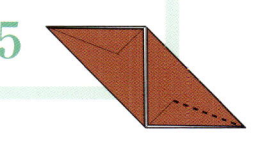

6 押し込みながら破線の折り目を重ねる

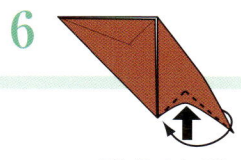

7 重ねた折り目（赤い線）を押さえて黄色い部分を平たくする

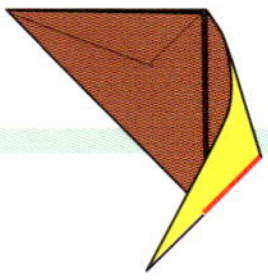

8 工程5〜7をくり返す

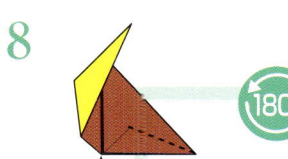

（拡大・90°）

9 フチ（緑の線）が直交するように谷折りする。らせん折り（52ページ）1回目

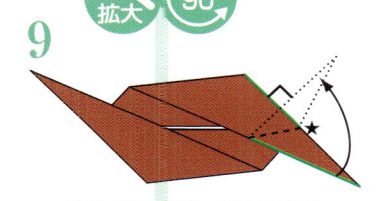

10 フチを合わせて谷折りする（らせん折り2回目）

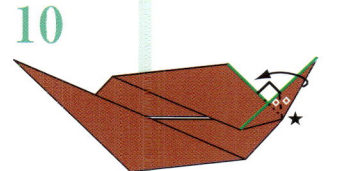

11 毛髪ほどのすき間をあけるのがうず組みの極意／右側拡大

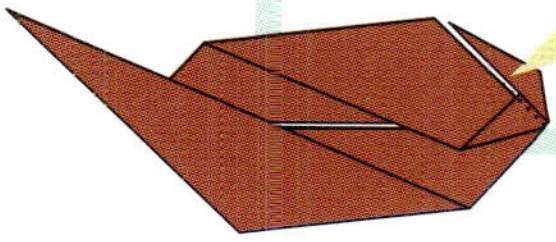

12 フチを合わせて谷折りする（らせん折り3回目）

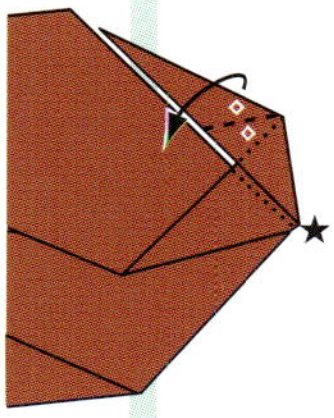

13 うず留めする（52ページ）／小さい穴

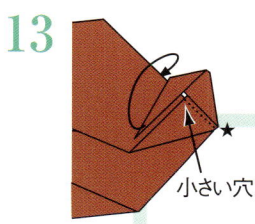

14 うず留めをほどいて工程10にもどす

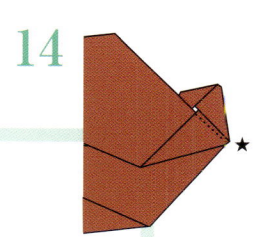

（180°・全体像）

15 工程9〜14をくり返す

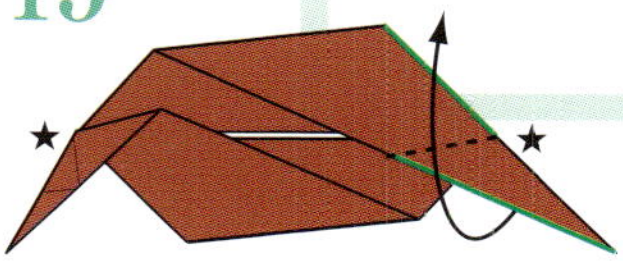

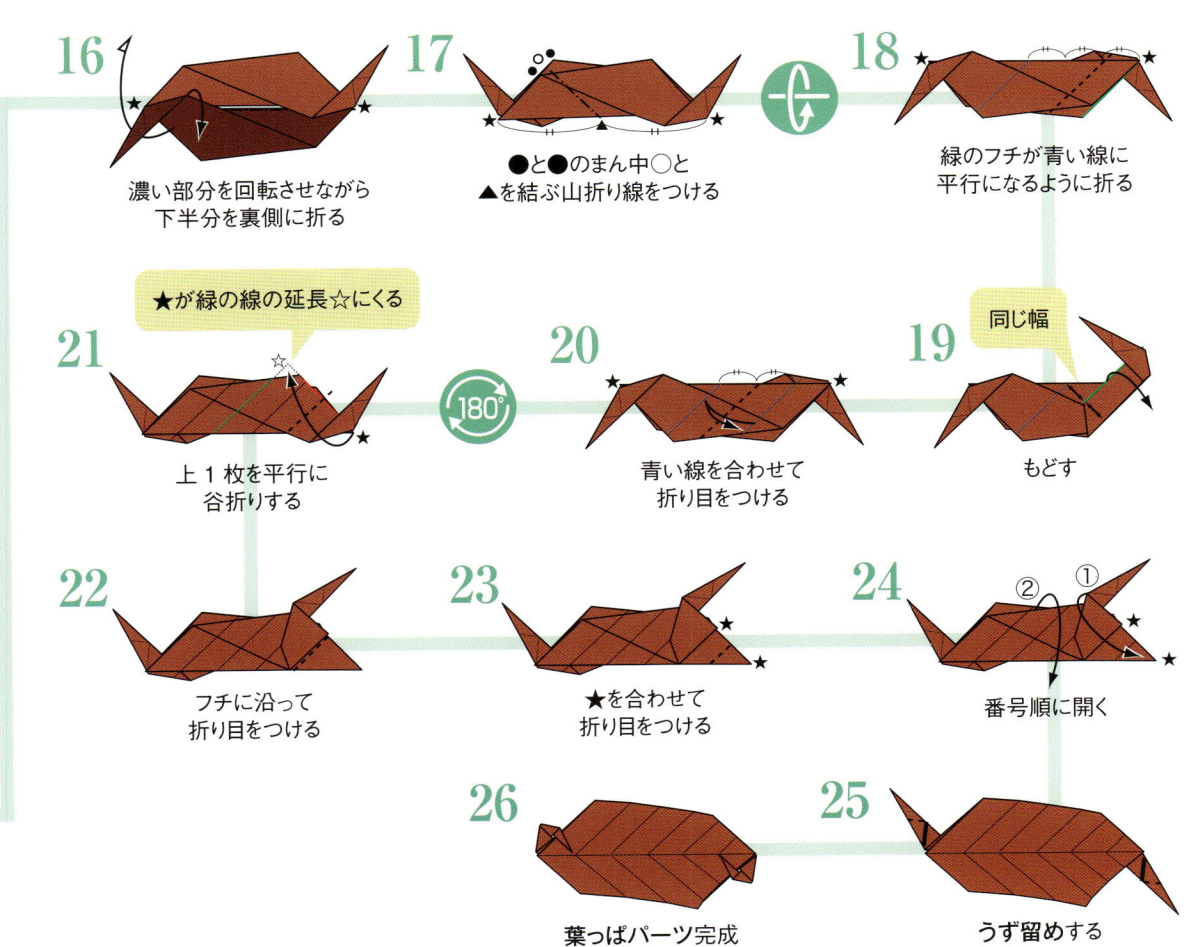

16
濃い部分を回転させながら
下半分を裏側に折る

17
●と●のまん中○と
▲を結ぶ山折り線をつける

18
緑のフチが青い線に
平行になるように折る

21
★が緑の線の延長☆にくる

上1枚を平行に
谷折りする

20
青い線を合わせて
折り目をつける

19
同じ幅

もどす

22
フチに沿って
折り目をつける

23
★を合わせて
折り目をつける

24
① ②
番号順に開く

26
葉っぱパーツ完成

25
うず留めする

25

Step ▶ 2　葉っぱの器を作る

材料　葉っぱパーツ×18

葉っぱパーツ18個をお椀の形に組みます。

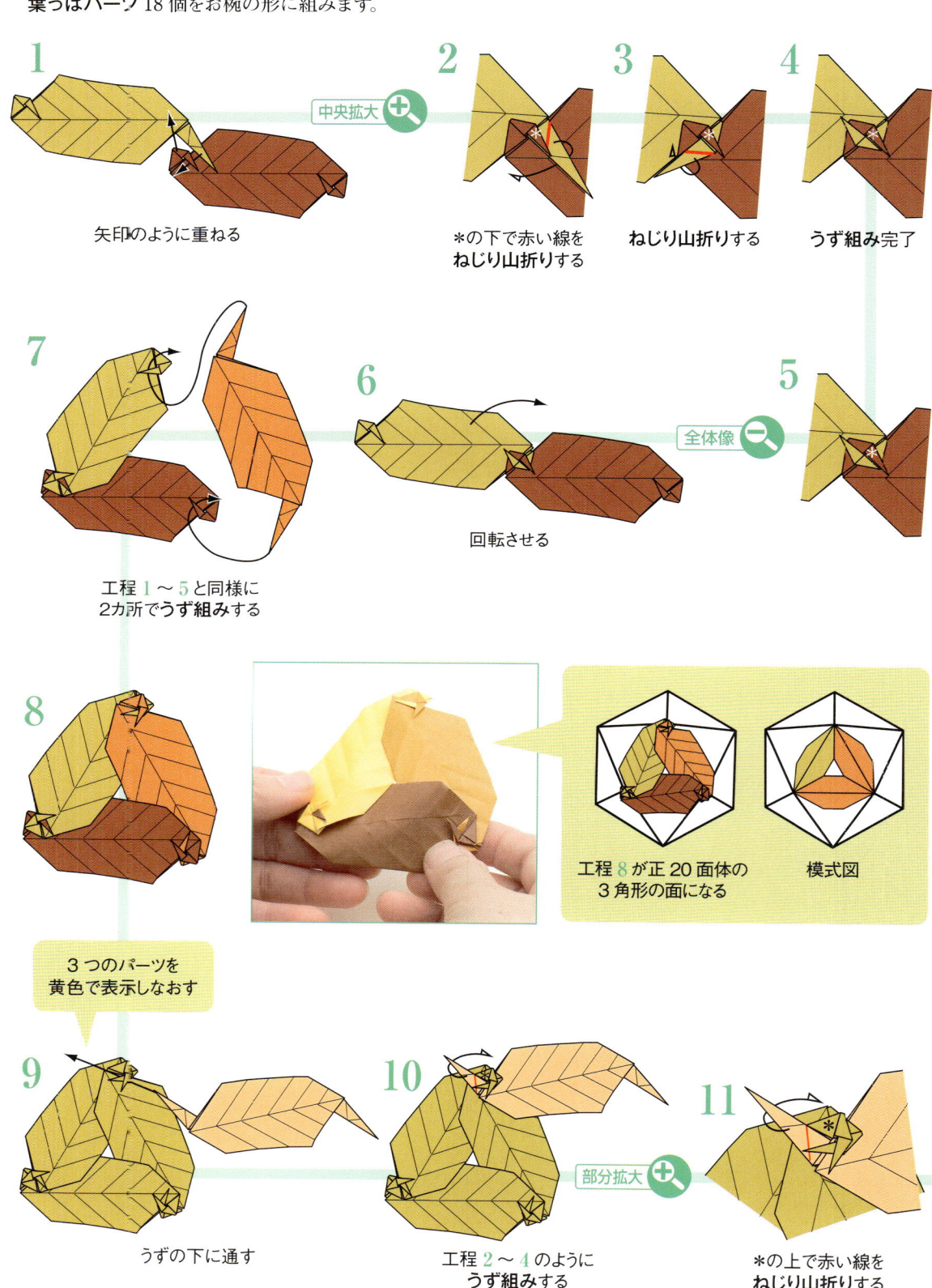

1
矢印のように重ねる

中央拡大 🔍

2
＊の下で赤い線を**ねじり山折り**する

3
ねじり山折りする

4
うず組み完了

5
全体像 🔍

6
回転させる

7
工程1～5と同様に2カ所で**うず組み**する

8

工程8が正20面体の3角形の面になる

模式図

3つのパーツを黄色で表示しなおす

9
うずの下に通す

10
工程2～4のように**うず組み**する

部分拡大 🔍

11
＊の上で赤い線を**ねじり山折り**する

表裏同色の紙から用紙を切り出す方法

葉っぱパーツは長方形で折りますが、タントなど表裏同色の紙を使うときは、Step 1 工程 3 の平行 4 辺形で折った方が簡単できれいにできます。広い紙から平行 4 辺形を切り出す方法を説明します。

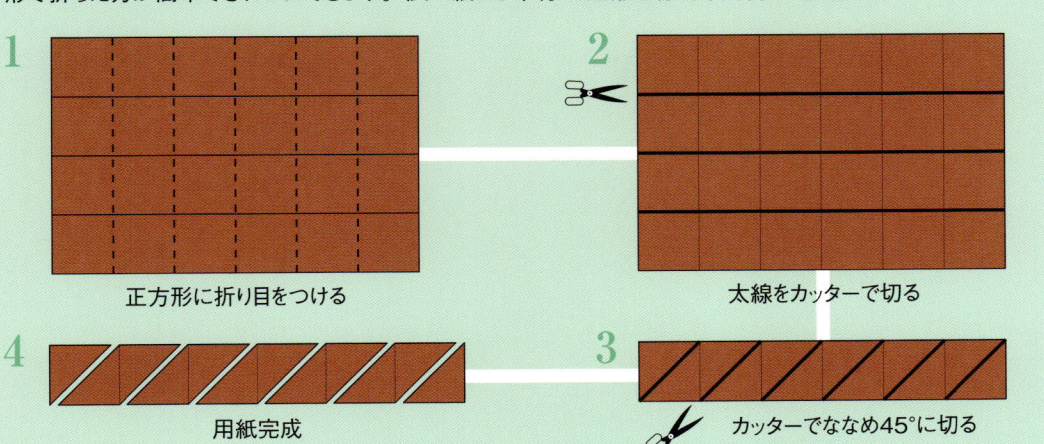

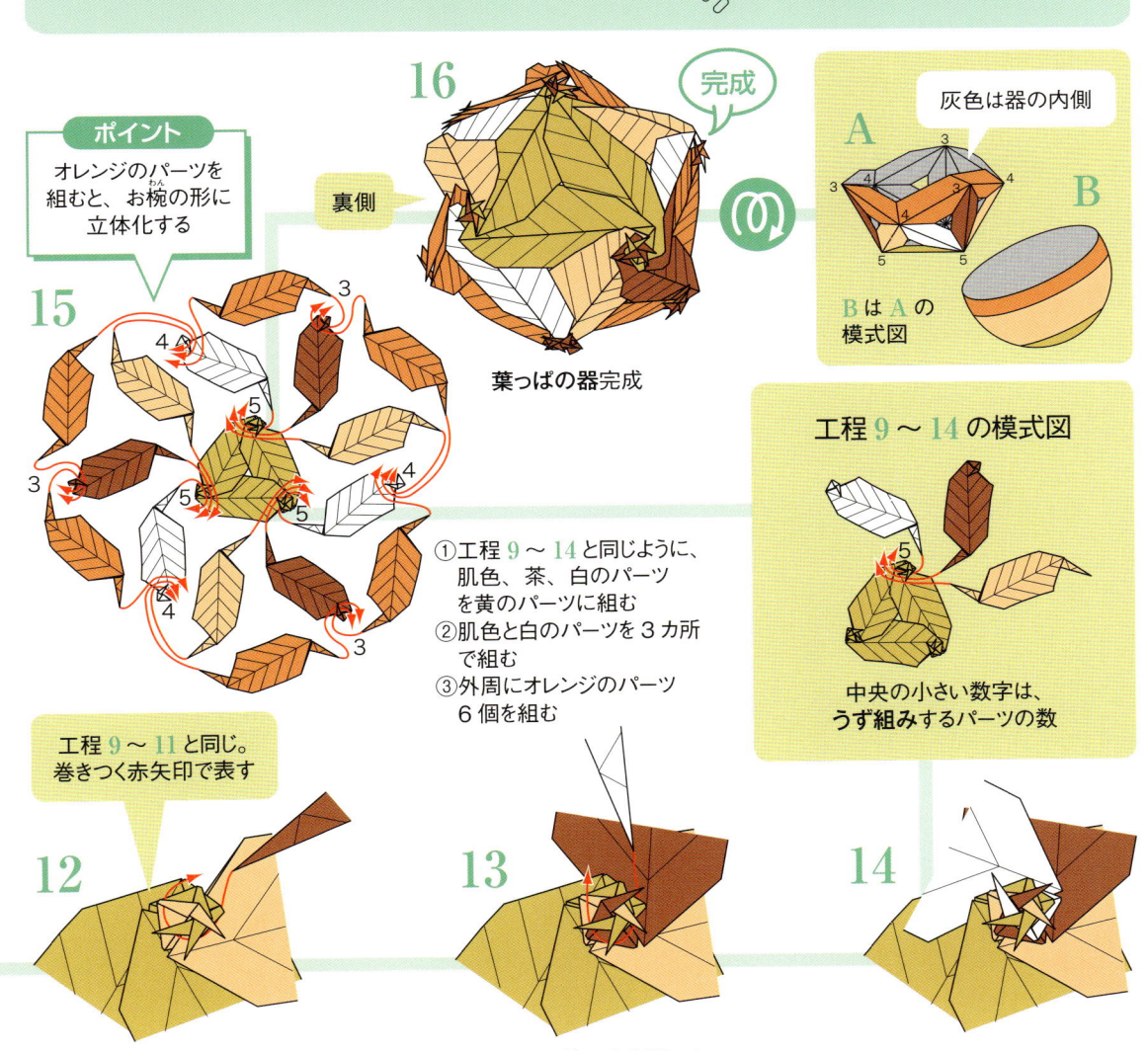

1 正方形に折り目をつける

2 太線をカッターで切る

3 カッターでななめ45°に切る

4 用紙完成

使う折り紙

16 完成
葉っぱの器完成
裏側

A 灰色は器の内側
B は **A** の模式図

工程 9 〜 14 の模式図
中央の小さい数字は、うず組みするパーツの数

15
ポイント
オレンジのパーツを組むと、お椀(わん)の形に立体化する

① 工程 9 〜 14 と同じように、肌色、茶、白のパーツを黄のパーツに組む
② 肌色と白のパーツを3カ所で組む
③ 外周にオレンジのパーツ6個を組む

12 工程 9 〜 11 と同じ。巻きつく赤矢印で表す
黄の下、肌色の上を通して茶のパーツをうず組みする

13 黄の下、茶の上を通して白のパーツをうず組みする

14

27

応用　小さな生き物たちの寝床

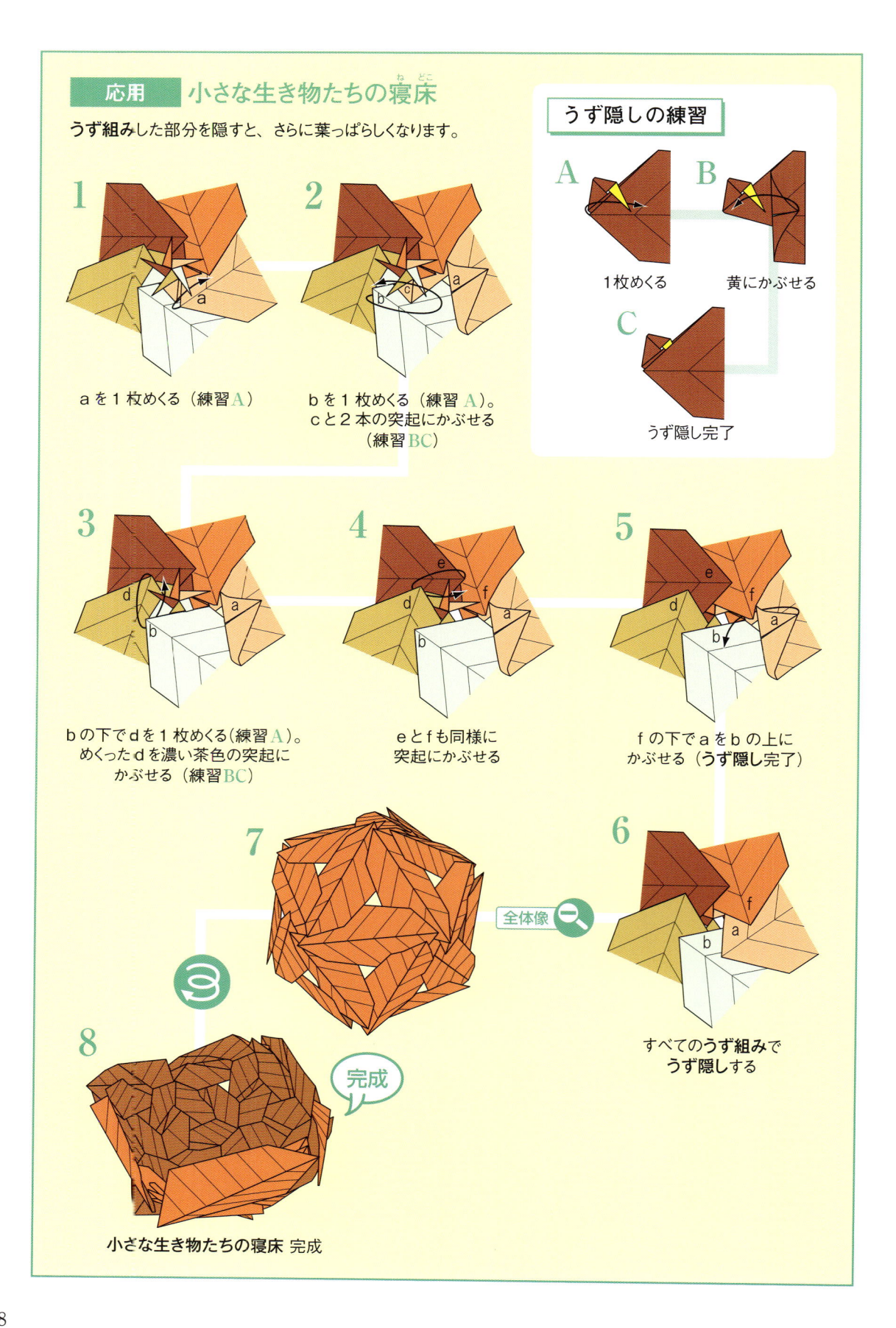

うず組みした部分を隠すと、さらに葉っぱらしくなります。

うず隠しの練習

A 1枚めくる
B 黄にかぶせる
C うず隠し完了

1 aを1枚めくる（練習A）

2 bを1枚めくる（練習A）。cと2本の突起にかぶせる（練習BC）

3 bの下でdを1枚めくる（練習A）。めくったdを濃い茶色の突起にかぶせる（練習BC）

4 eとfも同様に突起にかぶせる

5 fの下でaをbの上にかぶせる（うず隠し完了）

6 すべてのうず組みでうず隠しする

7

8 小さな生き物たちの寝床 完成

LEDキャンドル

3枚組のユニット折り紙です。長方形のパラフィン紙や
トレーシングペーパーで折るときれいです。
中に入れるライトは、必ず発熱しないLEDにしてください。

難易度 ★★★☆☆
あまり時間はかからない

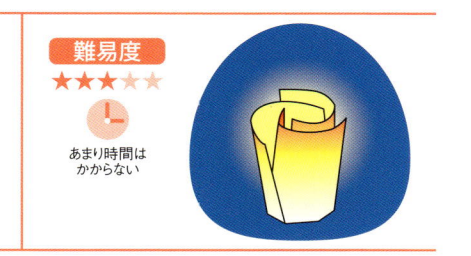

使う折り紙

Step▶1 キャンドルパーツを作る

用紙サイズ：B5またはA4ぐらい
用紙の種類：パラフィン紙、トレーシングペーパーなど

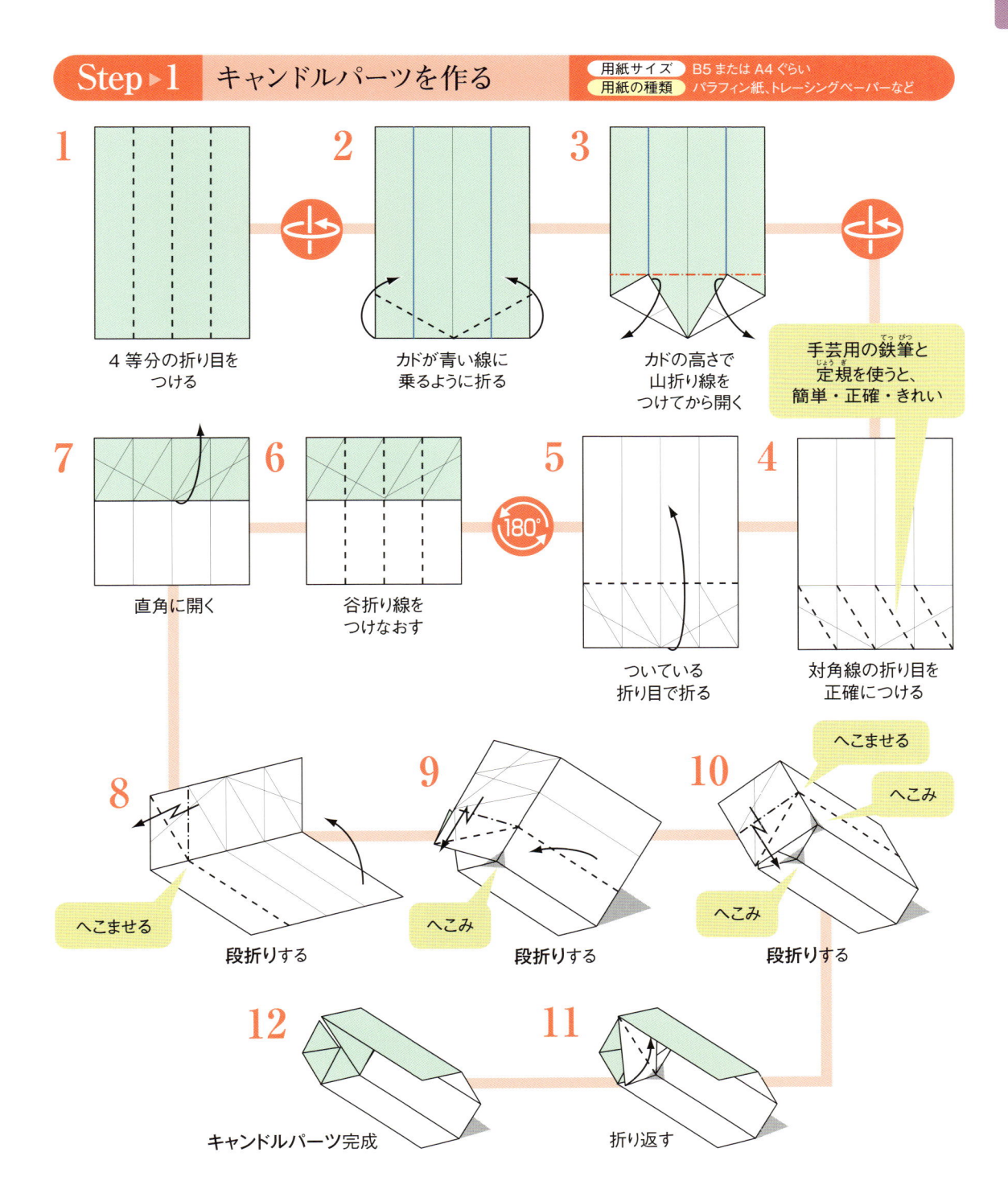

1 4等分の折り目をつける

2 カドが青い線に乗るように折る

3 カドの高さで山折り線をつけてから開く

手芸用の鉄筆と定規を使うと、簡単・正確・きれい

4 対角線の折り目を正確につける

5 ついている折り目で折る

6 谷折り線をつけなおす

7 直角に開く

8 段折りする（へこませる）

9 段折りする（へこみ）

10 段折りする（へこませる／へこみ）

11 折り返す

12 キャンドルパーツ完成

Step ▶ 2　キャンドルパーツを組む

材料　キャンドルパーツ×3

新技法「ねじ組み」で**キャンドルパーツ**3つを組みます。

1 ウにアとイを入れる

2

イを60°回転したもの

3 ウのカドをアの上に出す

6角面拡大

4 アとイを重ねて60°回す

60°は3角1つ分

120°は3角2つ分

5 イとウをミニピンチではさんで、アを120°回転させてウの外に出す

イの側面／アの側面／ウの側面

6 ねじ組み完了。ミニピンチをはずす

アの側面／イの側面

7 完成

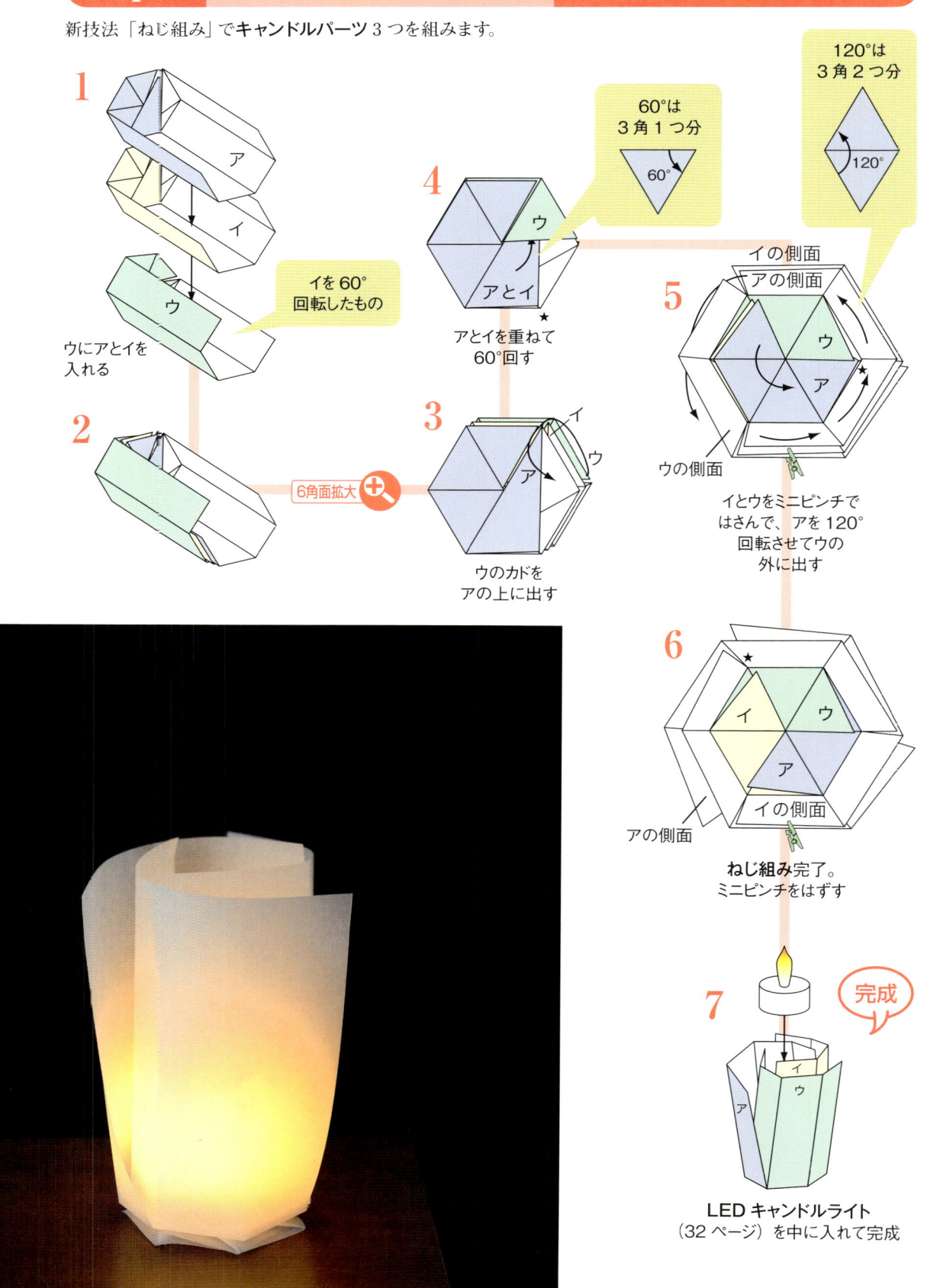

LEDキャンドルライト
（32ページ）を中に入れて完成

応用 1　なめらかな曲面のキャンドル

余分な折り目がつかないように、工程 1 の折り目は定規で測ってつけます。

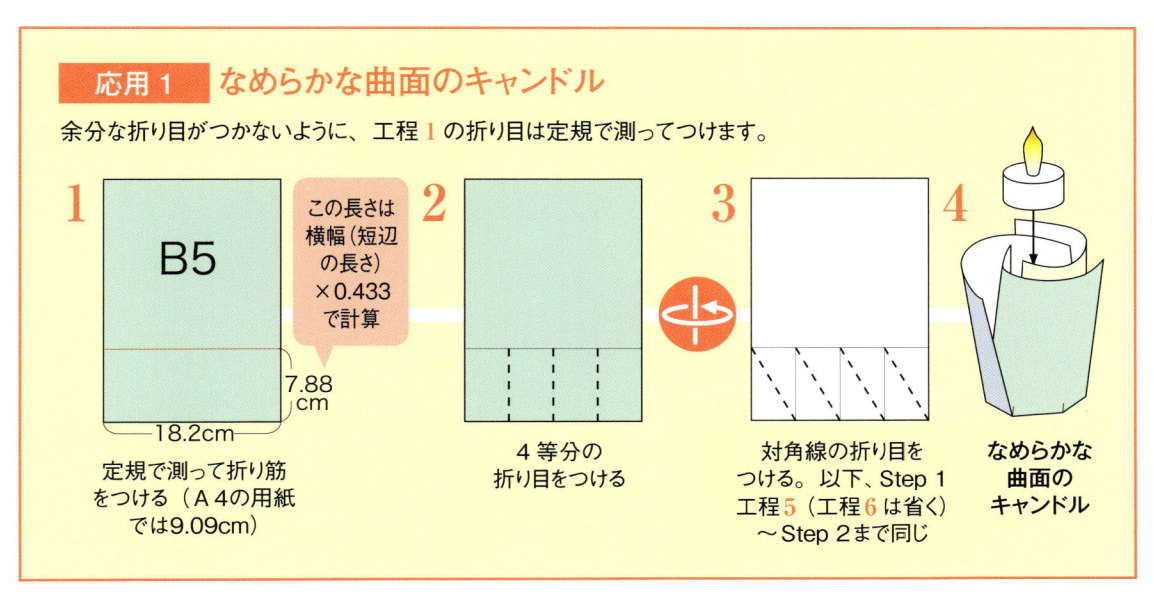

1　B5
この長さは横幅（短辺の長さ）×0.433で計算
7.88 cm
18.2cm
定規で測って折り筋をつける（A4の用紙では9.09cm）

2　4等分の折り目をつける

3　対角線の折り目をつける。以下、Step 1 工程 5（工程 6 は省く）～ Step 2 まで同じ

4　なめらかな曲面のキャンドル

応用 2　1枚折りの6角キャンドル

用紙　B4以上の紙

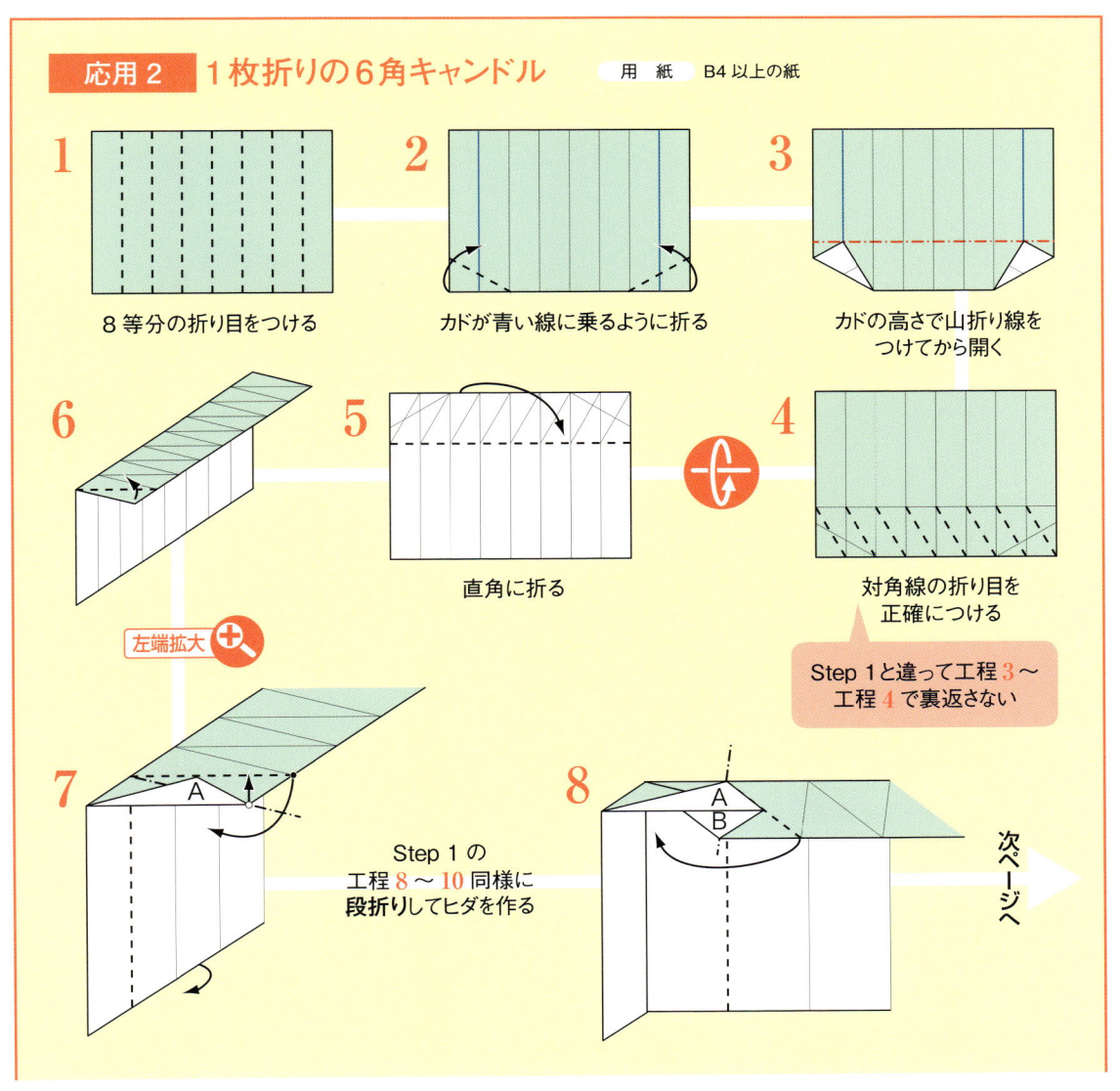

1　8等分の折り目をつける

2　カドが青い線に乗るように折る

3　カドの高さで山折り線をつけてから開く

4　対角線の折り目を正確につける

Step 1と違って工程 3 ～工程 4 で裏返さない

5　直角に折る

6　左端拡大

7　A
Step 1の工程 8 ～ 10 同様に段折りしてヒダを作る

8　A B

次ページへ

使う折り紙

31

9

10

●を浮かせて
AとDの間を通して◯を◯に重ねる

12

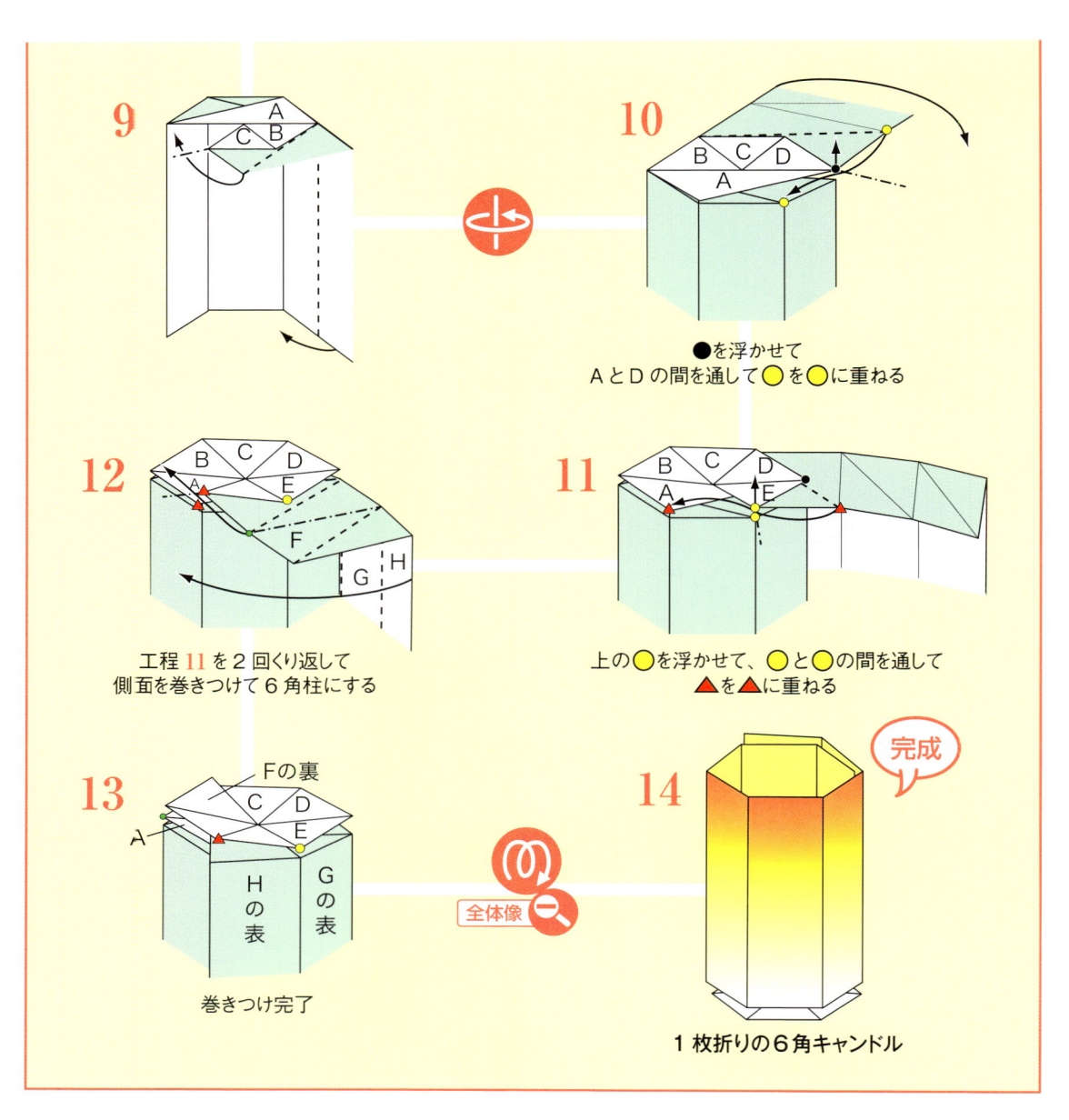

工程11を2回くり返して
側面を巻きつけて6角柱にする

11

上の◯を浮かせて、◯と◯の間を通して
▲を▲に重ねる

13

巻きつけ完了

14

完成

1枚折りの6角キャンドル

LEDキャンドルライトについて

LEDキャンドルライトはインターネットで購入できます。単色のもの、色が変化するもの、蝋燭の炎のようにゆらぐものなど、さまざまなタイプがあります。また、ボタン電池式、充電式、ソーラー発電式など電源もさまざまです。

注意!!
豆電球やクリスマスツリーの電飾は絶対に使わないでください。電球の熱で紙が燃えて火事になります。必ず、発熱しないLEDを使ってください。

アレンジ

側面のアレンジを楽しんでください。

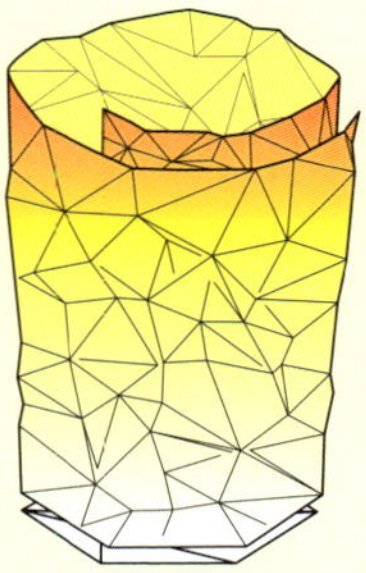

シワをつける 　　規則的にヒダをつける

白鳥のライトスタンド

完成まで 30 年を要した「白鳥」をライトスタンドにしました。
薄く透光性の高い紙で折るときれいです。

- 用紙サイズ　30cm～40cm角
- 用紙の種類　薄く透光性の高い紙

難易度 ★★★★☆
少し時間がかかる

使う折り紙

35ページの**頭部を折る練習**のために、工程 5 までは 2 つ折ります。練習用は 15cm 角で折ってください。

1 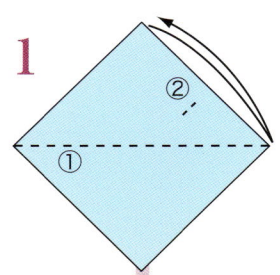
①対角線の折り目をつける
②カドを合わせて短い折り目をつける

2 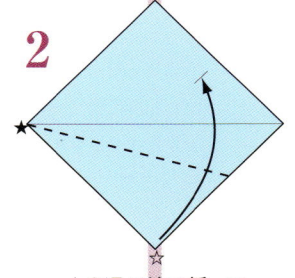
★を通る線で折って工程 1 の短い折り目に☆のカドを乗せる

3 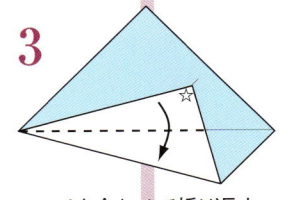
フチを合わせて折り返す

4 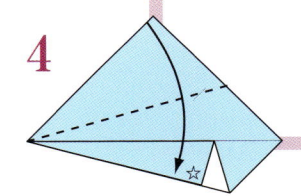
フチを合わせて折ってから上半分で工程 3 をくり返す

5 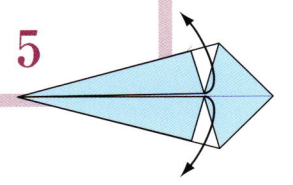
上の 2 枚を重ねたまま開く

6 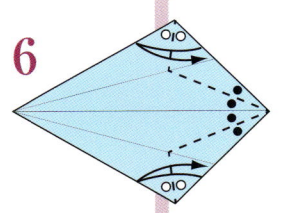
フチを合わせて上の 1 枚だけに角 2 等分の折り目をつける

7 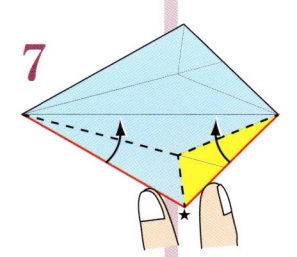
★のカドをつまんで黄色い部分を曲げながらフチを中心線に合わせて折る

8 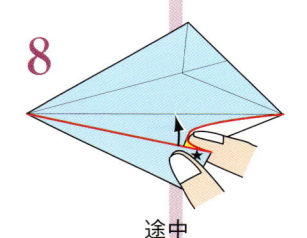
途中

9 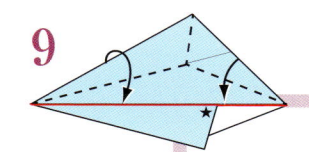
上半分も工程 7～9 同様に折る

10

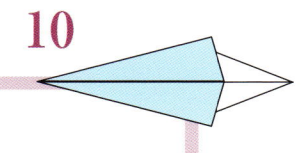

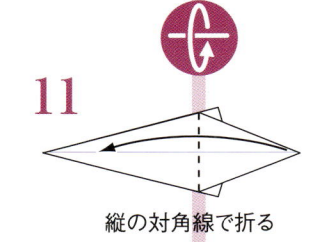

11
縦の対角線で折る

12
工程 11 の折り目の位置にフチを合わせて折る 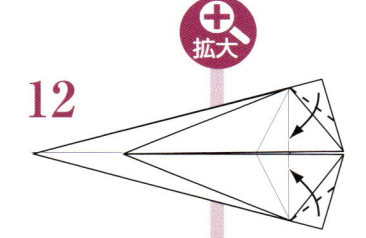

13 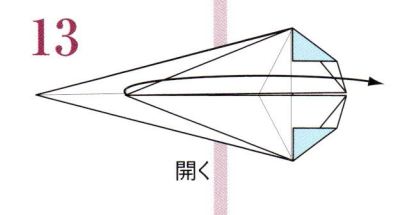
開く

用紙サイズが
15cm の場合…5mm
24cm の場合…8mm
30cm の場合…10mm

14 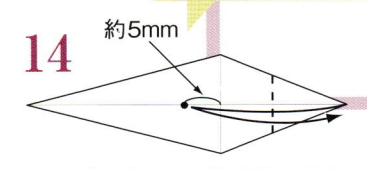
約5mm
カドを●に合わせて折り目をつける

次ページへ

33

15
工程14の折り目に
カドを合わせて折り目をつける

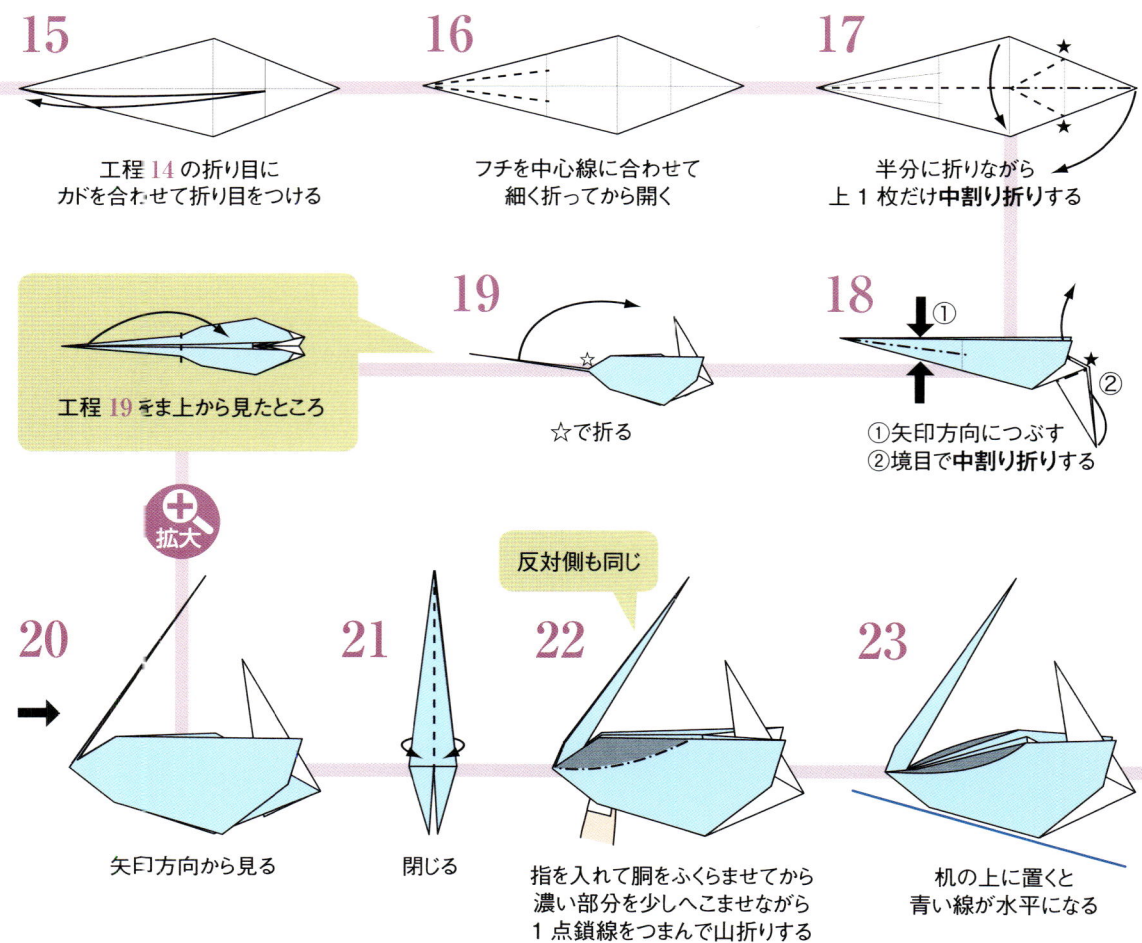

16
フチを中心線に合わせて
細く折ってから開く

17
半分に折りながら
上1枚だけ**中割り折り**する

18
①矢印方向につぶす
②境目で**中割り折り**する

19
☆で折る

工程19をま上から見たところ

拡大

20
矢印方向から見る

21
閉じる

22
反対側も同じ

指を入れて胴をふくらませてから
濃い部分を少しへこませながら
1点鎖線をつまんで山折りする

23
机の上に置くと
青い線が水平になる

34

頭部を折る練習

33ページの工程5を裏返したものから始めます。

1 中心線に合わせて折る

2 半分に折る

3 浅く**中割り折り**する

4 開いて工程2にもどす

悪い例
角度が小さい
折りが深すぎる

5 ★の上約7〜8mmに折り目をつける

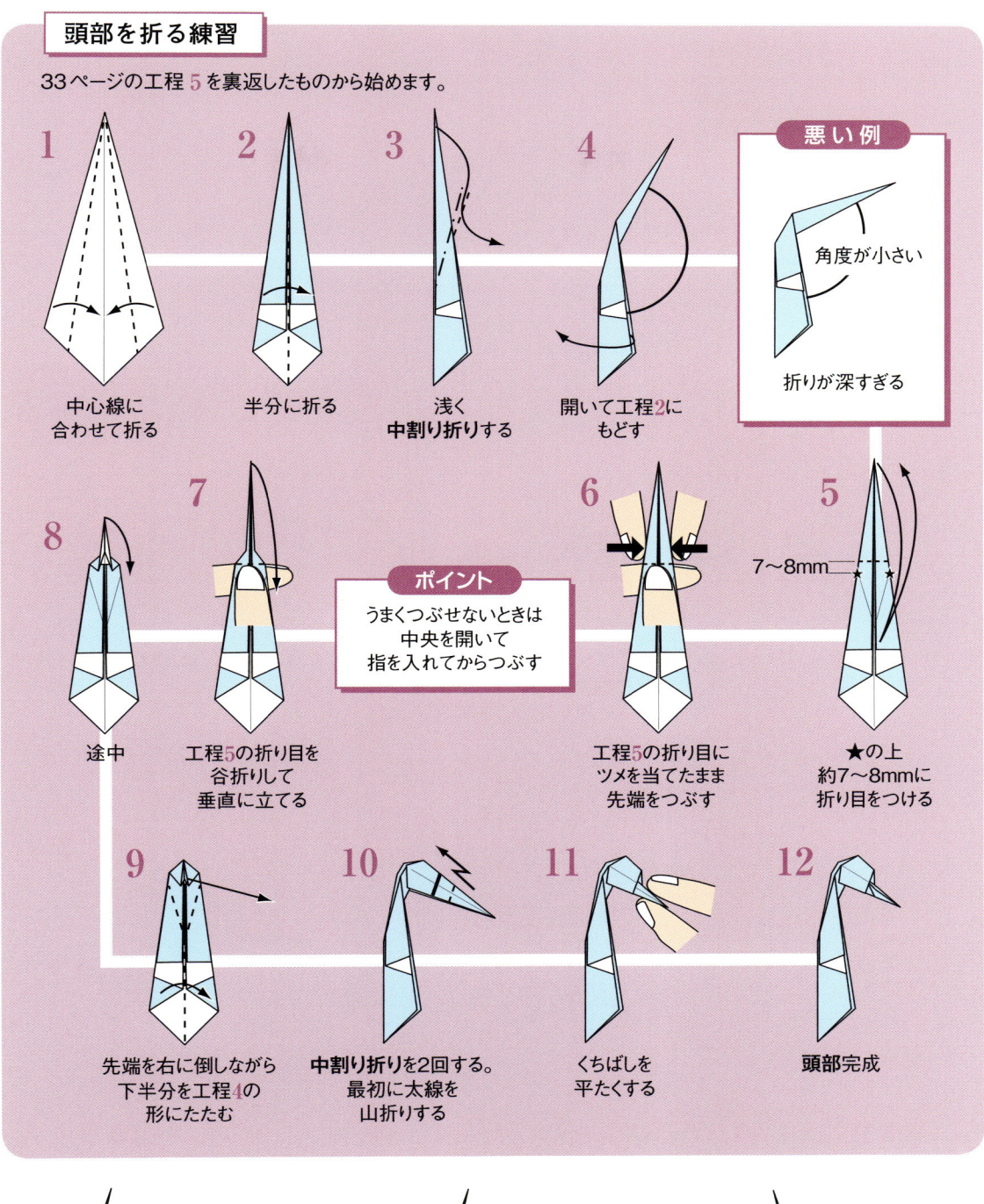

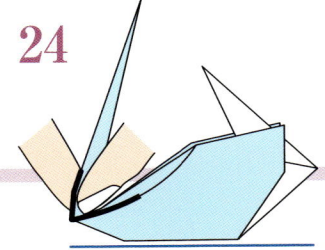

6 工程5の折り目にツメを当てたまま先端をつぶす

ポイント
うまくつぶせないときは中央を開いて指を入れてからつぶす

7 工程5の折り目を谷折りして垂直に立てる

8 途中

9 先端を右に倒しながら下半分を工程4の形にたたむ

10 **中割り折り**を2回する。最初に太線を山折りする

11 くちばしを平たくする

12 頭部完成

24 カーブの内側からツメを当てて太線の折り目をなめらかにする。反対側も同じ

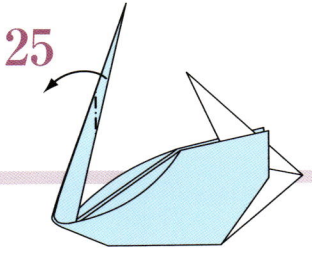

25 首のまん中あたりで浅く**中割り折り**する

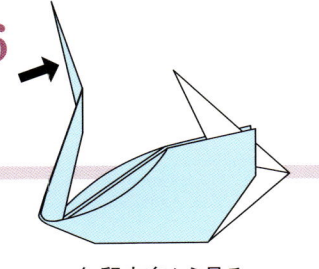

26 矢印方向から見る

次ページへ

使う折り紙

27

用紙サイズが
15cmの場合…5mm
24cmの場合…8mm
30cmの場合…10mm

約5mm

首拡大

頭部を折る練習の
工程5〜12
同様に折る

28

尾

尾だけを表示する

29

尾

フチに垂直な山折り線で
中割り折りする

30

はみ出た3角形を折って
折り目をつける

31

※の裏に入れる

32

工程30〜31と同様に
はみ出た3角形を折って
*の裏に入れる

33

黄色い部分を
平らにする

34

尾の先をカールする

35

36

LEDキャンドル
ライトにかぶせる

37

完成

白鳥のライトスタンド
完成

LEDキャンドルライトについて

LEDキャンドルライトはインターネットで購入できます。単色のもの、色が変化するもの、蝋燭の炎のようにゆらぐものなど、さまざまなタイプがあります。また、ボタン電池式、充電式、ソーラー発電式など電源もさまざまです。

注意!!

豆電球やクリスマスツリーの電飾は絶対に使わないでください。電球の熱で紙が燃えて火事になります。必ず、発熱しないLEDを使ってください。

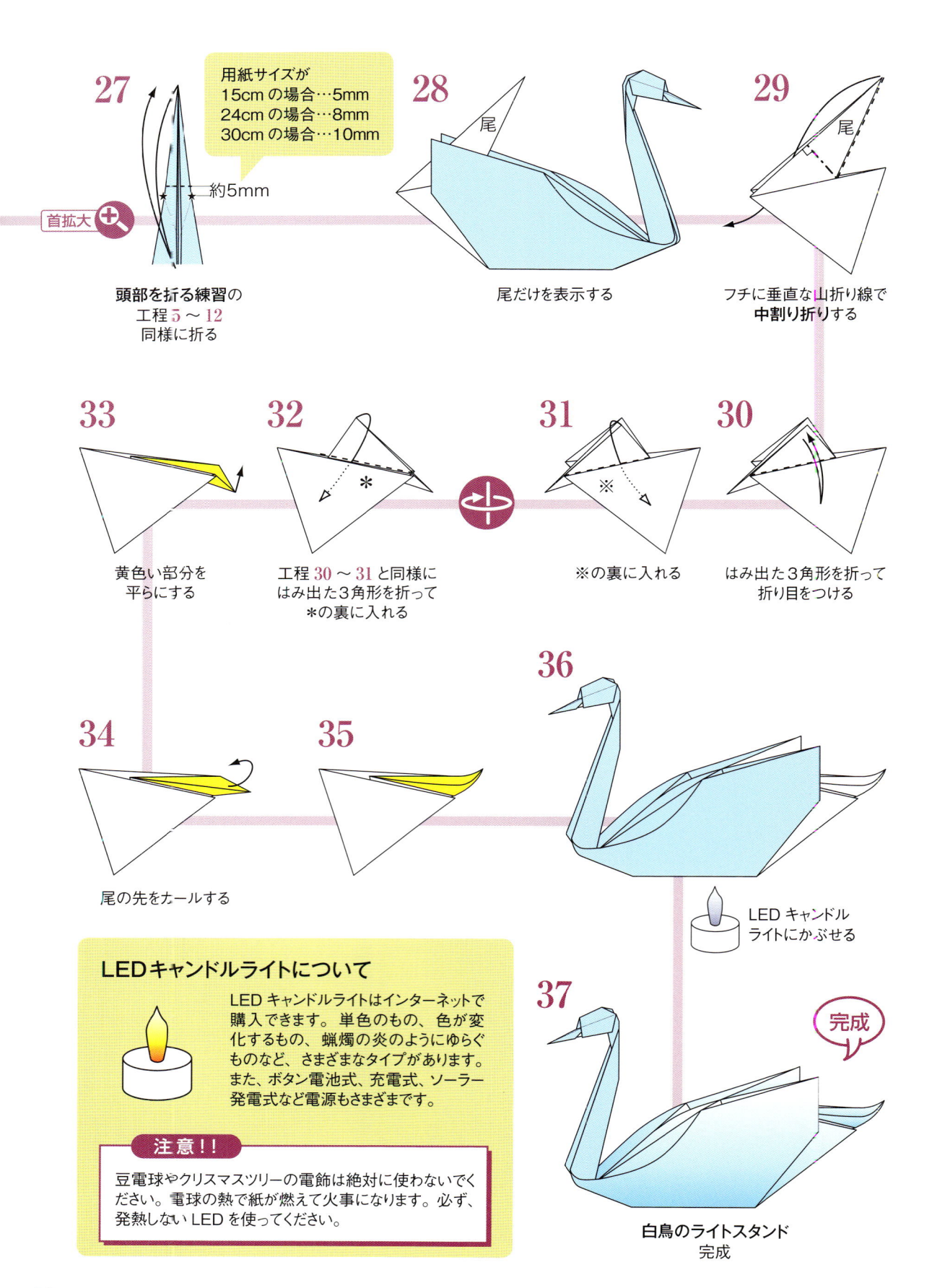

36

Lesson 1 カックン折り

用紙サイズ 15cm×15cm
用紙の種類 普通の色紙

工程 4 〜 6 を「カックン折り」といいます。
「しゃくなげ」を折るのに必要な技法なので、よく練習してください。

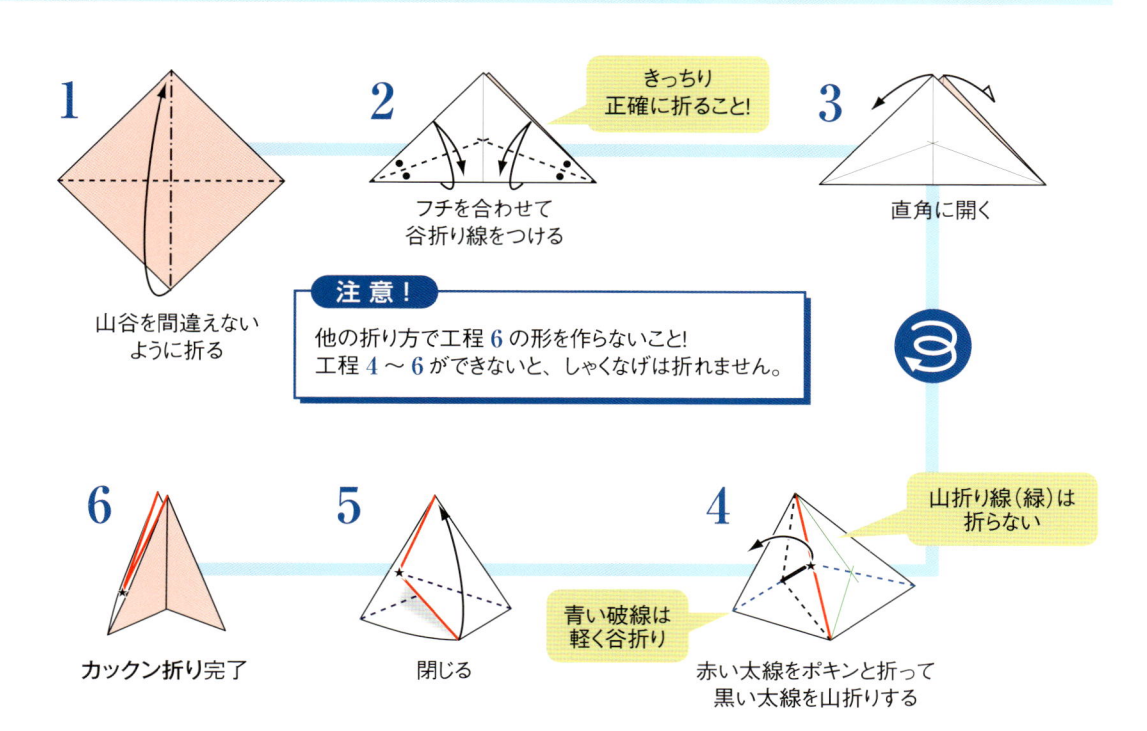

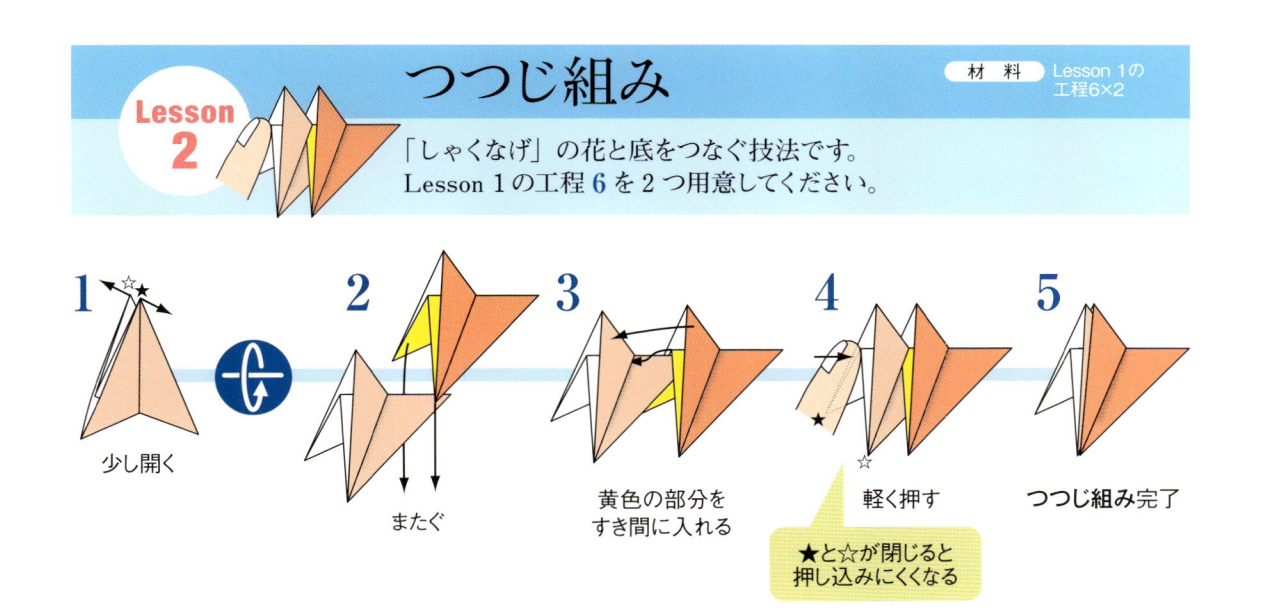

1 山谷を間違えないように折る

2 フチを合わせて谷折り線をつける
きっちり正確に折ること!

3 直角に開く

注意!
他の折り方で工程 6 の形を作らないこと!
工程 4 〜 6 ができないと、しゃくなげは折れません。

4 赤い太線をポキンと折って黒い太線を山折りする
山折り線(緑)は折らない
青い破線は軽く谷折り

5 閉じる

6 カックン折り完了

Lesson 2 つつじ組み

材料 Lesson 1の工程6×2

「しゃくなげ」の花と底をつなぐ技法です。
Lesson 1の工程 6 を 2 つ用意してください。

1 少し開く

2 またぐ

3 黄色の部分をすき間に入れる

4 軽く押す
★と☆が閉じると押し込みにくくなる

5 つつじ組み完了

37

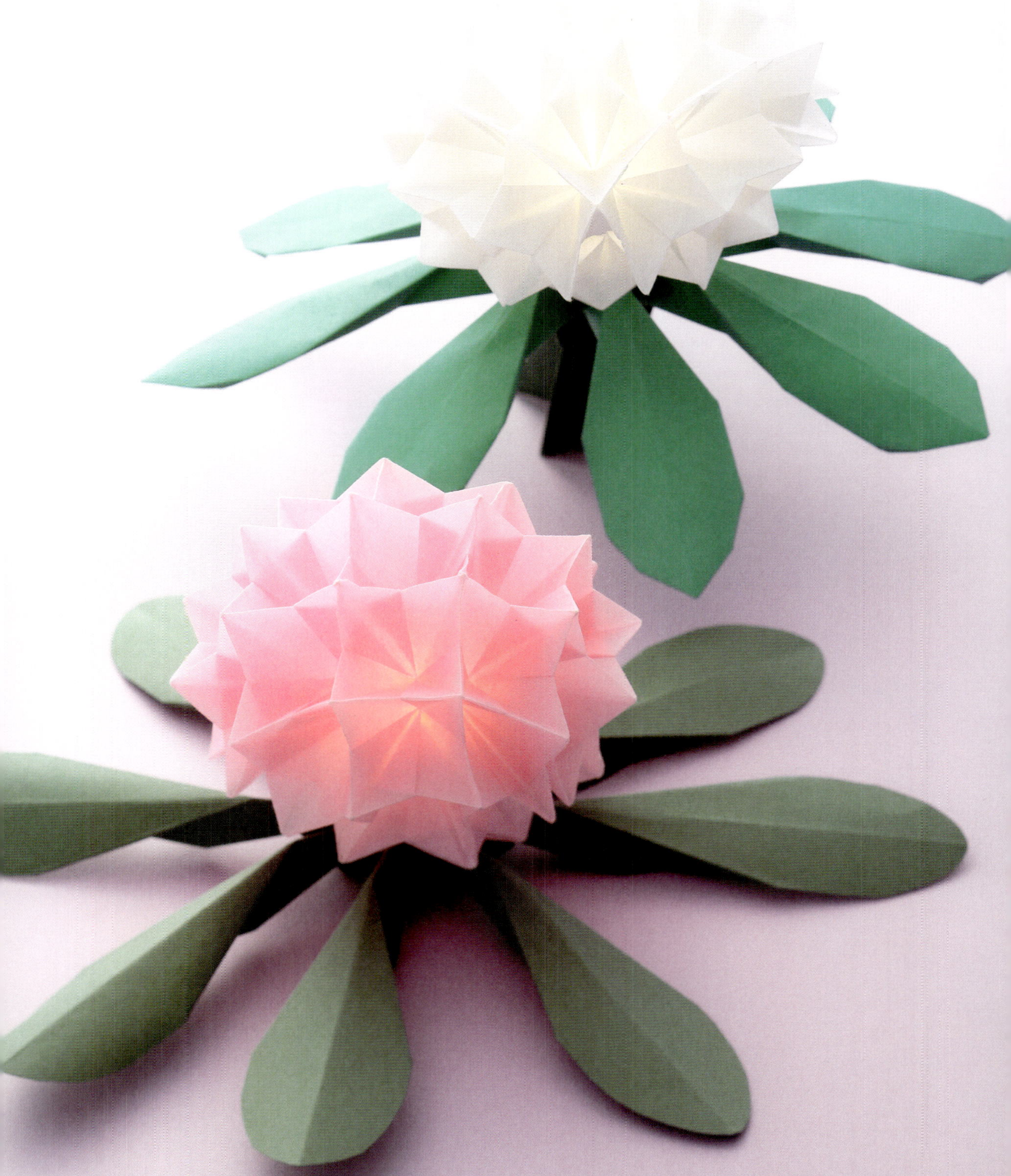

しゃくなげのライトスタンド

『折り紙夢WORLD 花と動物編』掲載の「しゃくなげ」を豪華に改良しました。発熱しないLEDキャンドルライトを入れて、ライトスタンドにします。

難易度 ★★★★★
かなり時間がかかる
必要な練習 Lesson 1〜2

使う折り紙

Step▶1　花の底を作る

用紙サイズ　15cm〜20cm角
用紙の種類　パラフィン紙など、透光性の高い紙

1 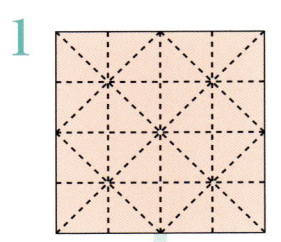
①縦横4等分に折り目をつける
②ななめの折り目をつける

2
工程1でつけた山折り線の間に谷折り線をつける 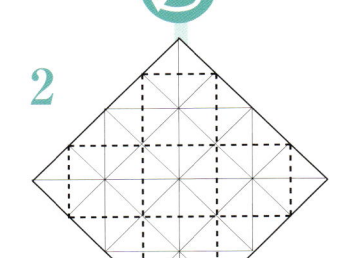

3 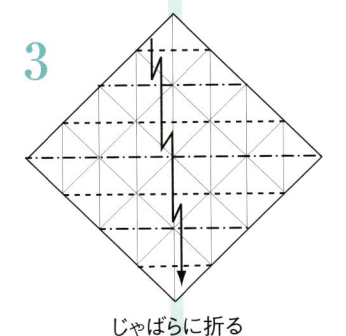
じゃばらに折る

4
2枚重ねて角2等分の折り目をつける

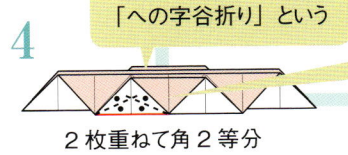

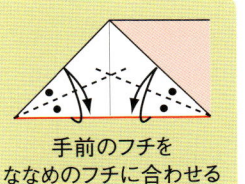

「への字谷折り」という

5
めくる

ポイント
「への字谷折り」はツメで正確にしっかり折り目をつけること！

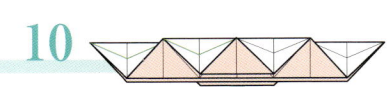

手前のフチをななめのフチに合わせる

6
緑の細い線は、山の折り筋を表す 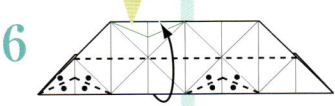
左端と左から3番目をへの字谷折りしてからめくる

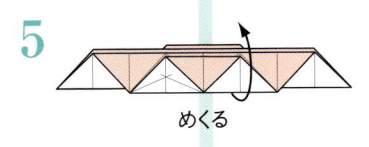

7 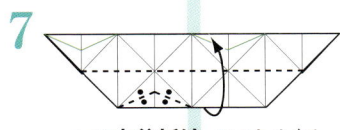
への字谷折りしてからめくる

8
180°

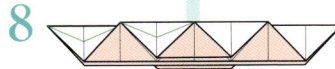

9
工程4〜8をくり返す 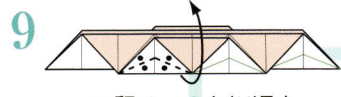

10
広げる

11

90°

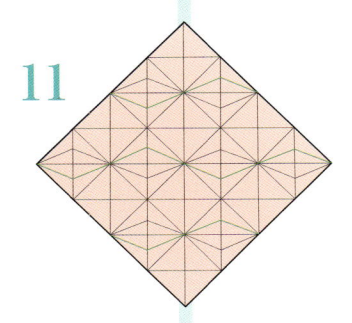

12
じゃばらに折る 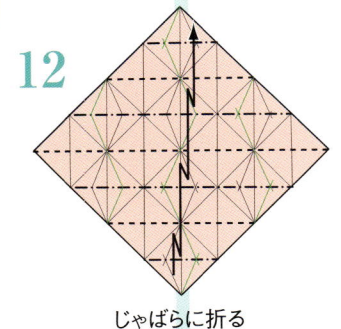

13
工程4と左右逆の位置 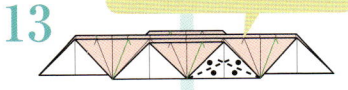
一番上の右側にへの字谷折りする。左右逆に、工程4〜9をくり返す

14 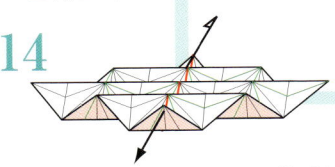
引っ張って赤い線をまっすぐ伸ばす

次ページへ

39

15
赤い山折り線をポキンと折って★を○に合わせてカックン折りする

Lesson 1（37ページ）の工程 4〜6

16
②のカックン折りは工程 15 の①と左右逆に倒す

17
同様に③④をカックン折りする

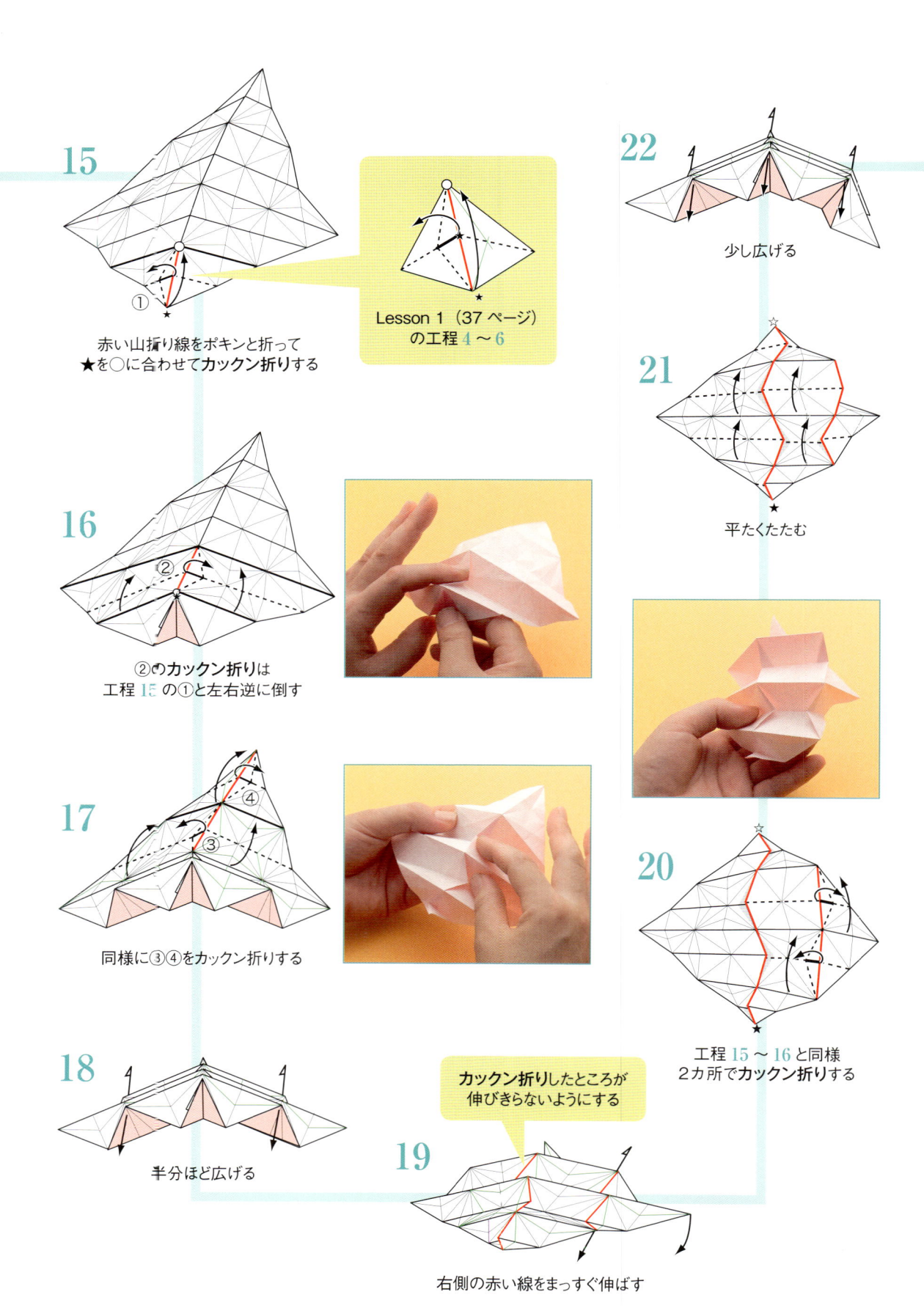

18
半分ほど広げる

19
カックン折りしたところが伸びきらないようにする

右側の赤い線をまっすぐ伸ばす

20
工程 15〜16 と同様 2カ所でカックン折りする

21
平たくたたむ

22
少し広げる

40

23
左側の赤い線をまっすぐ
伸ばしてからま上から見る

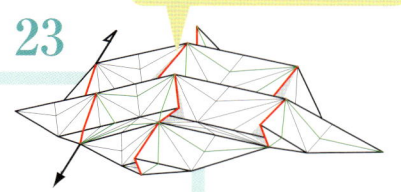

24
工程 20 と同様に
2カ所で**カックン折り**する

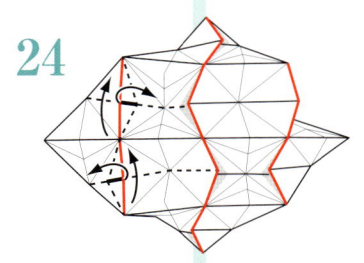

カックン折りしたところが
伸びきらないようにする

25
たたむ

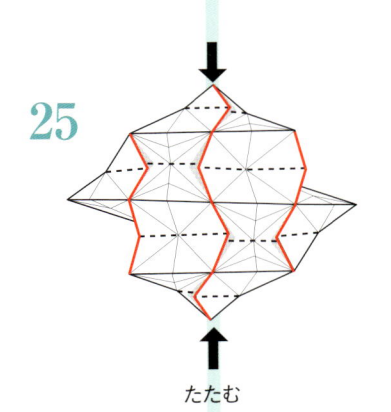

26
半分ほど広げる

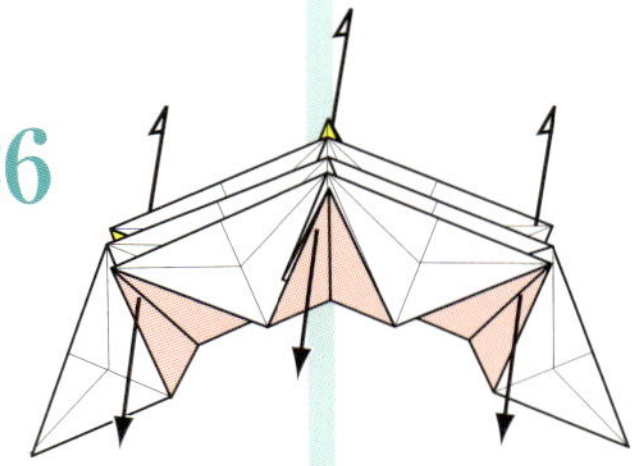

27

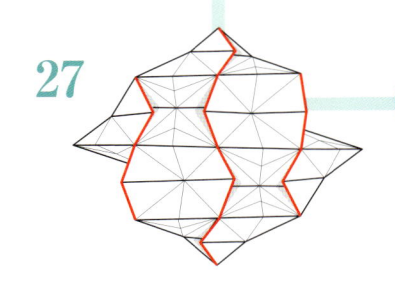

28
①同じ要領で8カ所を
カックン折りする
②薄いピンクの線を裏から
押し出して、表から少し
つまむ

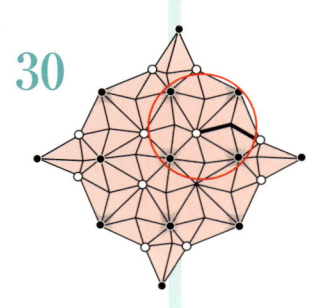

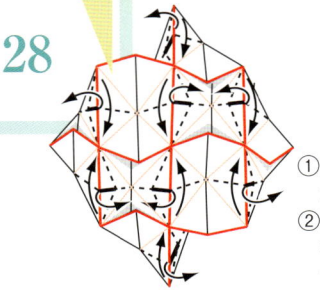

ピンクの線が端から端まで
山折りされているか確認する

29
Lesson 1（37ページ）の 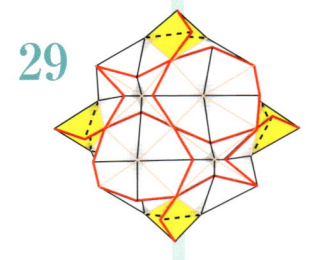
工程 5 ～ 6 のように、黄色い部分を
折って折り目をしっかりつける

30
○は出ている
●はへこんでいる

31
太線をつまんで
しっかり山折りする

赤枠内拡大

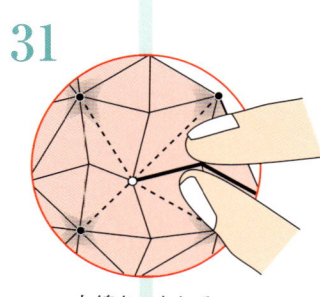

全体像

32
工程 31 同様に
太線をつまんで
しっかり山折りする

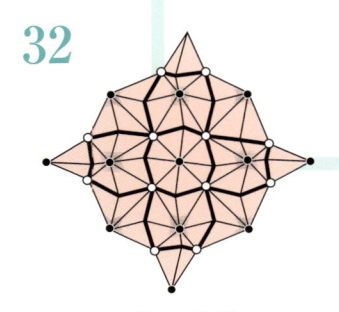

次ページへ

使う折り紙

33
矢印方向に4角すいの
くぼみをつぶして平たくする

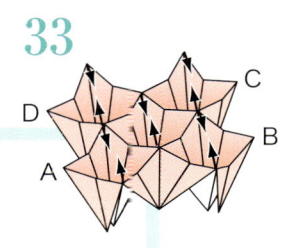

34
工程 33 にもどす 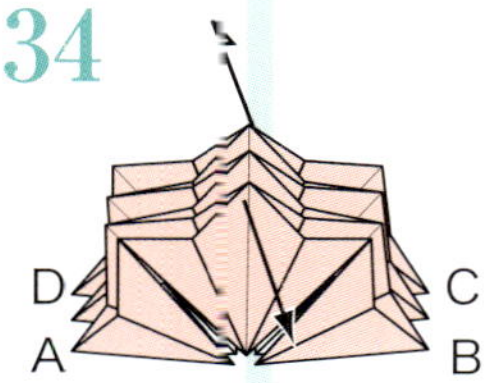

ポイント

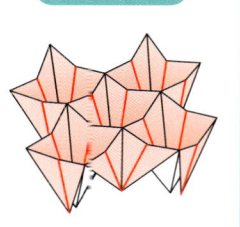

工程 34 の一部が
平たくならないときは、
赤で示した山折り線を
ずらして平たくする

35
別の対角線の方向につぶす

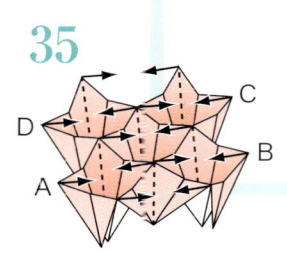

36
工程 33 にもどす

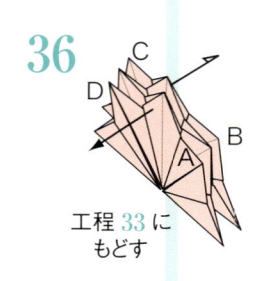

37
山折り線（赤）を開いて
PとQを引っ張り、
折りひだ（黄）をほどく

太矢印のように上げると、
赤い山折り線が開く

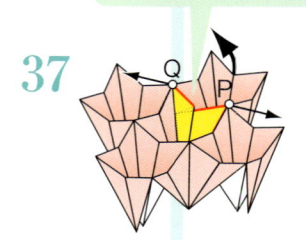

38
QとR、RとS、SとPを
引っ張って、
折りひだ（青）をほどく

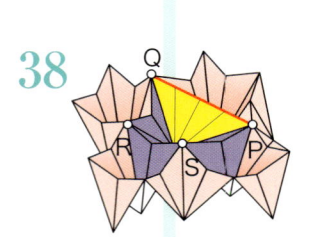

39
一応完成

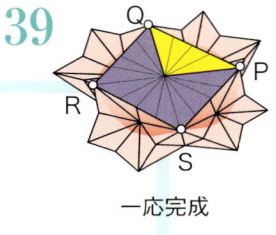

40
工程 41 になるように 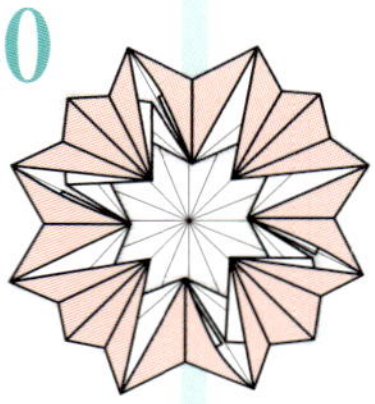
カッターで切り込みを入れる

41
花の底完成

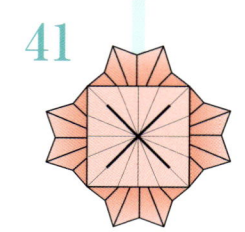

切り込みからLED
キャンドルライトを入れる

Step ▶ 2　花の本体を作る

用紙サイズ　30cm〜40cm角（底の4倍のサイズ）
用紙の種類　花の底と同じ紙

花の底を4倍（縦横2倍）にしたものです。Step 1 と同じ種類の用紙を使ってください。
基本的に Step 1 と同じ折り方なので、うまくできないときは Step 1 で練習しましょう。

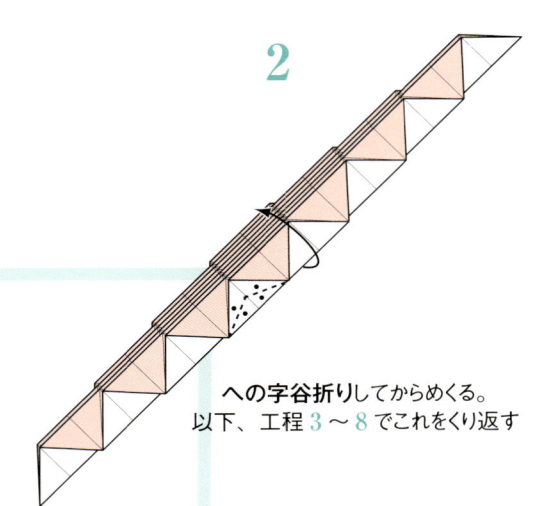

使う折り紙

1

Step 1 の工程 1 〜 3 のように折る

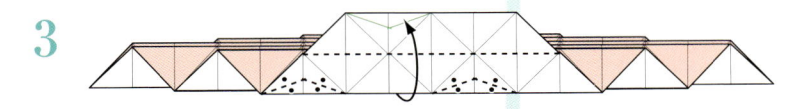

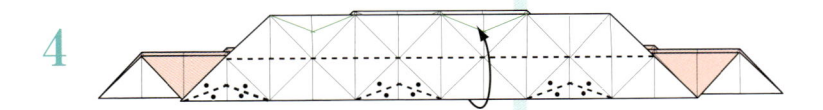

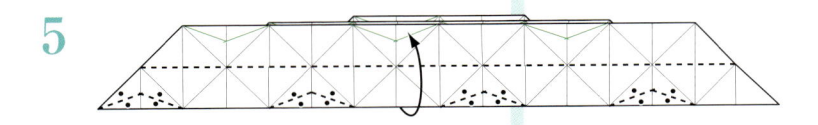

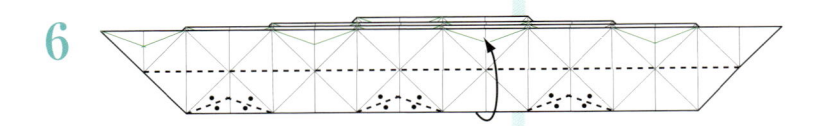

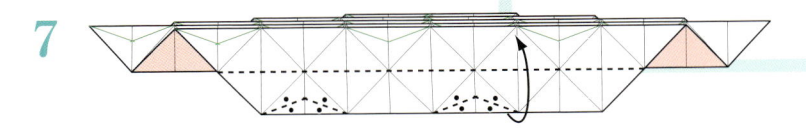

2

への字谷折りしてからめくる。
以下、工程 3 〜 8 でこれをくり返す

3

4

5

6

7

次ページへ

43

8

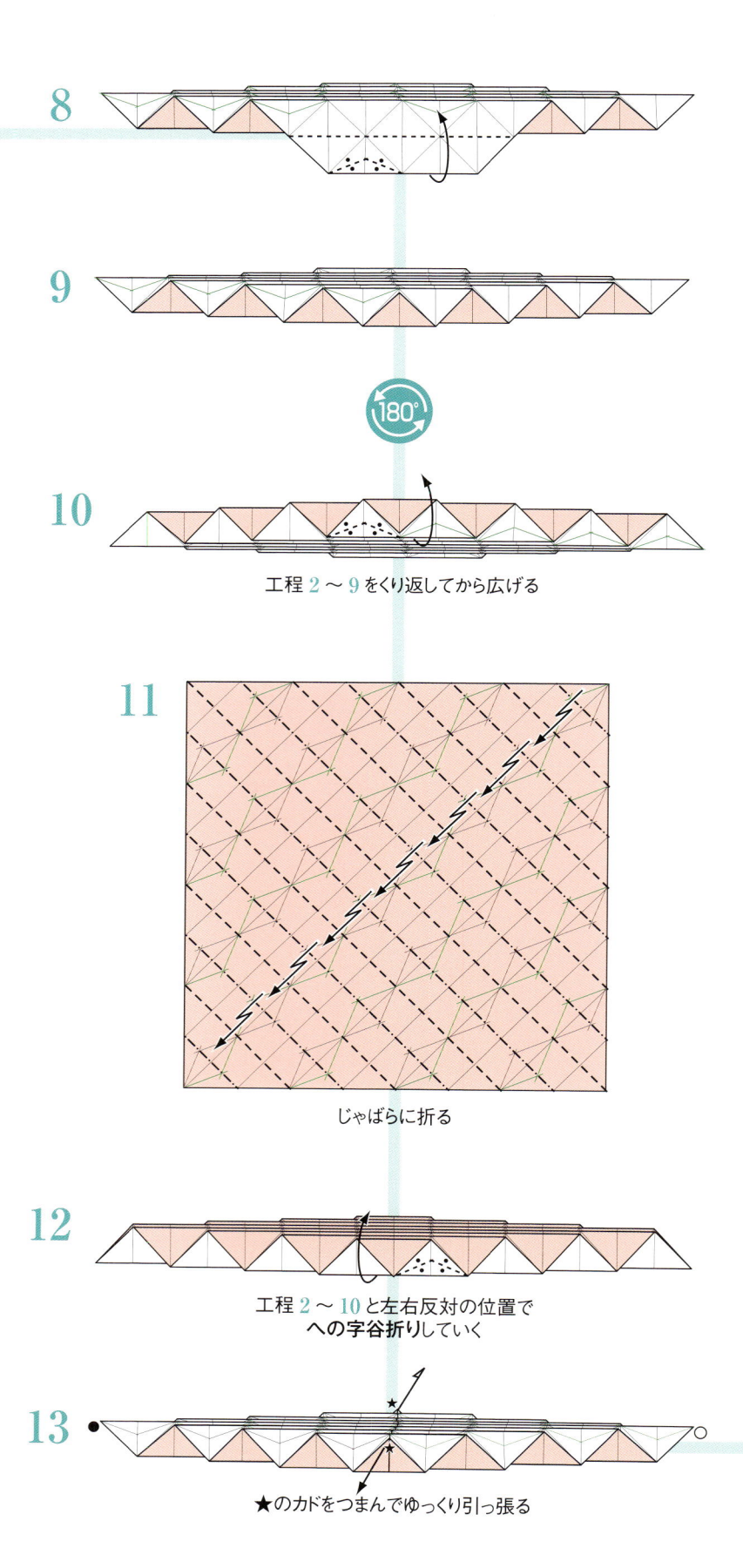

9

10

工程2〜9をくり返してから広げる

11

じゃばらに折る

12

工程2〜10と左右反対の位置で
への字谷折りしていく

13

★のカドをつまんでゆっくり引っ張る

44

16

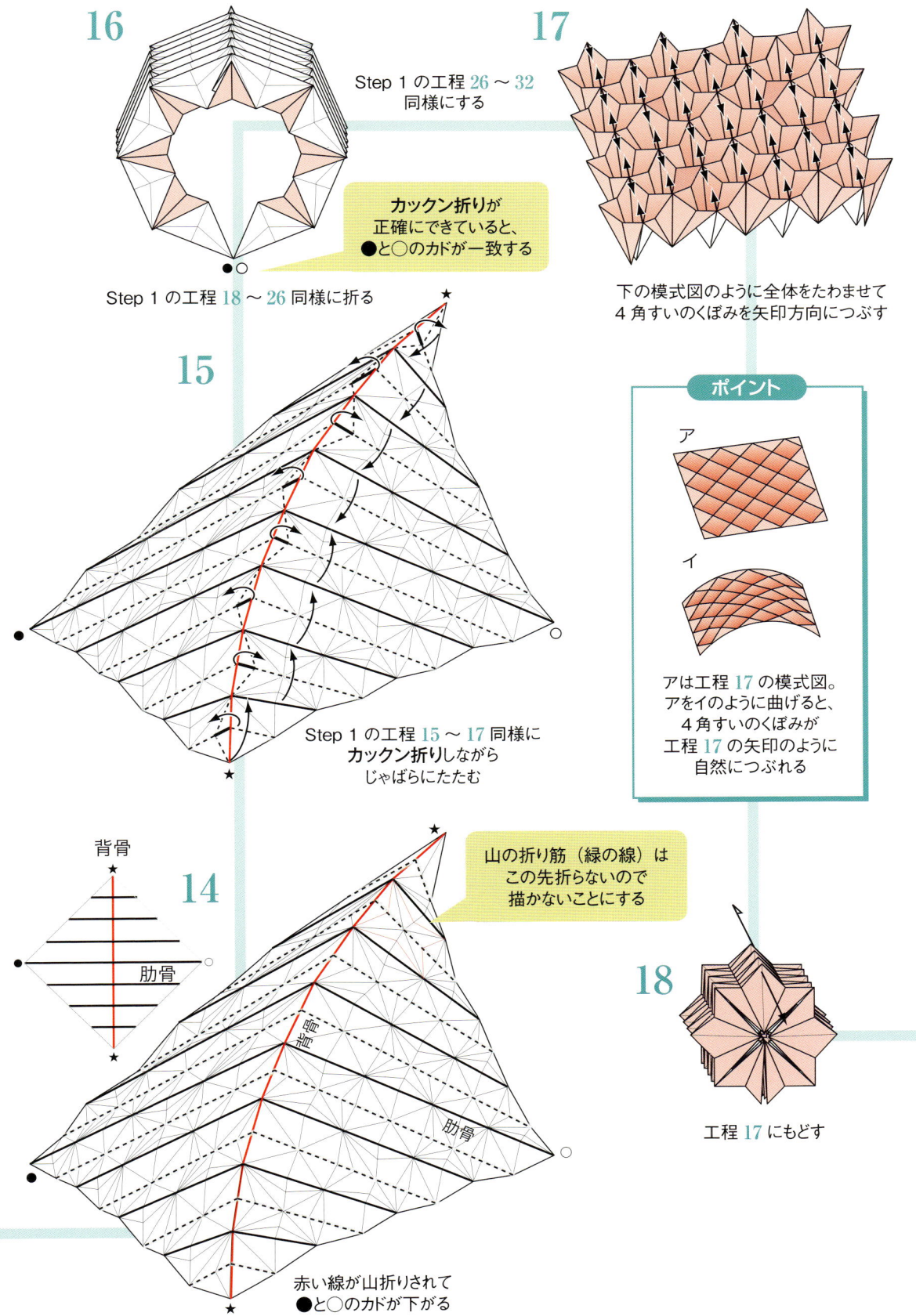

Step 1 の工程 26〜32 同様にする

カックン折りが正確にできていると、●と○のカドが一致する

Step 1 の工程 18〜26 同様に折る

17

下の模式図のように全体をたわませて 4角すいのくぼみを矢印方向につぶす

ポイント

ア

イ

アは工程 17 の模式図。アをイのように曲げると、4角すいのくぼみが工程 17 の矢印のように自然につぶれる

15

Step 1 の工程 15〜17 同様に **カックン折り**しながらじゃばらにたたむ

14

背骨

肋骨

山の折り筋（緑の線）はこの先折らないので描かないことにする

赤い線が山折りされて●と○のカドが下がる

18

工程 17 にもどす

使う折り紙

次ページへ

19

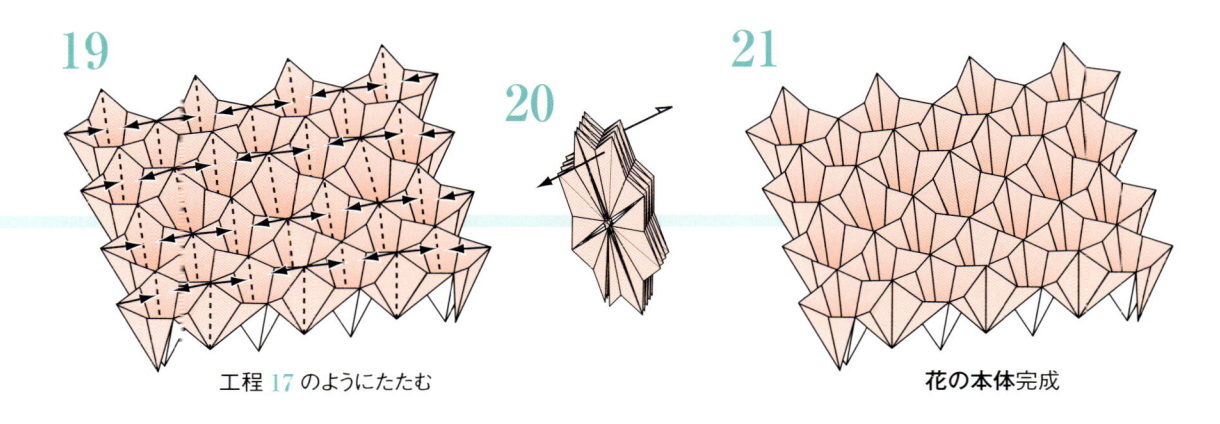

工程17のようにたたむ

20

21

花の本体完成

Step▶3　しゃくなげの花を作る

材　料　花の本体、花の底×各1

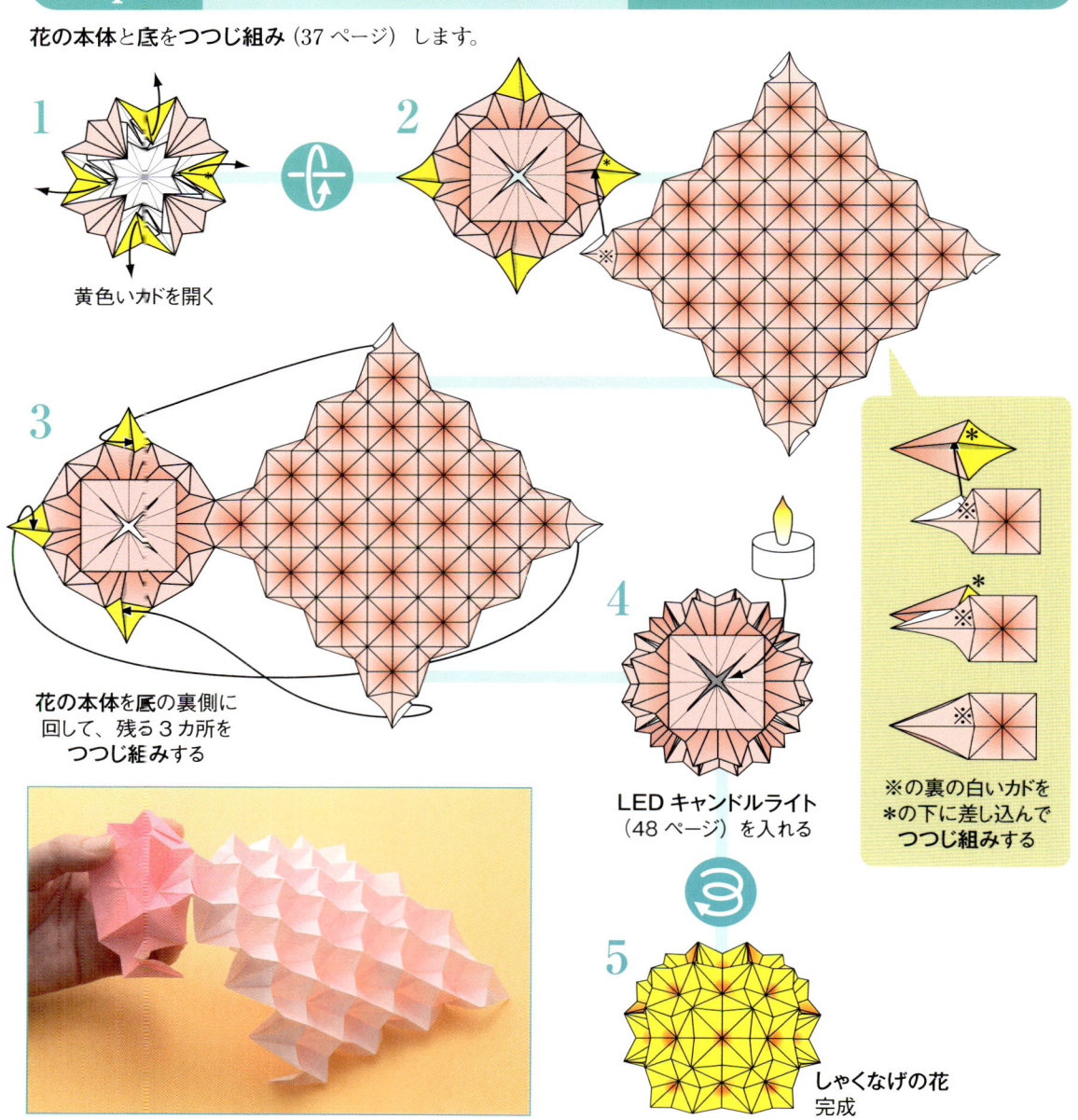

花の本体と底をつつじ組み（37ページ）します。

1

黄色いカドを開く

2

3

花の本体を底の裏側に回して、残る3カ所をつつじ組みする

4

LEDキャンドルライト（48ページ）を入れる

※の裏の白いカドを＊の下に差し込んでつつじ組みする

5

しゃくなげの花完成

本体と底の用紙の種類が違うと、うまく組めない

46

Step▶4 葉パーツを作る

用紙サイズ 「花の底」の用紙を半分に切った長方形
用紙の種類 普通の色紙、タントなど

花の底を折った紙を半分に切った大きさの長方形で折ります。

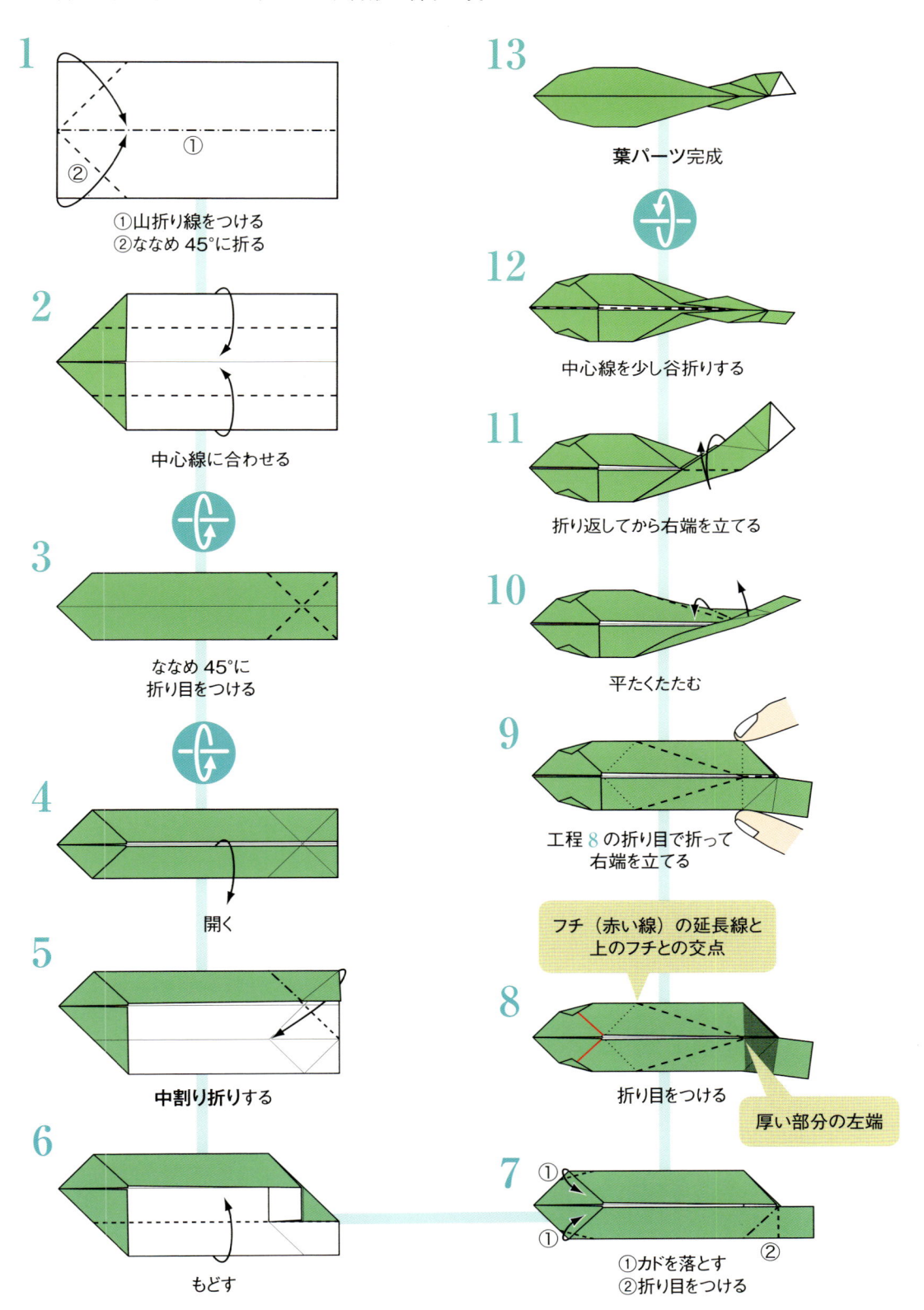

1
①山折り線をつける
②ななめ45°に折る

2
中心線に合わせる

3
ななめ45°に折り目をつける

4
開く

5
中割り折りする

6
もどす

7
①カドを落とす
②折り目をつける

8
折り目をつける
フチ（赤い線）の延長線と上のフチとの交点
厚い部分の左端

9
工程8の折り目で折って右端を立てる

10
平たくたたむ

11
折り返してから右端を立てる

12
中心線を少し谷折りする

13
葉パーツ完成

使う折り紙

47

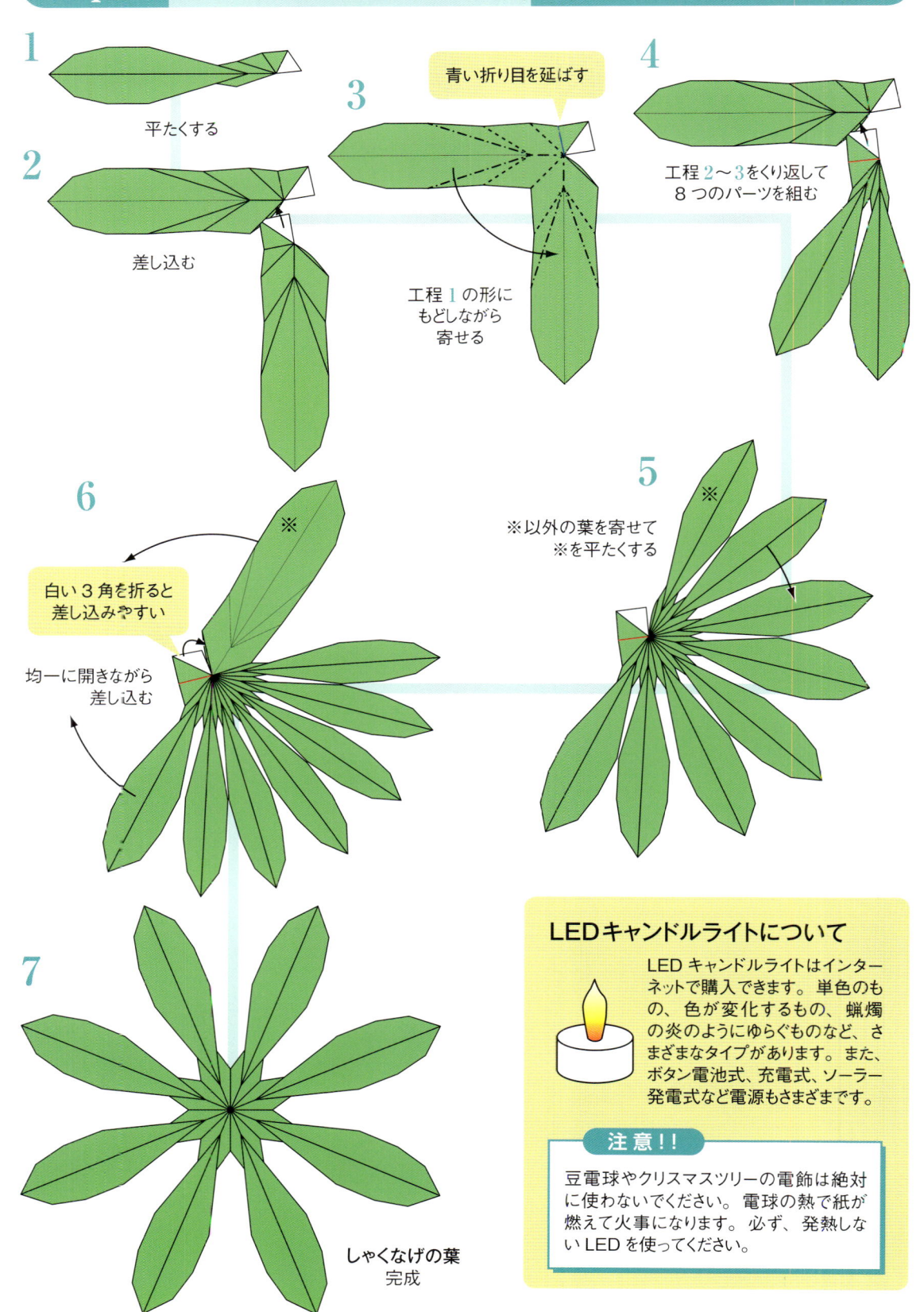

Step ▶ 5　しゃくなげの葉を作る

材　料　葉パーツ×8

1 平たくする

2 差し込む

3 青い折り目を延ばす
工程 1 の形にもどしながら寄せる

4 工程 2〜3 をくり返して 8 つのパーツを組む

5 ※以外の葉を寄せて※を平たくする

6 白い 3 角を折ると差し込みやすい
均一に開きながら差し込む

7 しゃくなげの葉 完成

LED キャンドルライトについて

LED キャンドルライトはインターネットで購入できます。単色のもの、色が変化するもの、蝋燭の炎のようにゆらぐものなど、さまざまなタイプがあります。また、ボタン電池式、充電式、ソーラー発電式など電源もさまざまです。

注意!!

豆電球やクリスマスツリーの電飾は絶対に使わないでください。電球の熱で紙が燃えて火事になります。必ず、発熱しない LED を使ってください。

Step ▶ 6　飾り台を作る

用紙サイズ：「葉」の用紙を半分に切った正方形×2枚
用紙の種類：普通の色紙、タントなど

飾り台に葉を乗せると、葉の先端が下がって本物らしくなります。

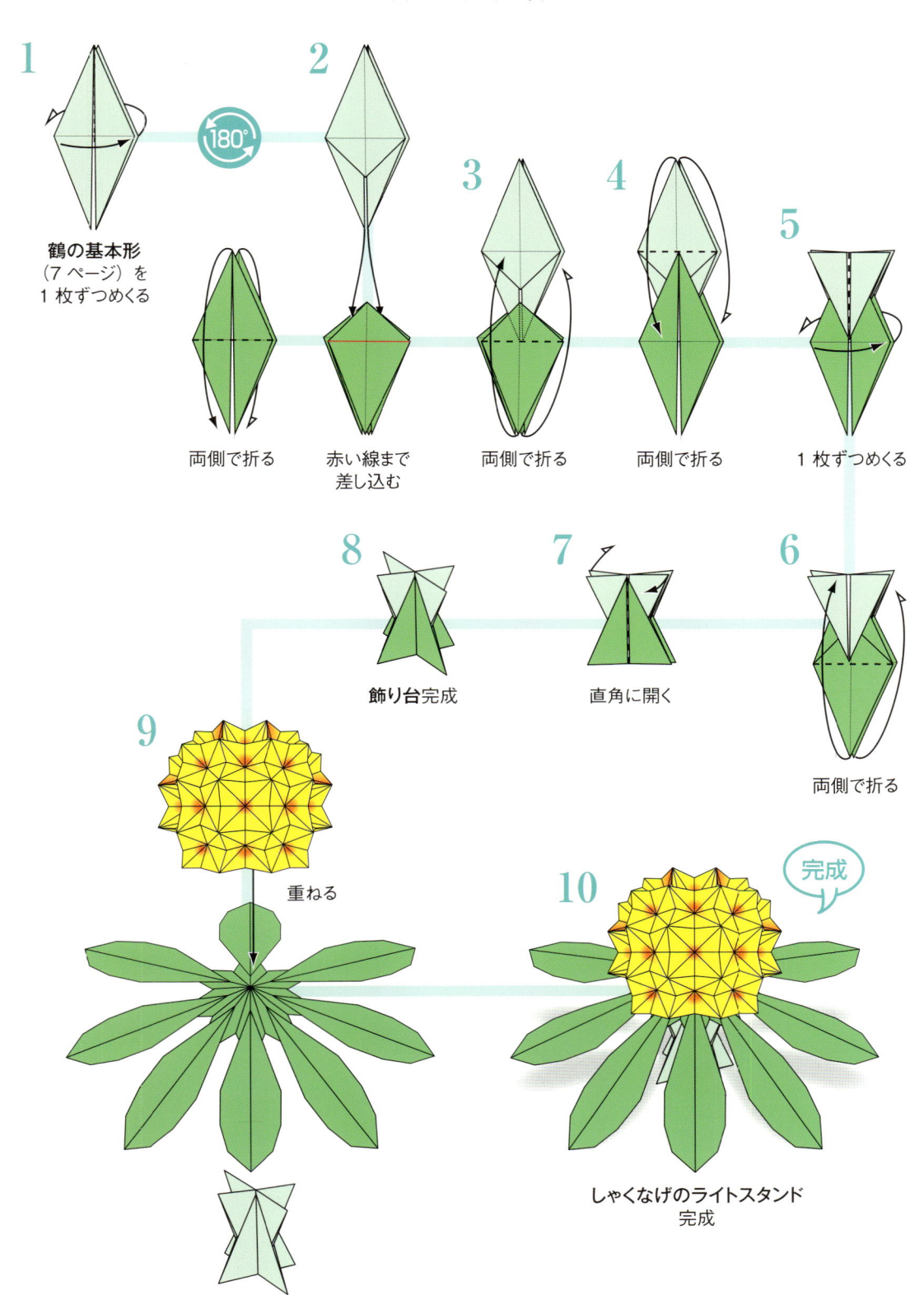

1. 鶴の基本形（7ページ）を1枚ずつめくる
2. 180°
3. 両側で折る／赤い線まで差し込む
4. 両側で折る
5. 両側で折る
6. 1枚ずつめくる
7. 両側で折る
8. 直角に開く
9. 飾り台完成
10. 重ねる

しゃくなげのライトスタンド 完成

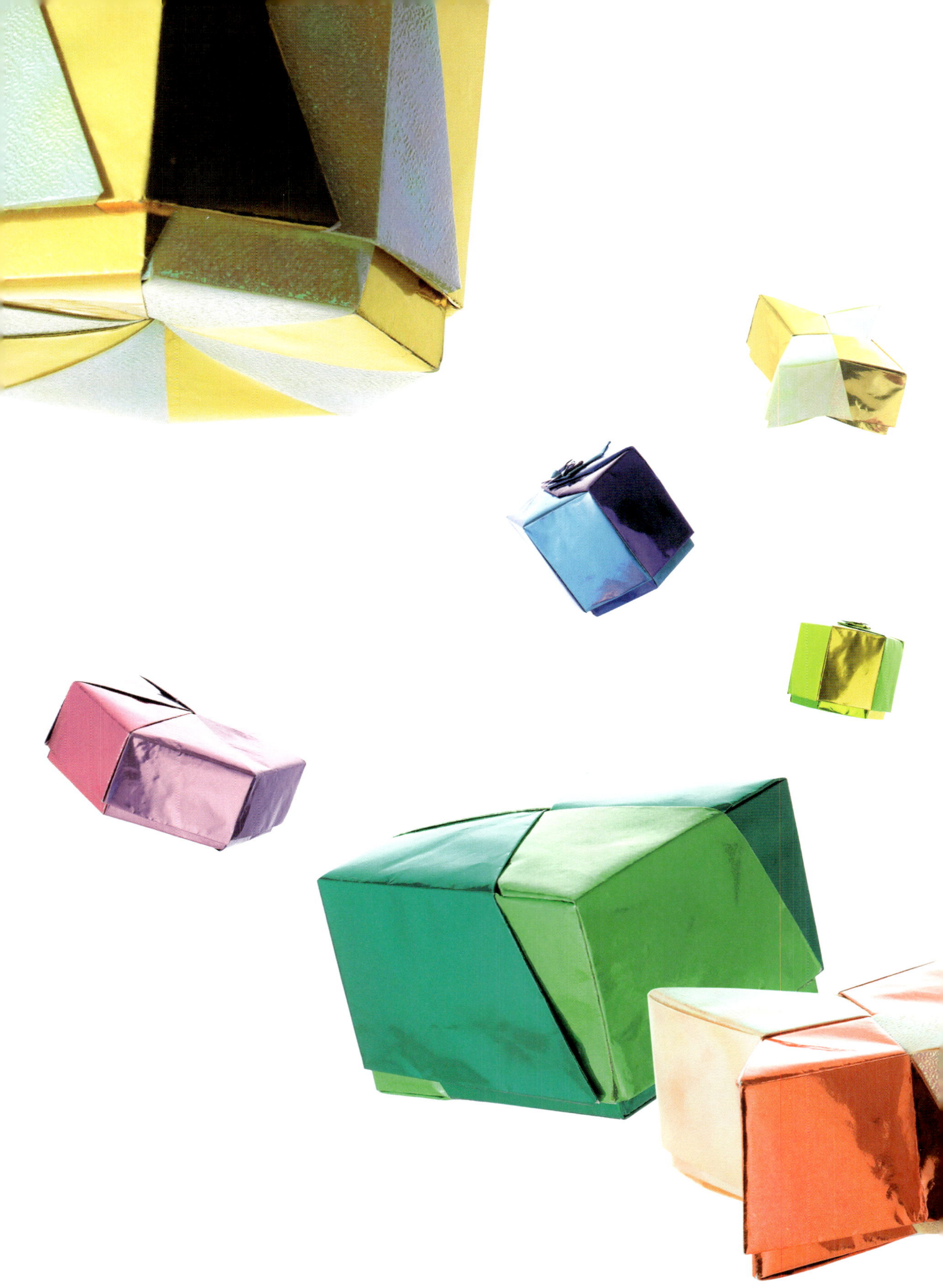

2章 箱の折り紙

Lesson 3 らせん折り

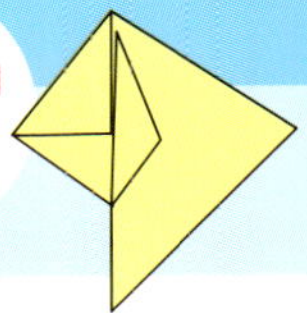

用紙サイズ 15cm×15cm
用紙の種類 普通の色紙

3角の突起を規則的に折る「らせん折り」は、「うず留め」や「うず組み」の折り線をつけるためのものです。

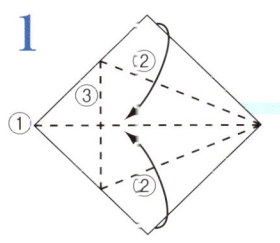

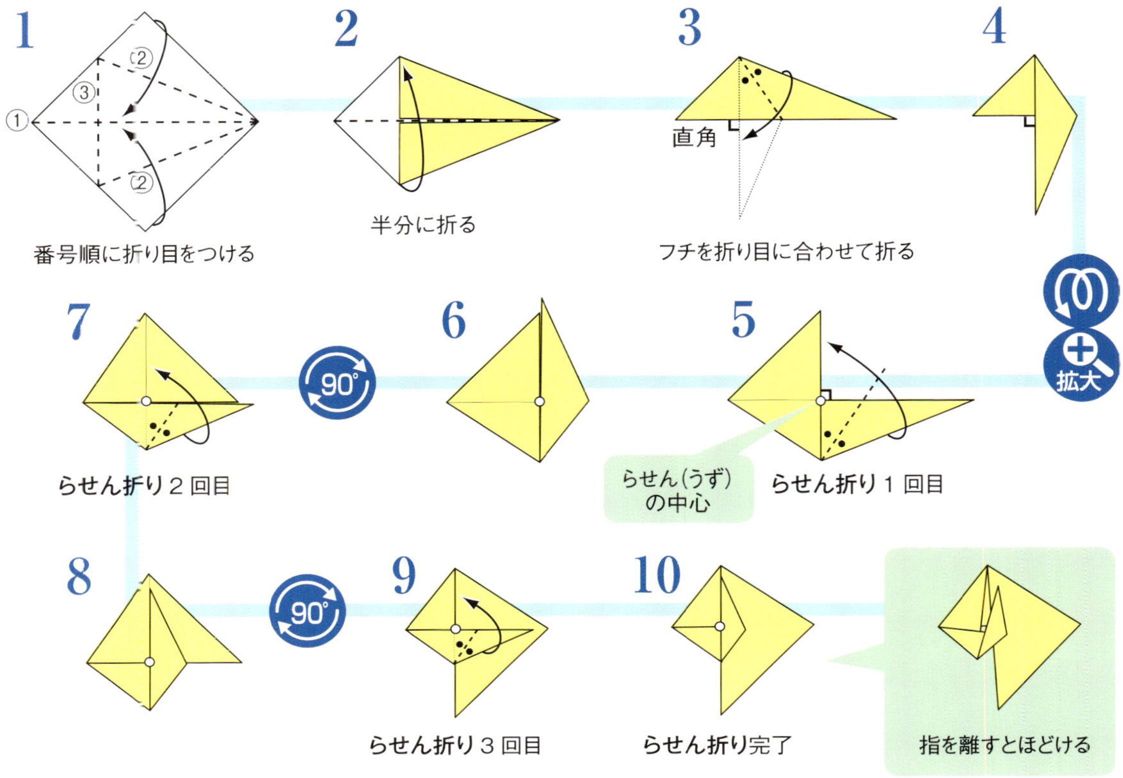

1 番号順に折り目をつける

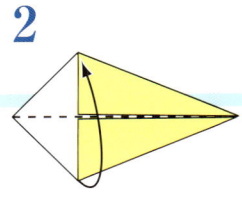

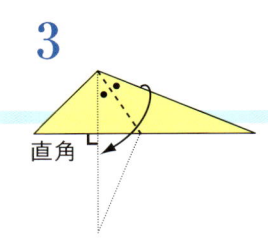

2 半分に折る

3 直角 フチを折り目に合わせて折る

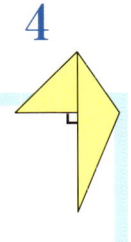

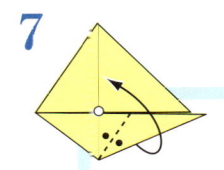

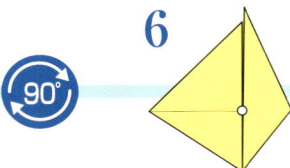

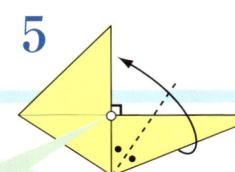

4 拡大

5 らせん(うず)の中心 らせん折り1回目

6

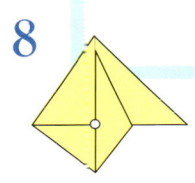

7 らせん折り2回目

8

9 らせん折り3回目

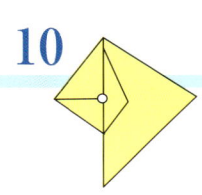

10 らせん折り完了

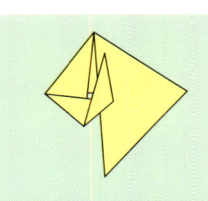

指を離すとほどける

Lesson 4 うず留め+ねじり山折り

材料 Lesson 3の工程10

「らせん折り」を「うず留め」すると、ほどけません。
Lesson 3の工程10を工程6までほどき、裏返してください。

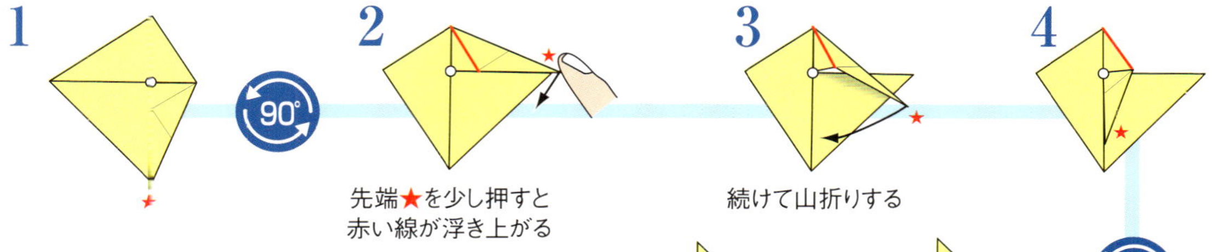

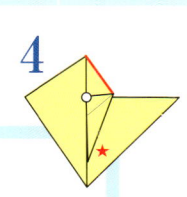

1

2 先端★を少し押すと赤い線が浮き上がる

3 続けて山折りする

4

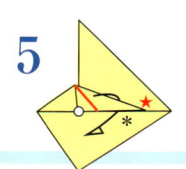

5 *の上で同様にねじり山折りする

6 うず留め完了

ポイント
工程 2～4 を「ねじり山折り」といい、工程5のような矢印で表します。★の突起をつまんで無理にひねっても、うまく「うず留め」できません。

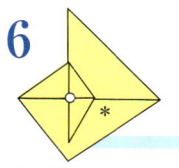

Lesson 5 うず組み

材料　Lesson 4の工程6×3

「うず組み」は、複数の「うず留め」をひっかける技法です。
しっかり組めるのに、接続部分が動く不思議な組み方です。

Lesson 4の工程6を1つ、Lesson 3の工程4までほどいたものを2つ用意してください。

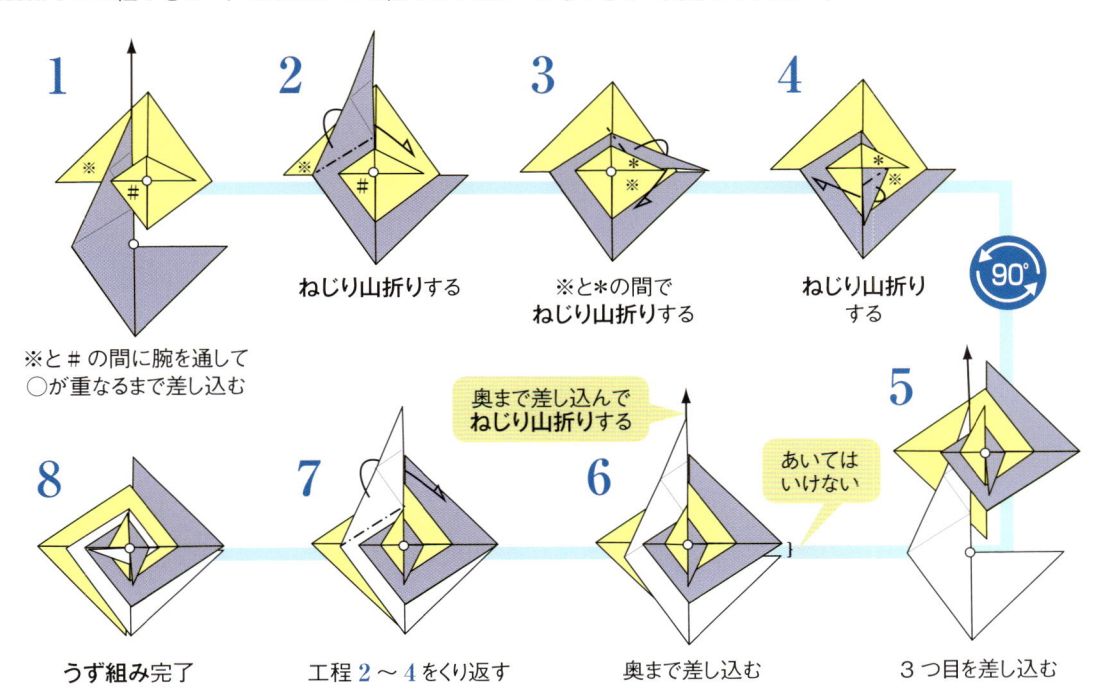

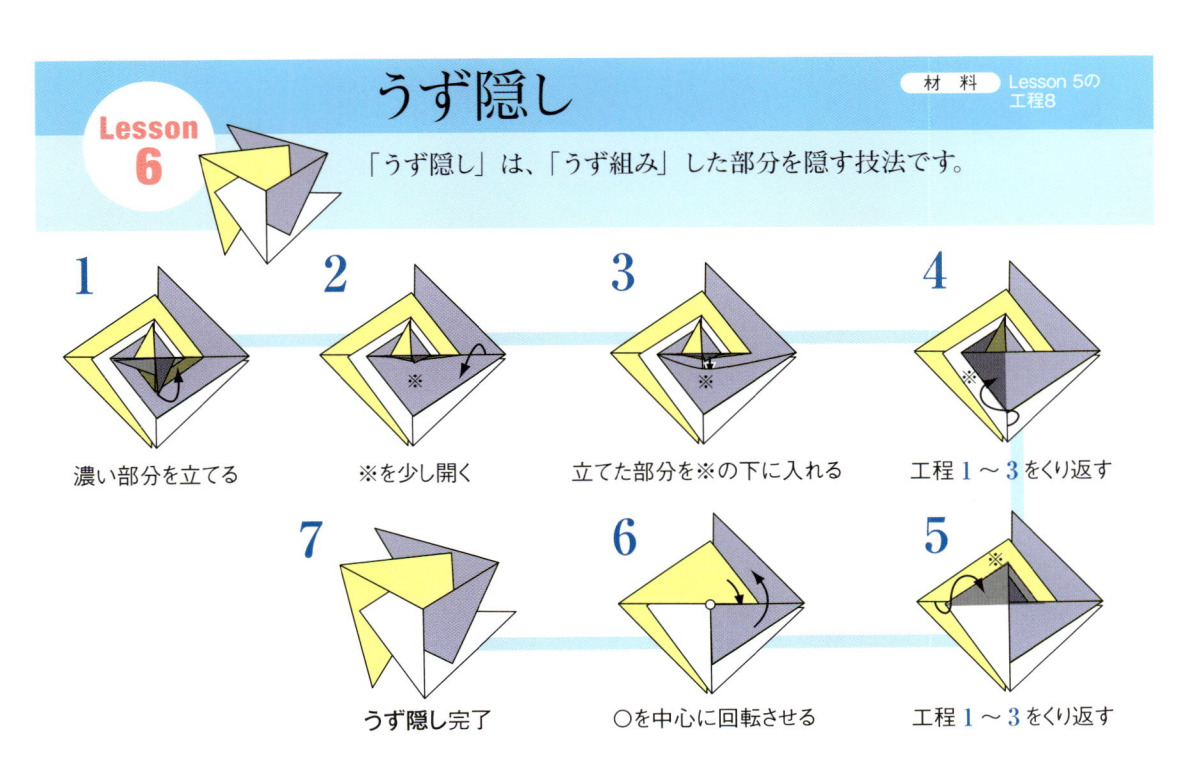

1 ※と#の間に腕を通して○が重なるまで差し込む

2 ねじり山折りする

3 ※と*の間でねじり山折りする

4 ねじり山折りする

90°

5 3つ目を差し込む

あいてはいけない

6 奥まで差し込む

奥まで差し込んでねじり山折りする

7 工程2〜4をくり返す

8 うず組み完了

Lesson 6 うず隠し

材料　Lesson 5の工程8

「うず隠し」は、「うず組み」した部分を隠す技法です。

1 濃い部分を立てる

2 ※を少し開く

3 立てた部分を※の下に入れる

4 工程1〜3をくり返す

5 工程1〜3をくり返す

6 ○を中心に回転させる

7 うず隠し完了

風車箱
ふうしゃ

「うず組み」を利用した箱の第1号。
すべてはこの箱から始まりました。らせん折り、うず留め、
うず組み、うず隠しの技法をすべて用いています。

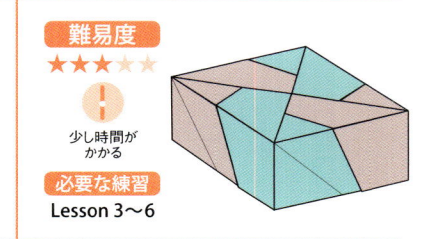

難易度 ★★★☆☆
少し時間がかかる
必要な練習 Lesson 3〜6

Step▶1　箱パーツを作る

用紙サイズ　15cm×15cm
用紙の種類　普通の色紙、タントなど

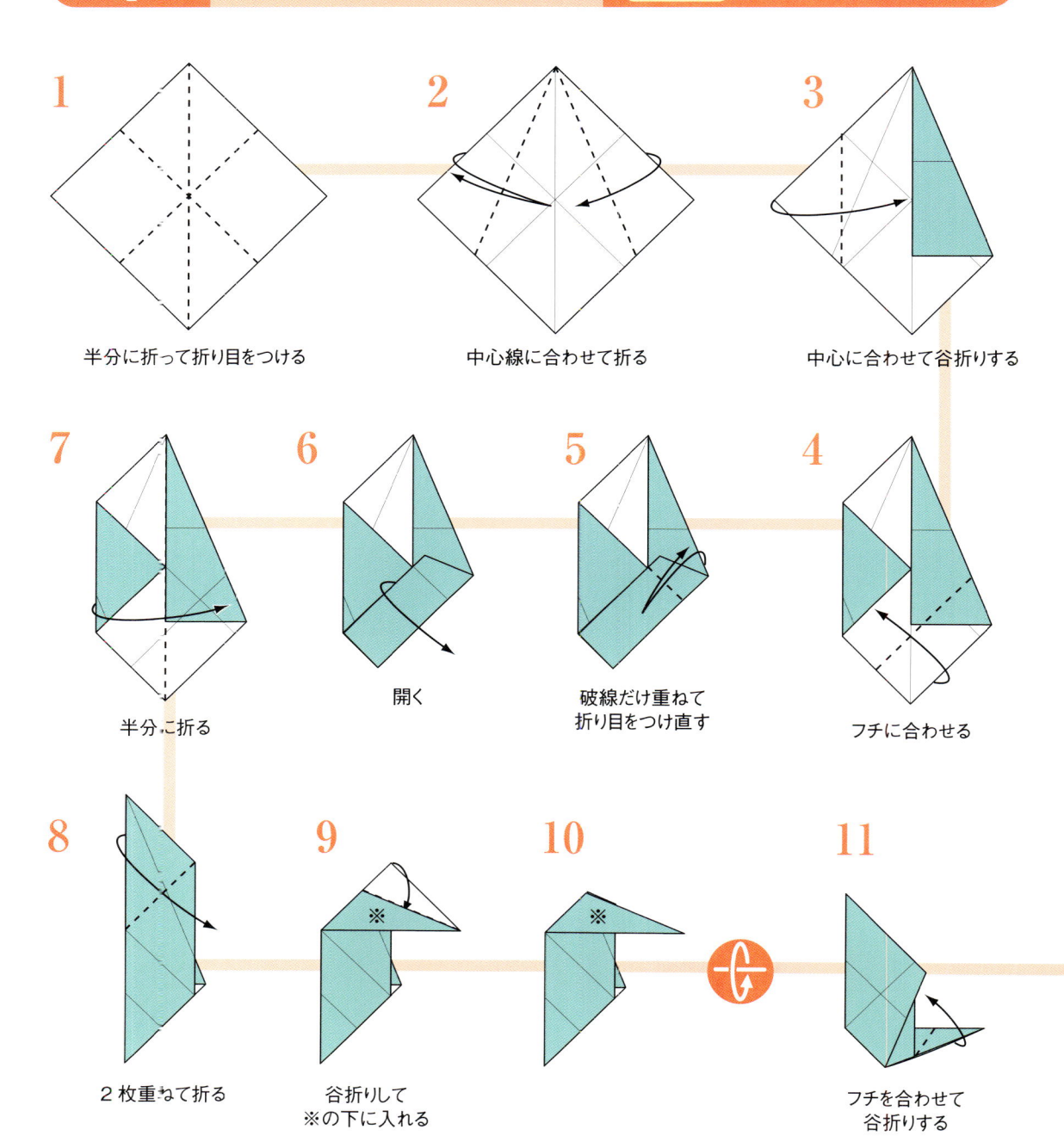

1 半分に折って折り目をつける

2 中心線に合わせて折る

3 中心に合わせて谷折りする

4 フチに合わせる

5 破線だけ重ねて折り目をつけ直す

6 開く

7 半分に折る

8 2枚重ねて折る

9 谷折りして※の下に入れる

10

11 フチを合わせて谷折りする

54

19
箱パーツ完成

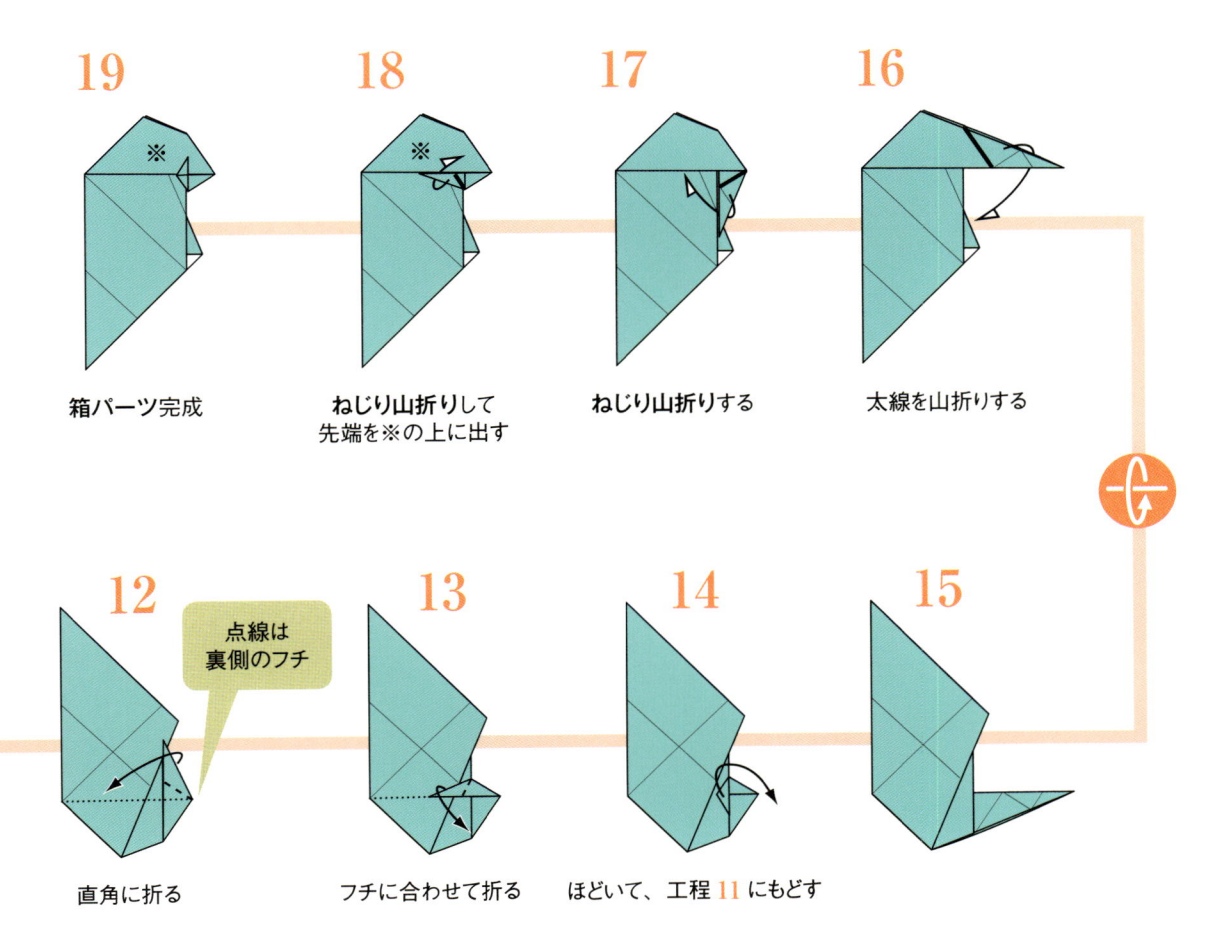

18
ねじり山折りして
先端を※の上に出す

17
ねじり山折りする

16
太線を山折りする

12
点線は
裏側のフチ

直角に折る

13
フチに合わせて折る

14
ほどいて、工程 11 にもどす

15

55

Lesson

立体化の練習 パーツを組んだあとに立体化する Step 2 工程 7〜8 の練習です。

材料 Step 1 の工程 15

1 Step 1 の工程 15 を開いて、太線 c を直角に山折りする

2 a、c、d は直角に谷折り、b は平らにする

3 立体図

90°回転

4 練習完了

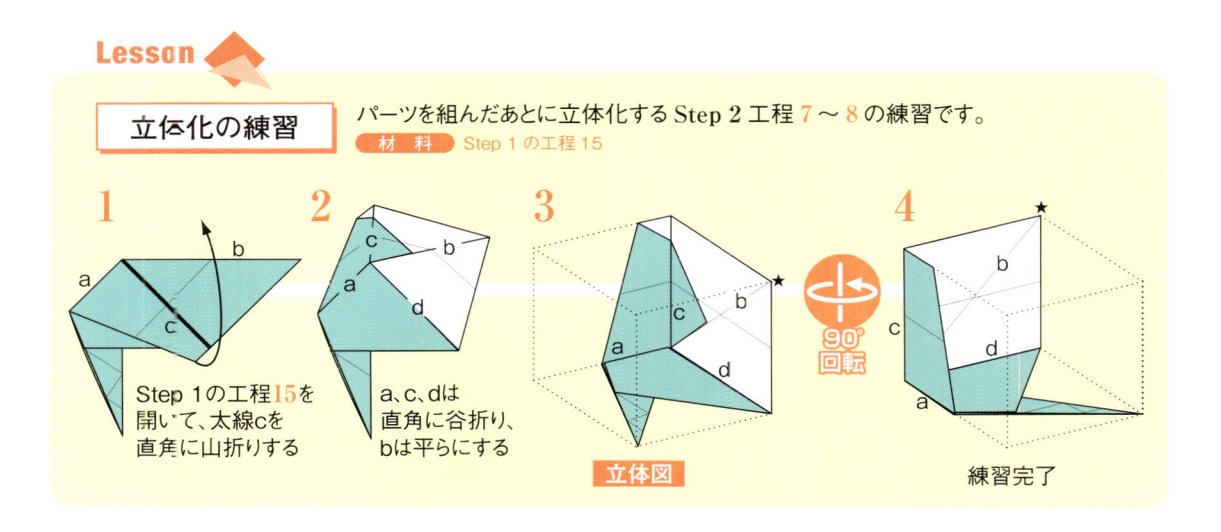

Step ▶ 2 箱を作る

材料 箱パーツ×8

箱パーツ 4 個を平たいまま「うず組み」したあと、立体にします。
Step 1 の工程 19 を 1 つ、工程 15 を 3 つ用意してください。

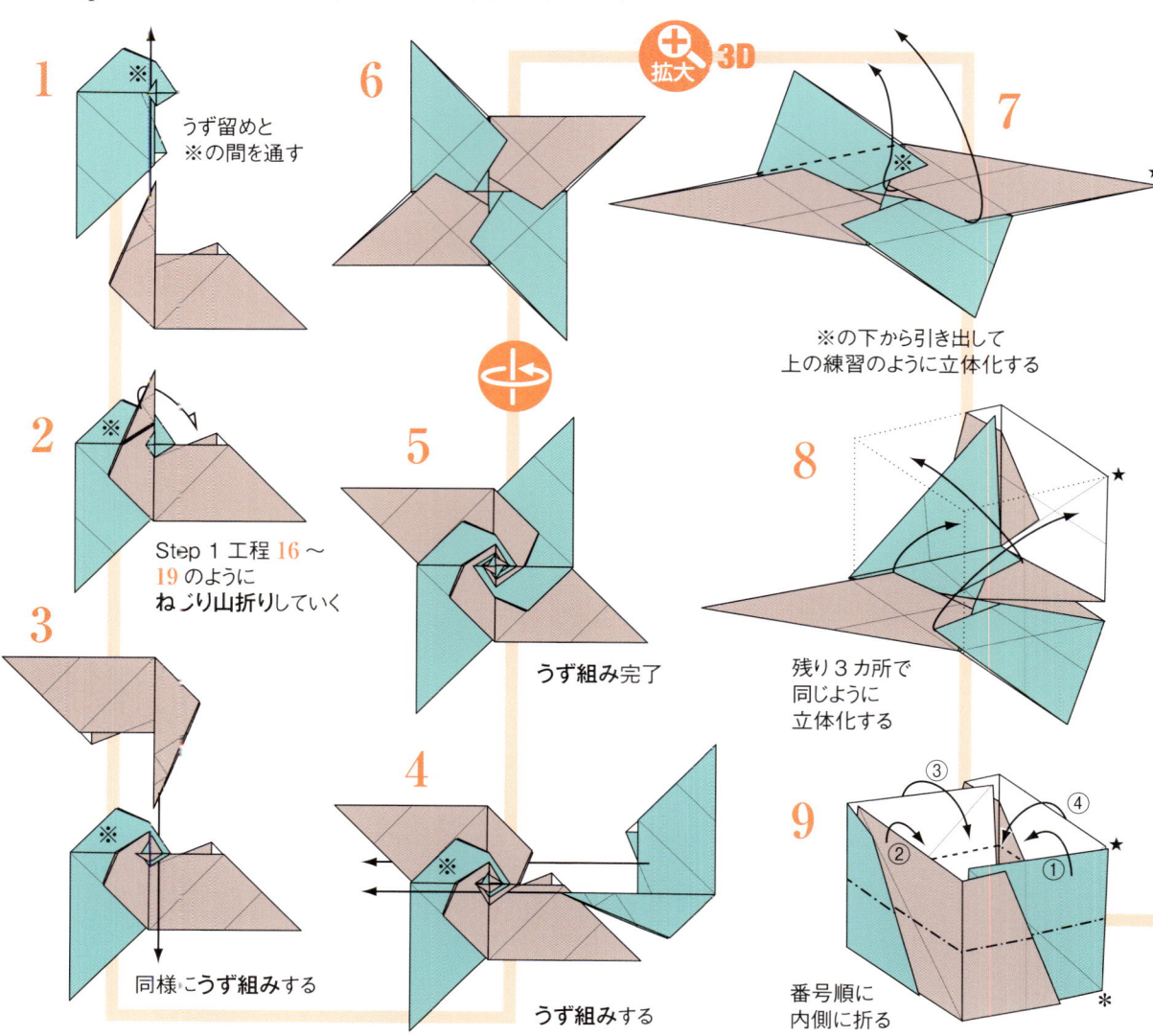

1 うず留めと ※ の間を通す

2 Step 1 工程 16〜19 のように **ねじり山折り**していく

3 同様にうず組みする

4 うず組みする

5 うず組み完了

6

7 ※ の下から引き出して上の練習のように立体化する

拡大 3D

8 残り 3 カ所で同じように立体化する

9 番号順に内側に折る

56

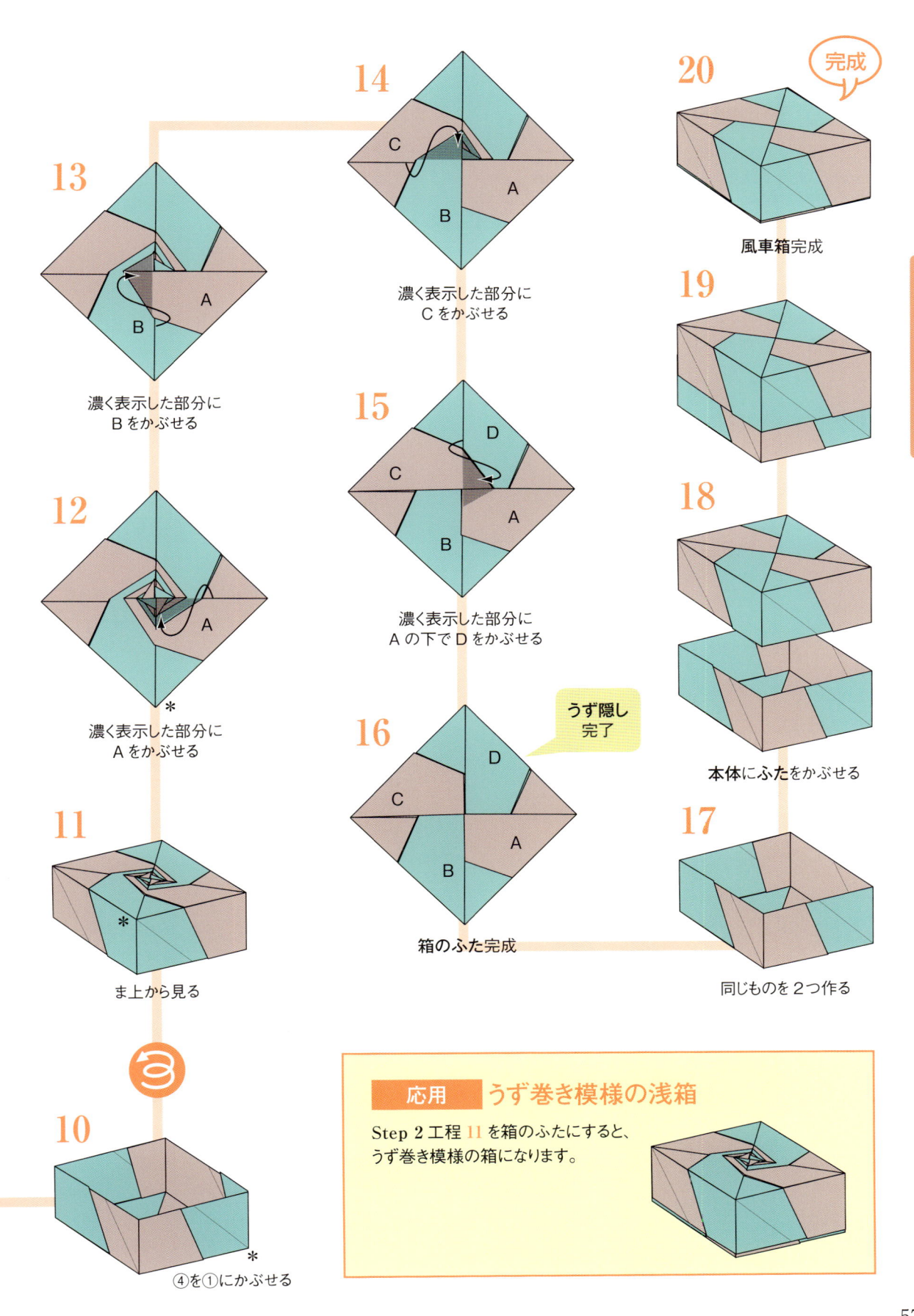

13
濃く表示した部分に
Bをかぶせる

14
濃く表示した部分に
Cをかぶせる

15
濃く表示した部分に
Aの下でDをかぶせる

16
うず隠し完了

箱のふた完成

12
濃く表示した部分に
Aをかぶせる

11
ま上から見る

10
④を①にかぶせる

20
完成

風車箱完成

19

18
本体にふたをかぶせる

17
同じものを2つ作る

箱の折り紙

応用　うず巻き模様の浅箱

Step 2 工程 11 を箱のふたにすると、
うず巻き模様の箱になります。

57

玉手箱

21世紀のマイベスト折り紙です。
普通の色紙で練習したあと、20cm〜30cm角の
厚めの紙で折ると、大きめの丈夫な箱になります。

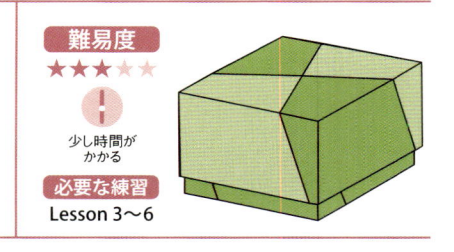

難易度 ★★★☆☆
少し時間がかかる
必要な練習 Lesson 3〜6

Step▶1　箱の本体パーツを作る

用紙サイズ 15cm×15cm以上
用紙の種類 普通の色紙、タントなど

好きな色で4つ作ってください。

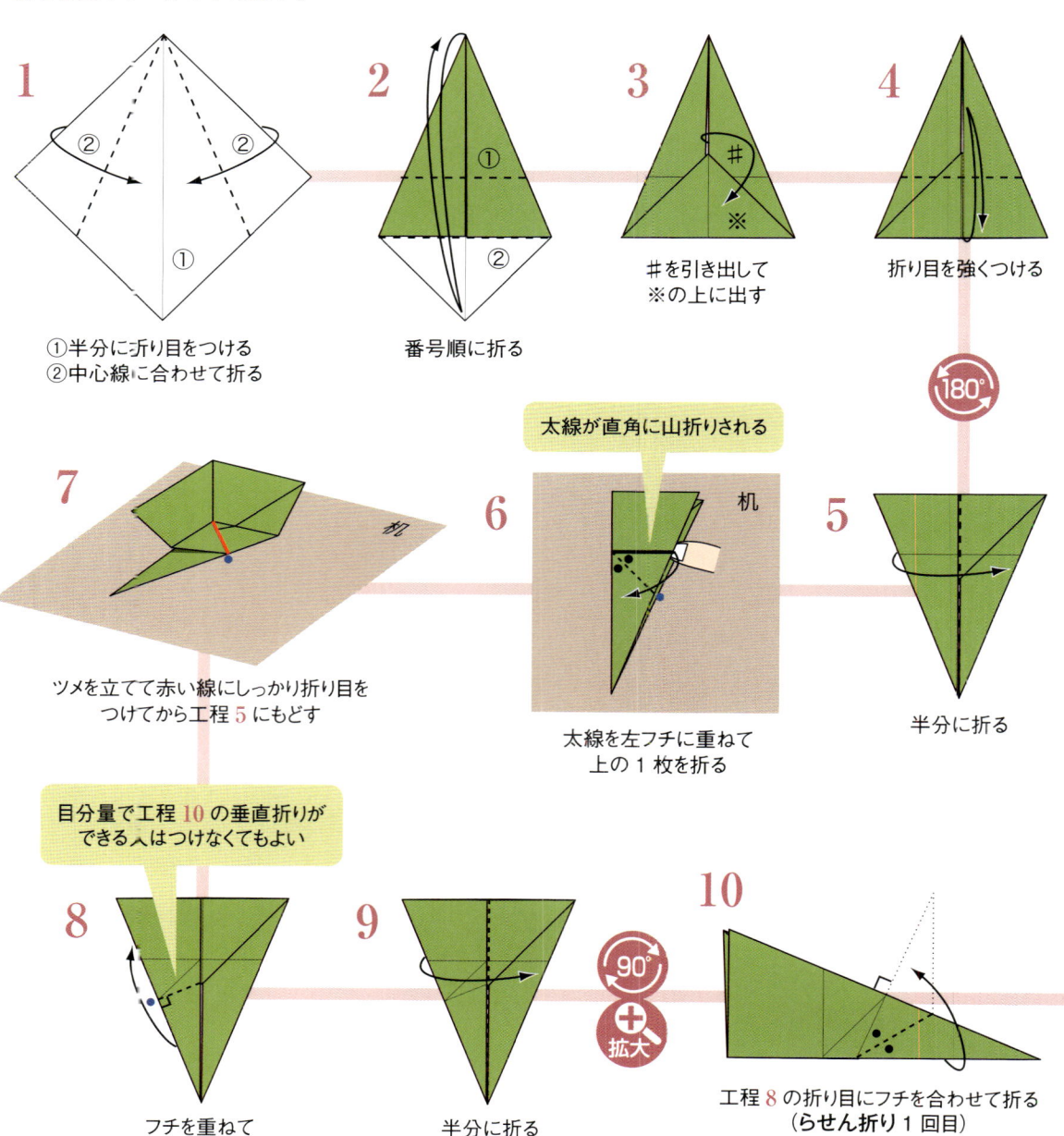

1
①半分に折り目をつける
②中心線に合わせて折る

2
番号順に折る

3
♯を引き出して
※の上に出す

4
折り目を強くつける

5
半分に折る

6
太線が直角に山折りされる
太線を左フチに重ねて
上の1枚を折る

7
ツメを立てて赤い線にしっかり折り目を
つけてから工程5にもどす

8
目分量で工程10の垂直折りが
できる人はつけなくてもよい
フチを重ねて
フチに垂直な折り目をつける

9
半分に折る

10
工程8の折り目にフチを合わせて折る
（らせん折り1回目）

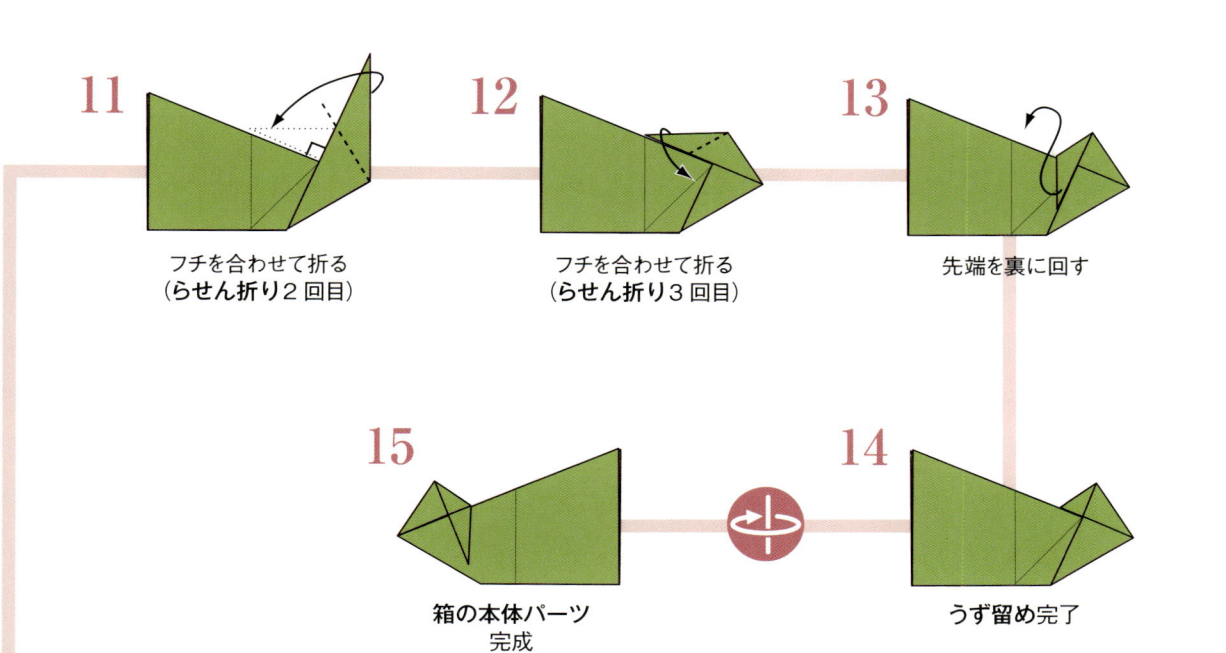

11
フチを合わせて折る
(らせん折り2回目)

12
フチを合わせて折る
(らせん折り3回目)

13
先端を裏に回す

14
うず留め完了

15
箱の本体パーツ
完成

箱の折り紙

Step▶2　箱の本体を作る

材料 箱の本体パーツ×4

箱の本体パーツ4個を平たいまま組んだあとに立体化します。

1
○が合うまで通す

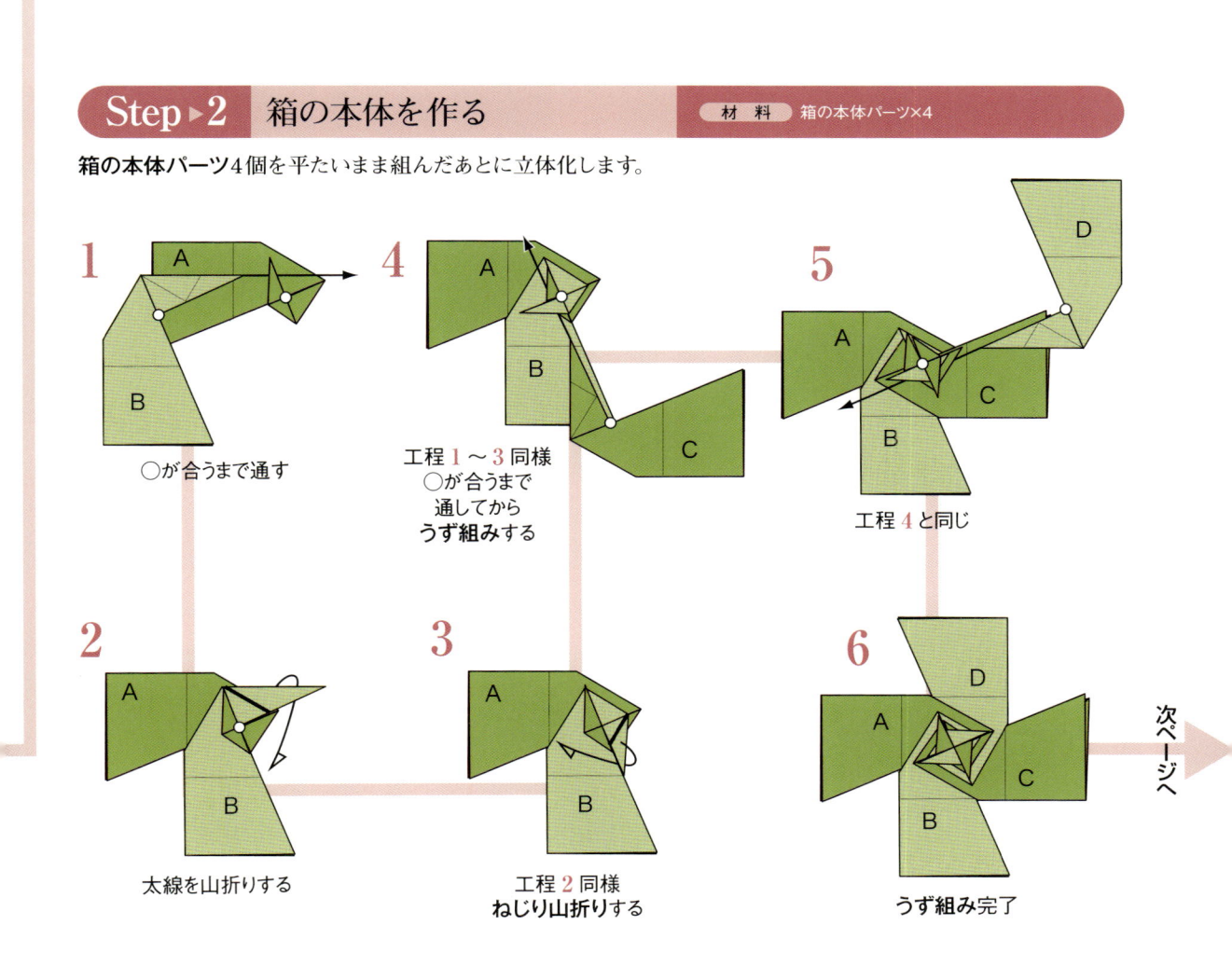

2
太線を山折りする

3
工程2同様
ねじり山折りする

4
工程1～3同様
○が合うまで
通してから
うず組みする

5
工程4と同じ

6
うず組み完了

次ページへ

59

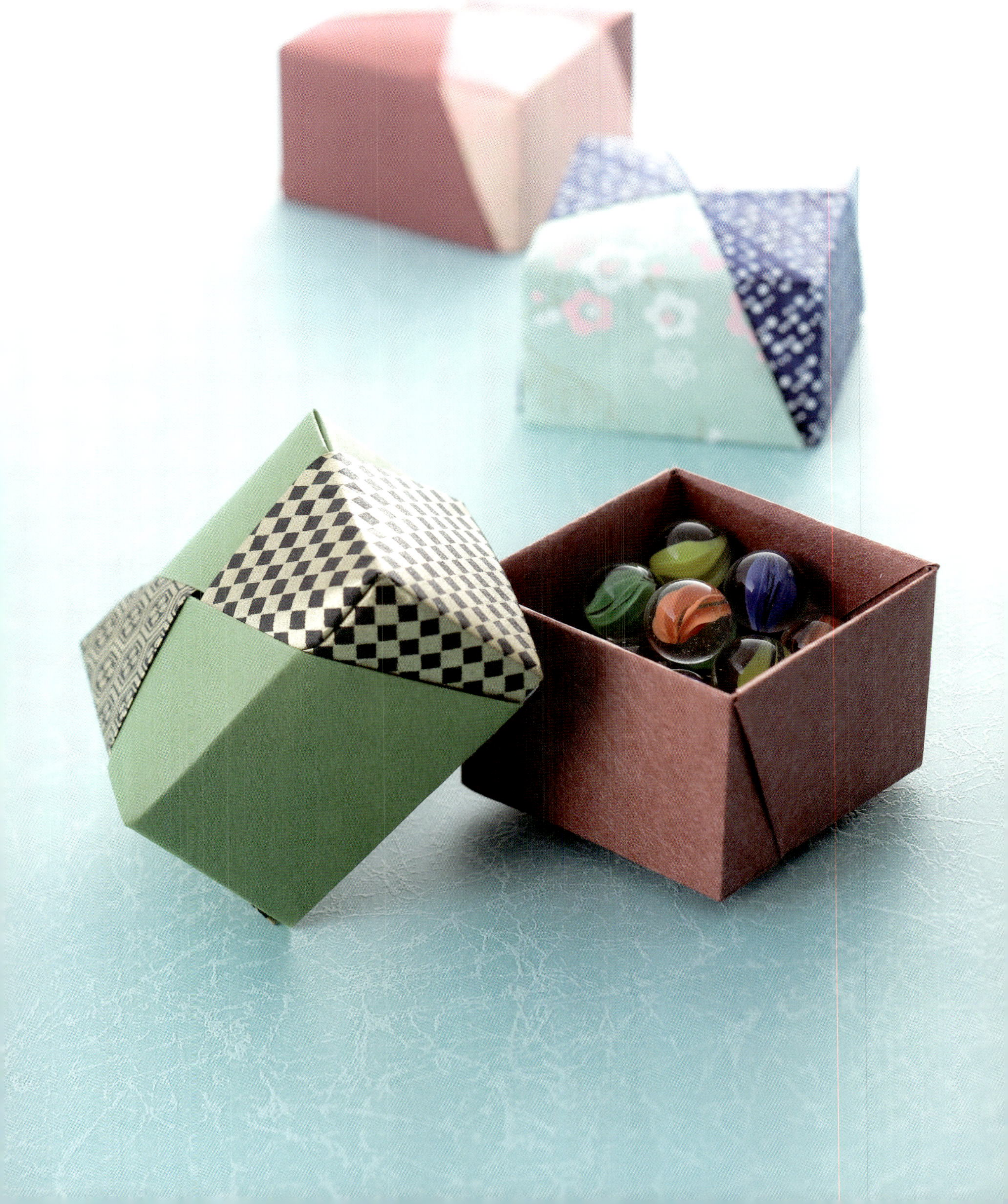

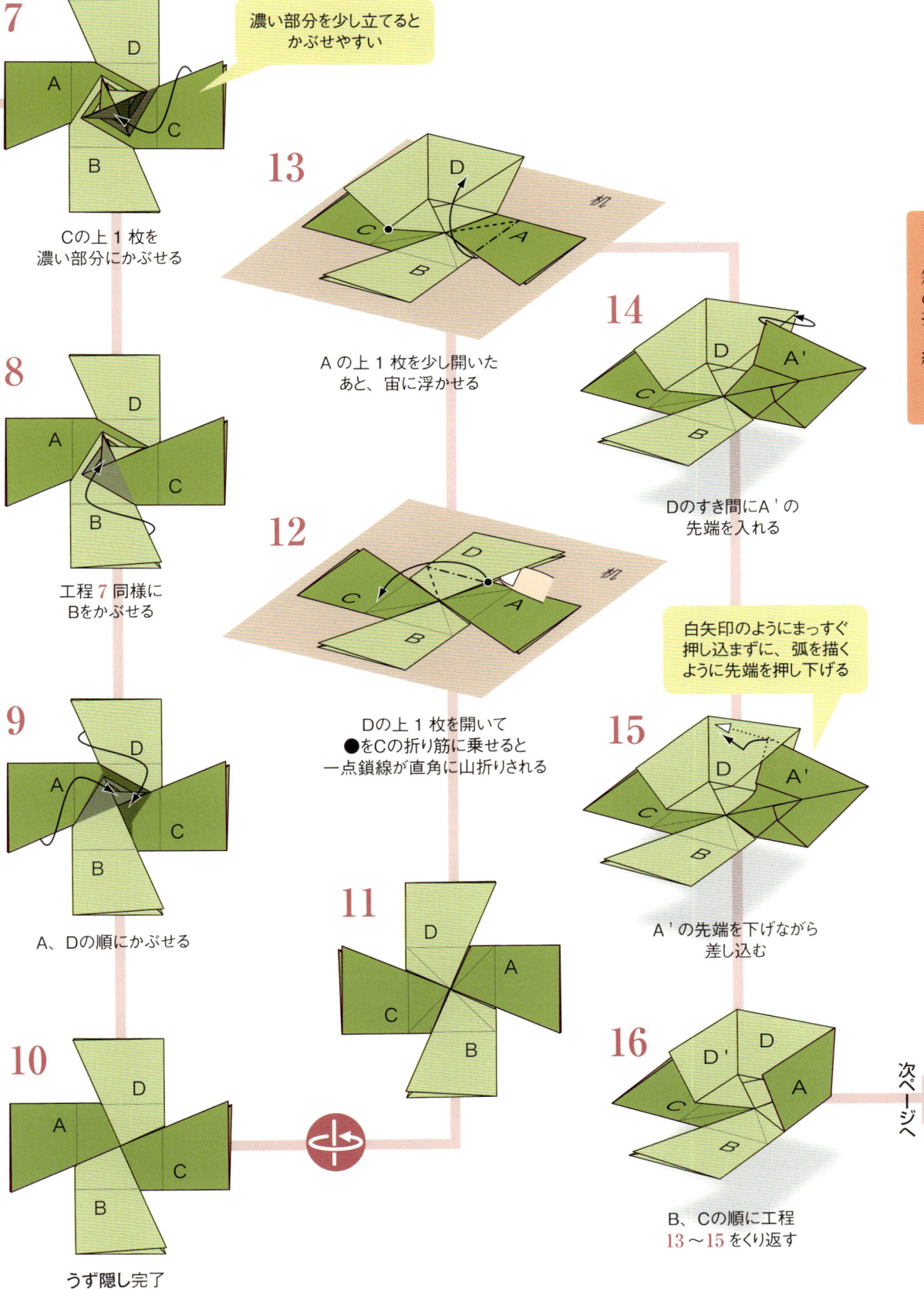

7
Cの上1枚を
濃い部分にかぶせる

濃い部分を少し立てると
かぶせやすい

8
工程7同様に
Bをかぶせる

9
A、Dの順にかぶせる

10
うず隠し完了

11

12
Dの上1枚を開いて
●をCの折り筋に乗せると
一点鎖線が直角に山折りされる

13
Aの上1枚を少し開いた
あと、宙に浮かせる

14
DのすきまにA'の
先端を入れる

15
A'の先端を下げながら
差し込む

白矢印のようにまっすぐ
押し込まずに、弧を描く
ように先端を押し下げる

16
B、Cの順に工程
13〜15をくり返す

箱の折り紙

次ページへ

17

D'をCに入れる

工程 17 ができないとき

AからBを少し抜いてから
D'をCに入れる

18

箱の本体完成

底の模様 → 内部の模様

Step ▶3　ふたパーツを作る

用紙サイズ　15cm×15cm以上
用紙の種類　普通の色紙、タントなど

1

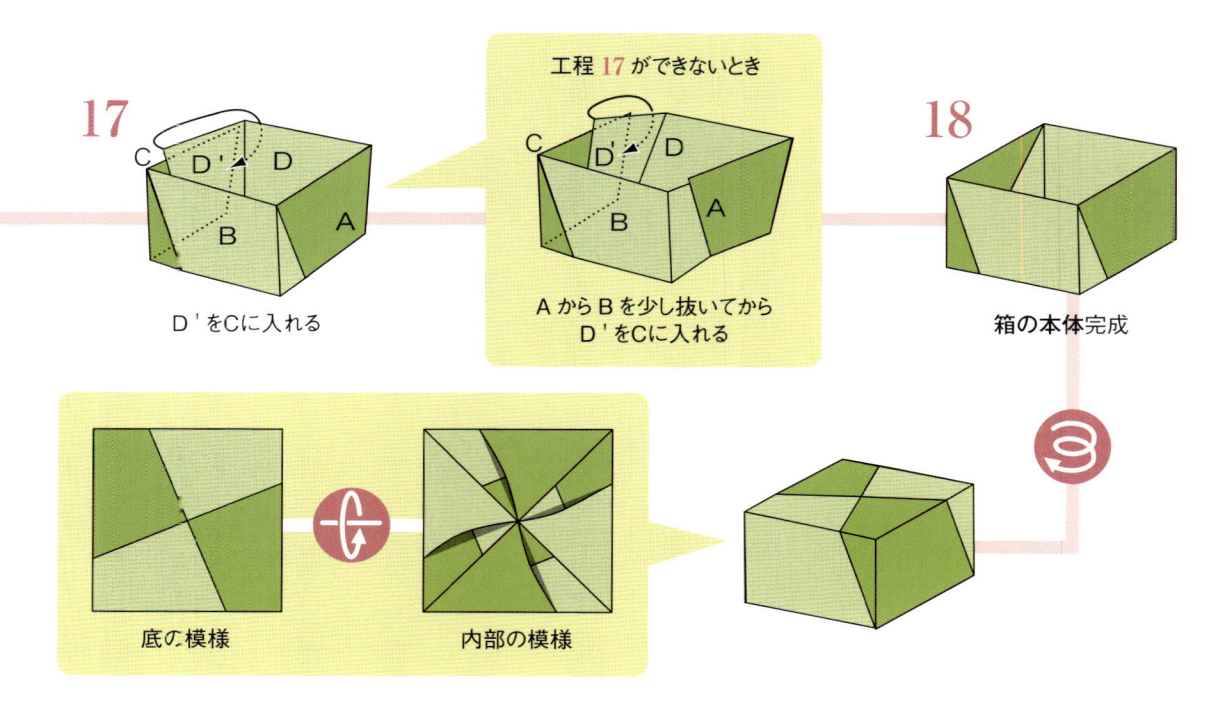

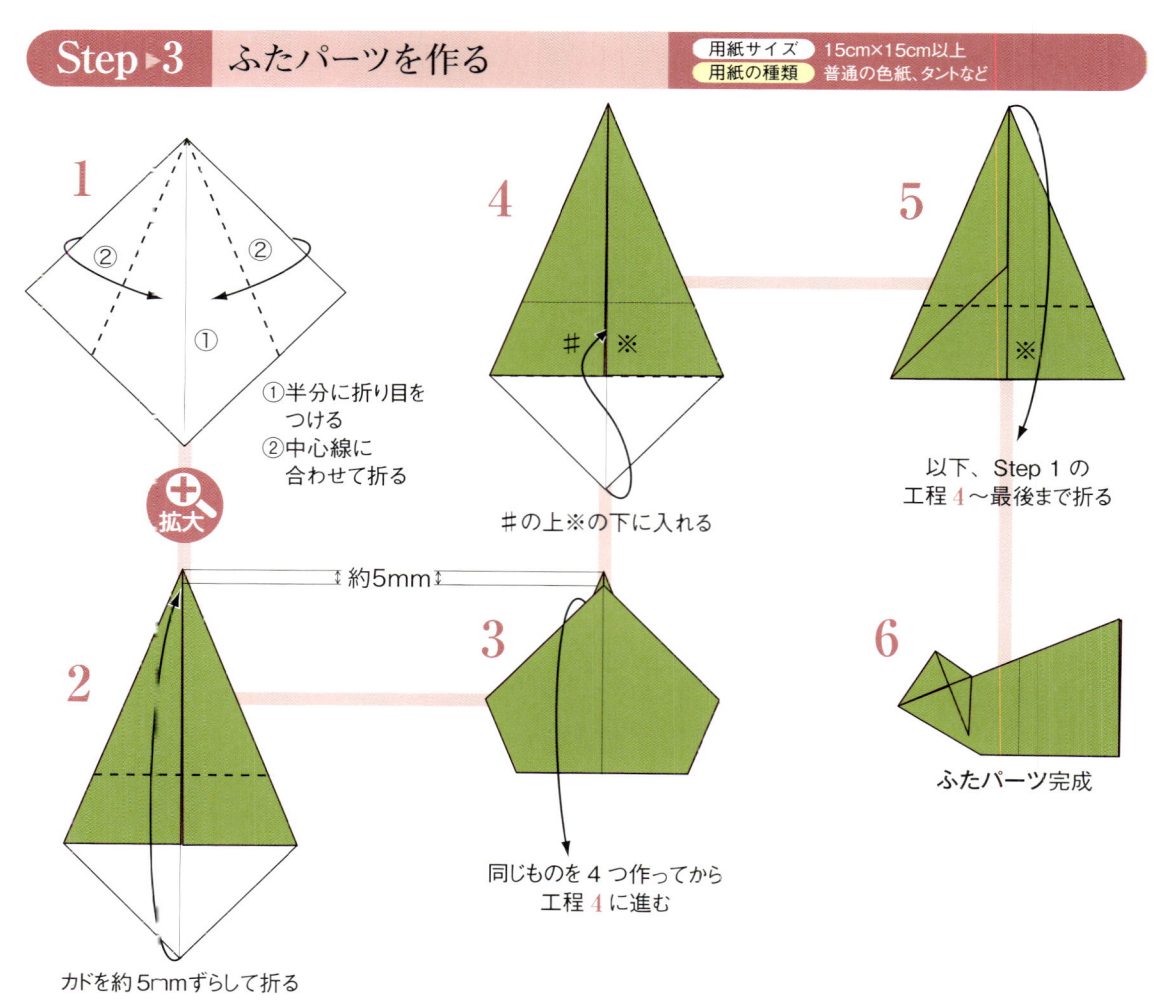

①半分に折り目を
つける
②中心線に
合わせて折る

➕拡大

2

カドを約5㎜ずらして折る

約5mm

3

同じものを4つ作ってから
工程4に進む

4

#の上※の下に入れる

5

以下、Step 1 の
工程4〜最後まで折る

6

ふたパーツ完成

62

Step ▶ 4　ふたを作る

材料　ふたパーツ×4

Step 2 の本体パーツと同じように「**うず組み**」→「**うず隠し**」→「**立体化**」します。

1
Step 2 の工程 1 〜 10
のように**うず隠し**する

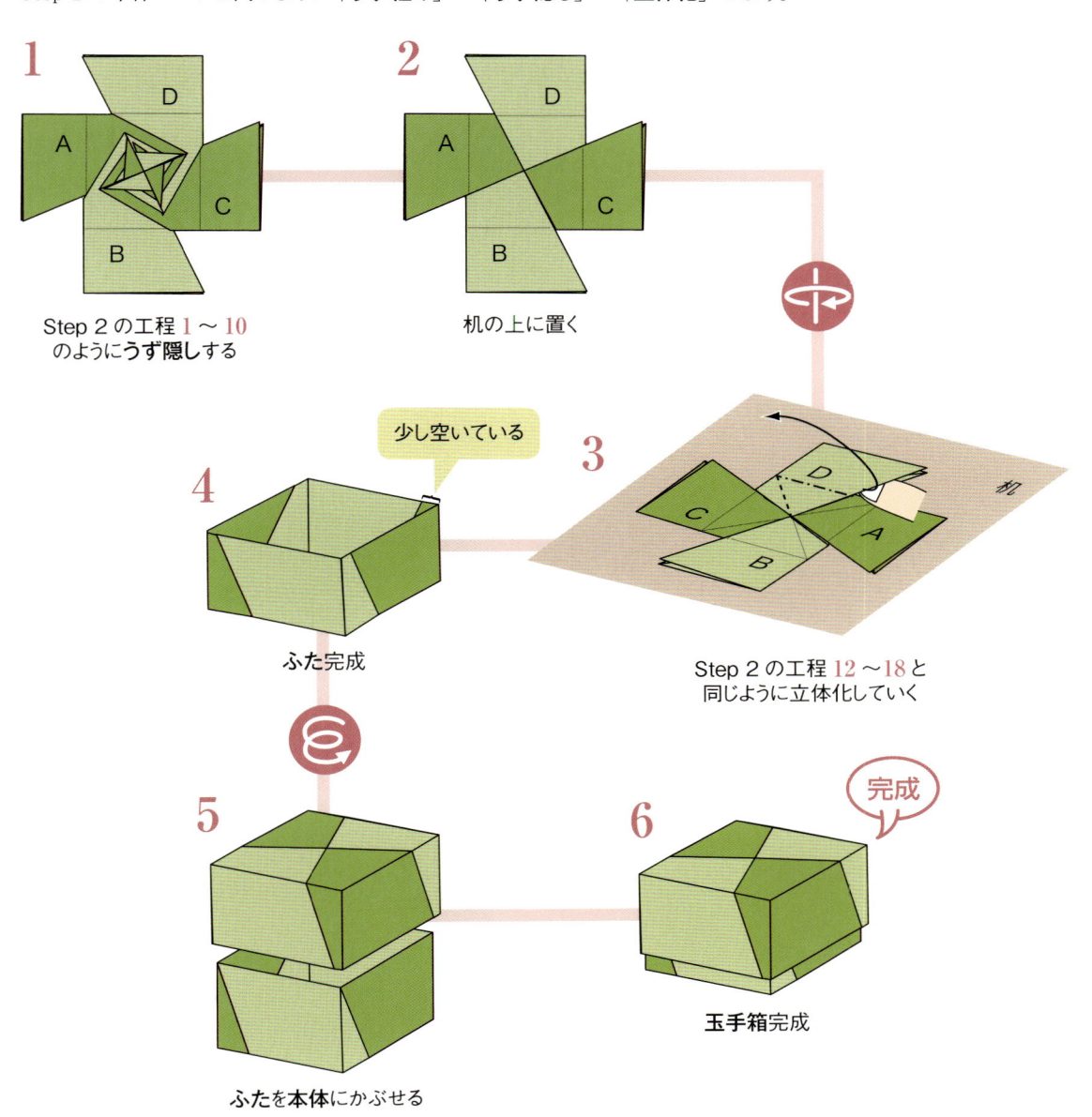

2
机の上に置く

3
Step 2 の工程 12 〜 18 と
同じように立体化していく

4
少し空いている

ふた完成

5
ふたを**本体**にかぶせる

6
完成

玉手箱完成

応用　うず巻き模様の深箱

うず巻き模様を出すときは、Step 1 の工程 12 のあと、「らせん折り」
を 1、2 回増やし、ふたの「うず隠し」（Step 2 の工程 7 〜 10）
を省きます。

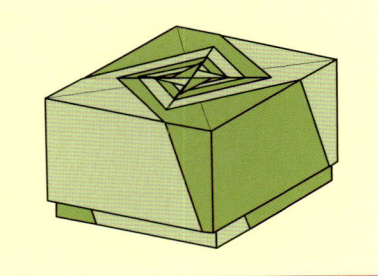

箱の折り紙

応用 トマトボックス

箱の本体は、赤い色紙で「玉手箱」の Step 1〜2 と同様に折ります。ふたパーツは、両面色紙（赤と緑）で「玉手箱」の途中まで折ったものから始めます。

難易度 ★★★☆☆

少し時間がかかる

必要な練習 Lesson 3〜6

Step▶1　ふたパーツを作る

| 用紙サイズ | 15cm×15cm |
| 用紙の種類 | 両面色紙（赤と緑） |

玉手箱（58 ページ）の Step 3 工程 1〜4、Step 1 工程 4〜9 まで折ったものから始めます。

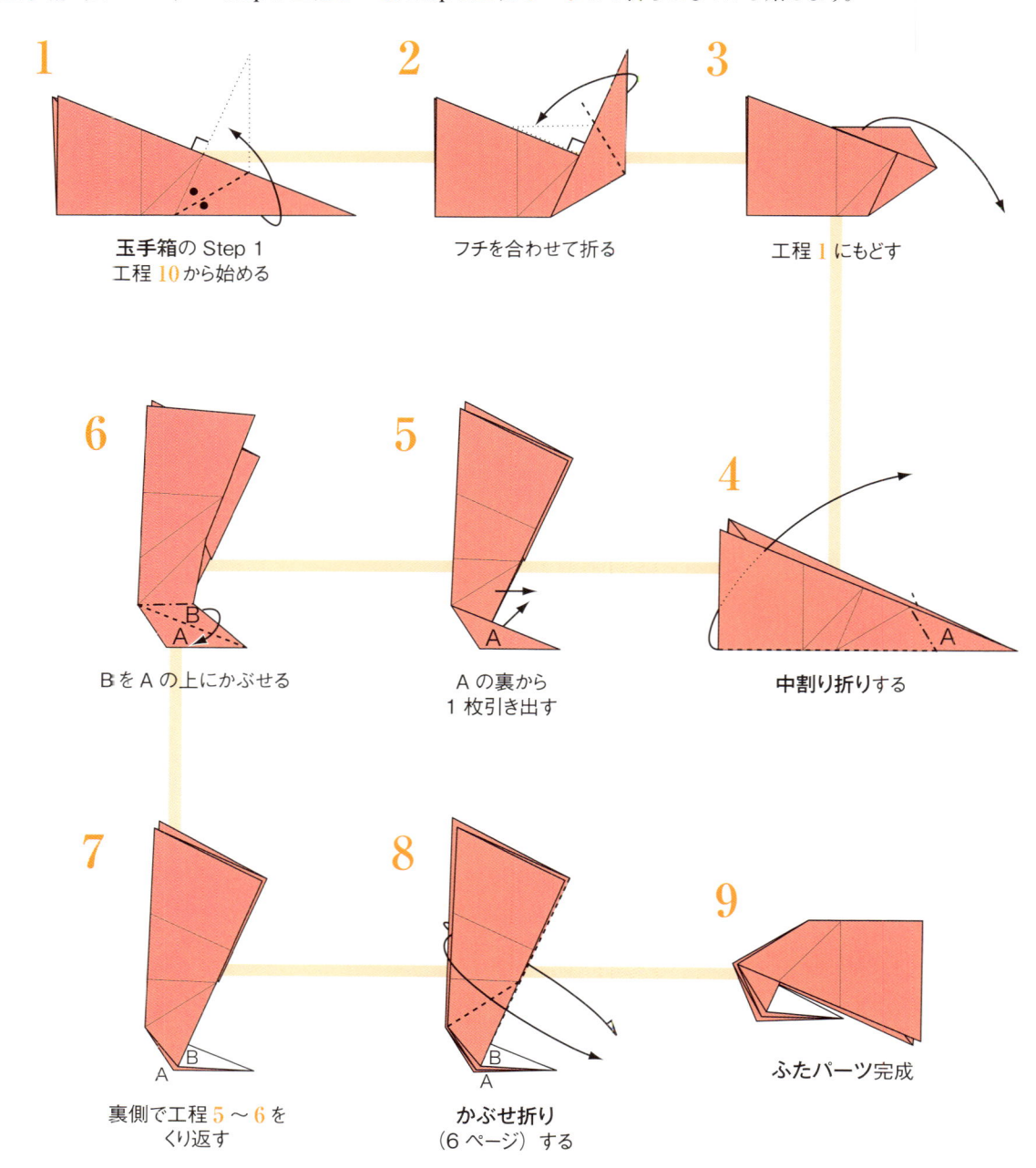

1 玉手箱の Step 1 工程 10 から始める

2 フチを合わせて折る

3 工程 1 にもどす

4 中割り折りする

5 A の裏から 1 枚引き出す

6 B を A の上にかぶせる

7 裏側で工程 5〜6 をくり返す

8 かぶせ折り（6 ページ）する

9 ふたパーツ完成

64

Step ▶ 2　ふたを作る

材料　ふたパーツ×4

Step 1で作った**ふた**パーツ4個を、机の上に置いて組んでいきます。

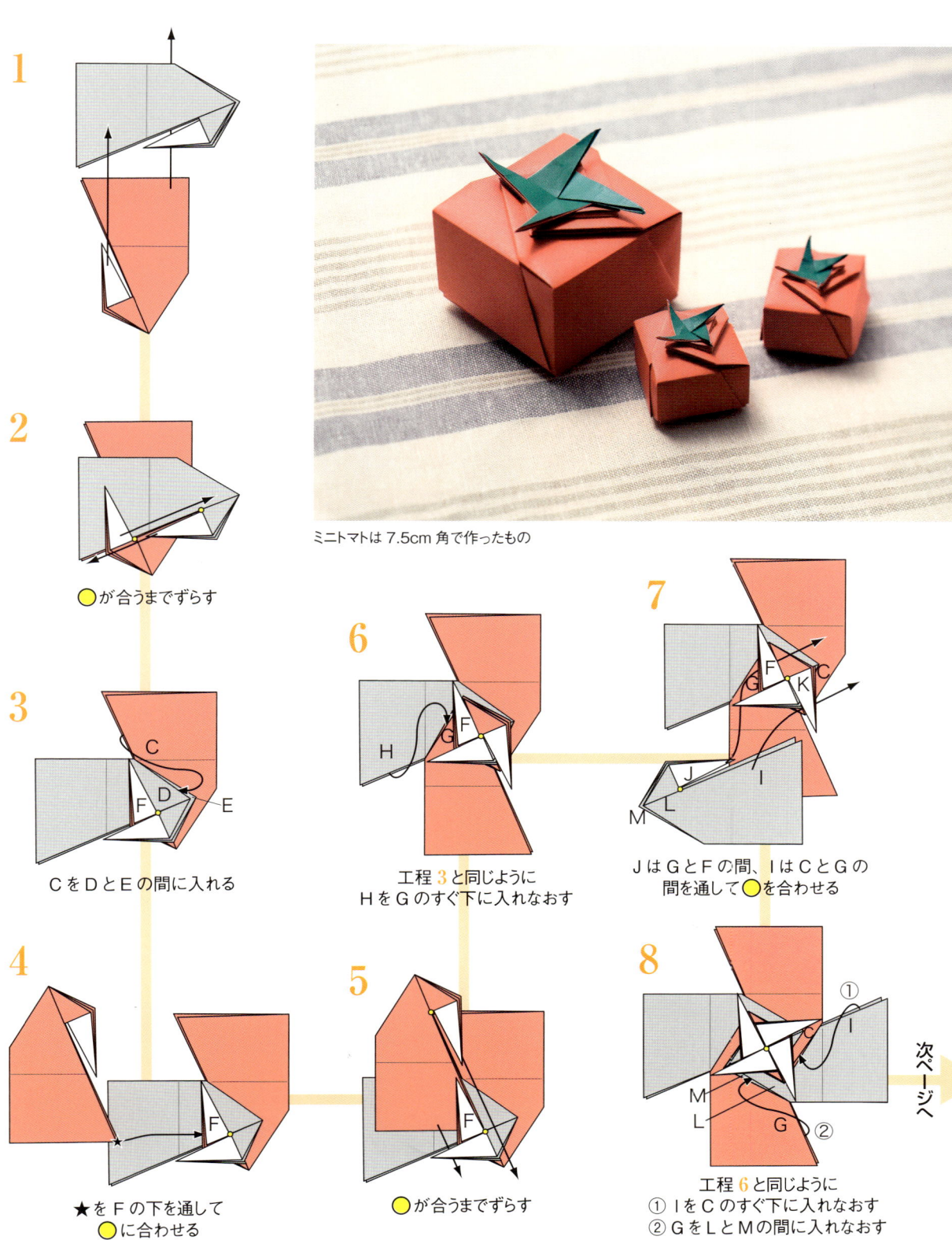

ミニトマトは7.5cm角で作ったもの

1

2
○が合うまでずらす

3
CをDとEの間に入れる

4
★をFの下を通して
○に合わせる

5
○が合うまでずらす

6
工程3と同じように
HをGのすぐ下に入れなおす

7
JはGとFの間、IはCとGの
間を通して○を合わせる

8
工程6と同じように
①IをCのすぐ下に入れなおす
②GをLとMの間に入れなおす

次ページへ

65

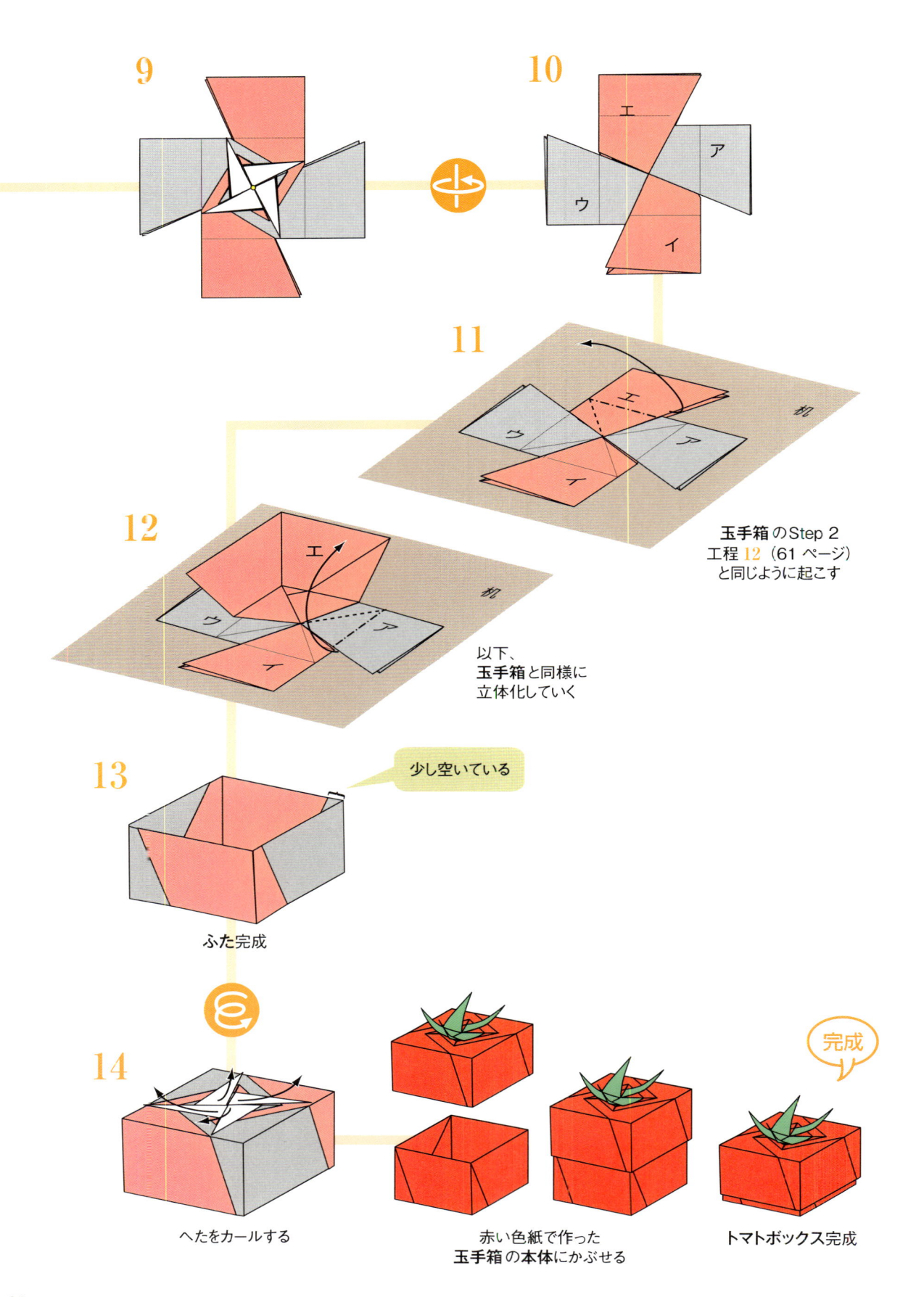

9

10

11

玉手箱のStep 2
工程 12（61ページ）
と同じように起こす

12

以下、
玉手箱と同様に
立体化していく

少し空いている

13

ふた完成

14

へたをカールする

赤い色紙で作った
玉手箱の**本体**にかぶせる

完成

トマトボックス完成

66

4つ星の箱

この「4つ星の箱」はへこんだカドを持った星型です。ホイル紙を使う場合は、白の色紙と2枚重ねで折るとシワがつきにくく、きれいに仕上がります。

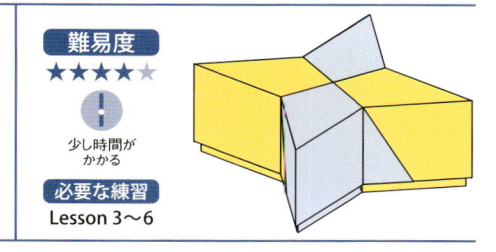

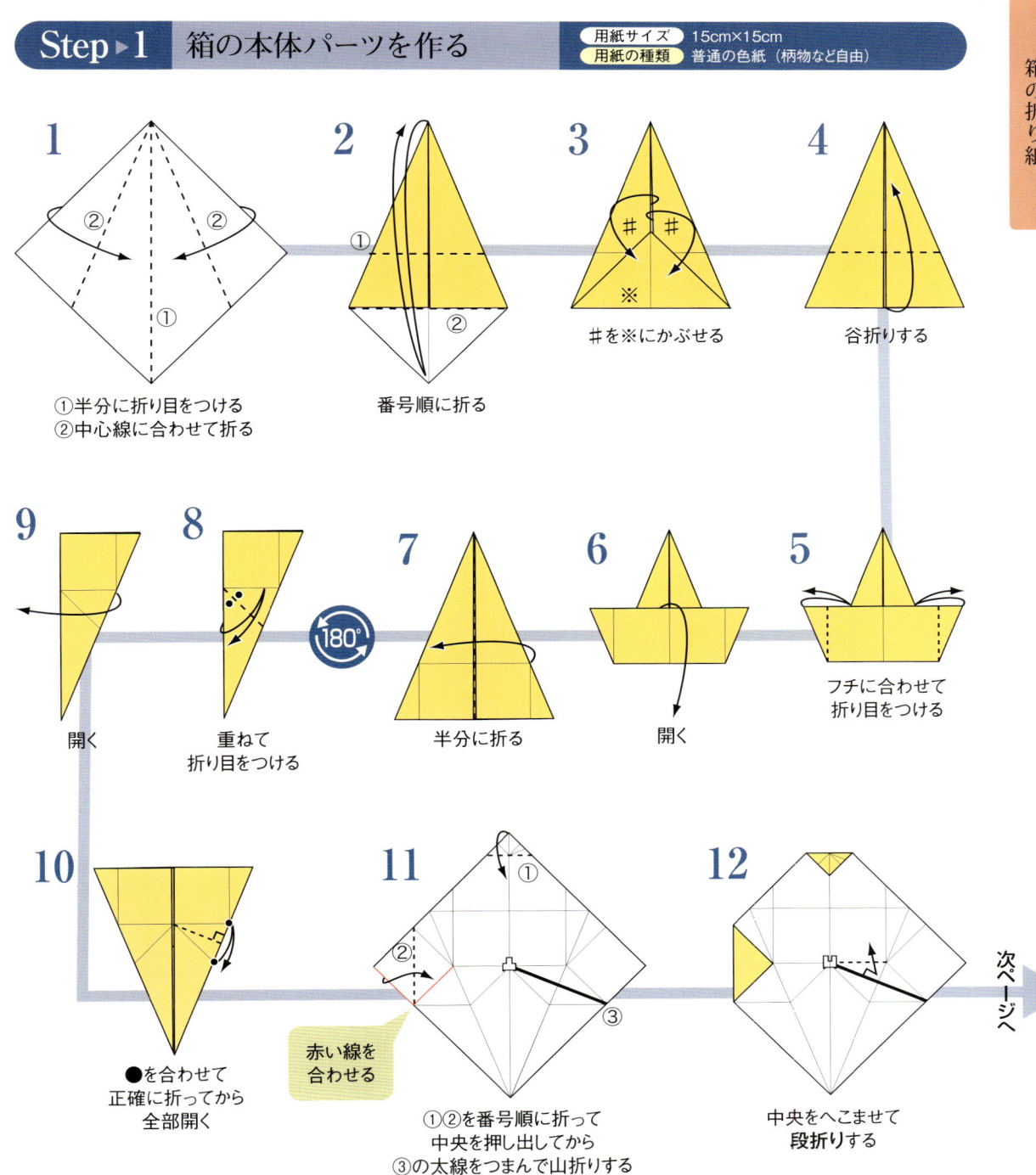

難易度 ★★★★☆
少し時間がかかる
必要な練習 Lesson 3〜6

箱の折り紙

Step ▶ 1　箱の本体パーツを作る

用紙サイズ 15cm×15cm
用紙の種類 普通の色紙（柄物など自由）

1
①半分に折り目をつける
②中心線に合わせて折る

2 番号順に折る

3 ♯を※にかぶせる

4 谷折りする

5 フチに合わせて折り目をつける

6 開く

7 半分に折る

8 重ねて折り目をつける

180°

9 開く

10 ●を合わせて正確に折ってから全部開く

11 赤い線を合わせる
①②を番号順に折って中央を押し出してから③の太線をつまんで山折りする

12 中央をへこませて段折りする

次ページへ

67

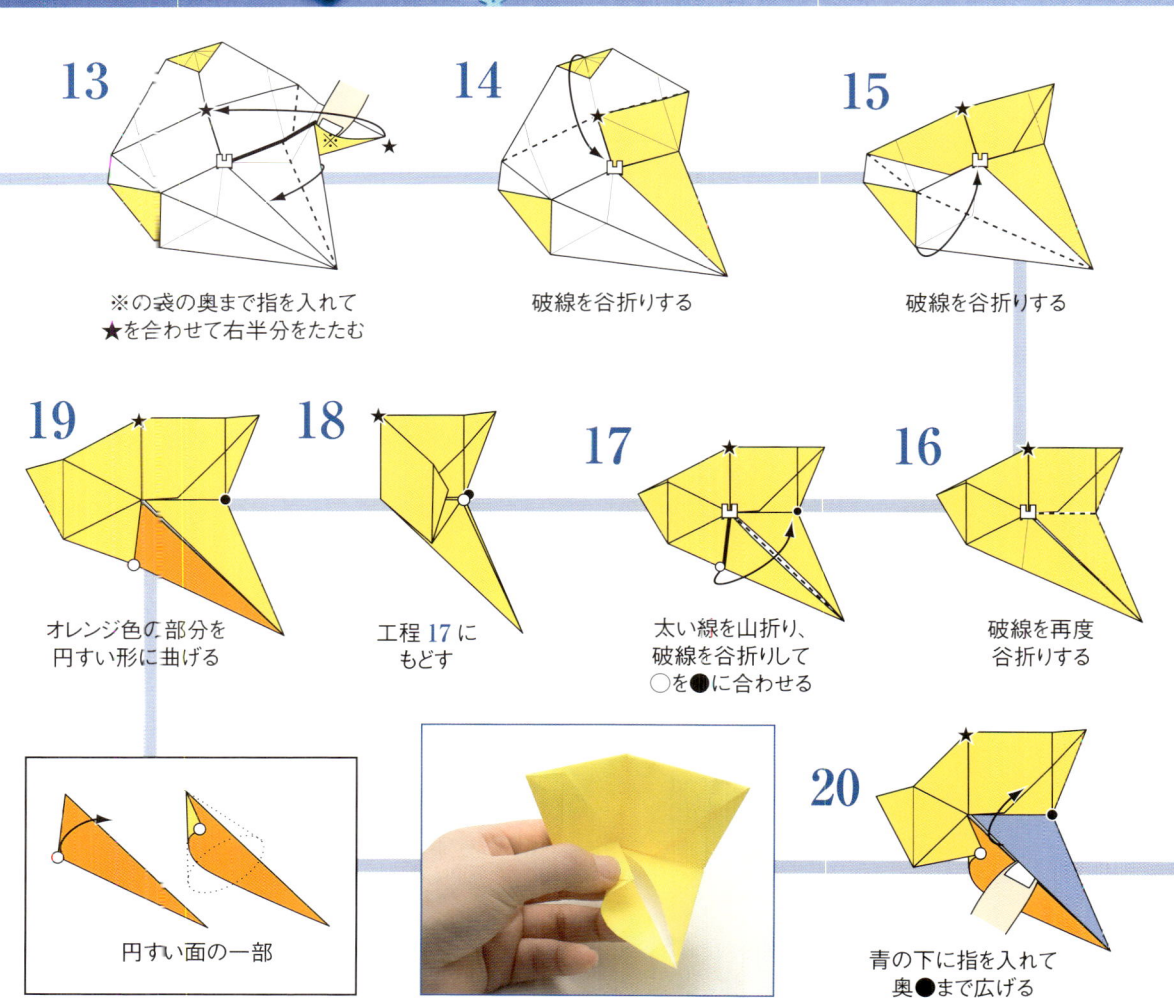

13
※の袋の奥まで指を入れて
★を合わせて右半分をたたむ

14
破線を谷折りする

15
破線を谷折りする

16
破線を再度
谷折りする

17
太い線を山折り、
破線を谷折りして
○を●に合わせる

18
工程17に
もどす

19
オレンジ色の部分を
円すい形に曲げる

円すい面の一部

20
青の下に指を入れて
奥●まで広げる

30
らせん折り2回目

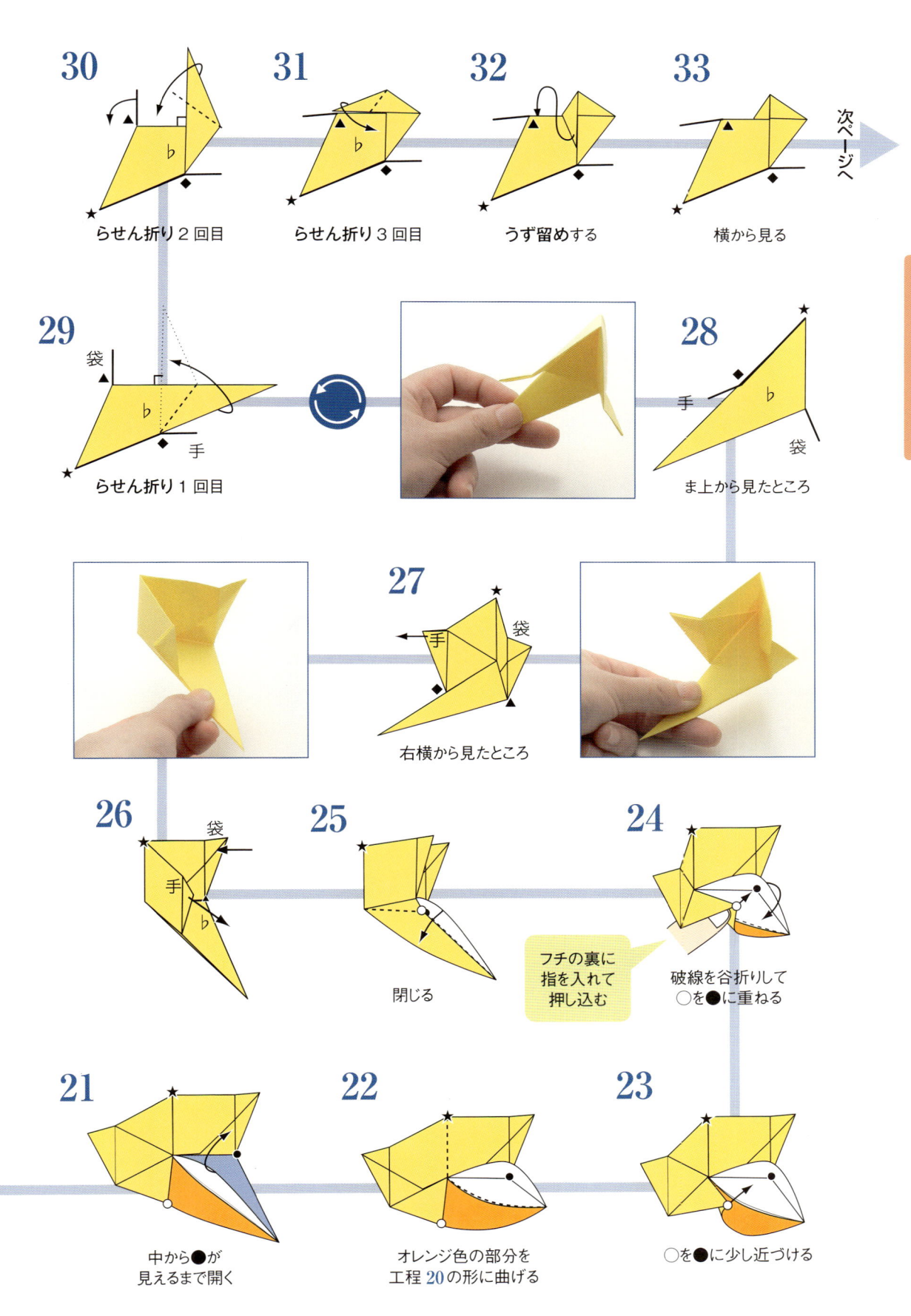

31
らせん折り3回目

32
うず留めする

33
横から見る

次ページへ

箱の折り紙

29
袋
らせん折り1回目
手

28
手
袋
ま上から見たところ

27
手
袋
右横から見たところ

26
袋
手

25
閉じる

24
フチの裏に指を入れて押し込む

破線を谷折りして○を●に重ねる

21
中から●が見えるまで開く

22
オレンジ色の部分を工程20の形に曲げる

23
○を●に少し近づける

34

箱の本体パーツ完成

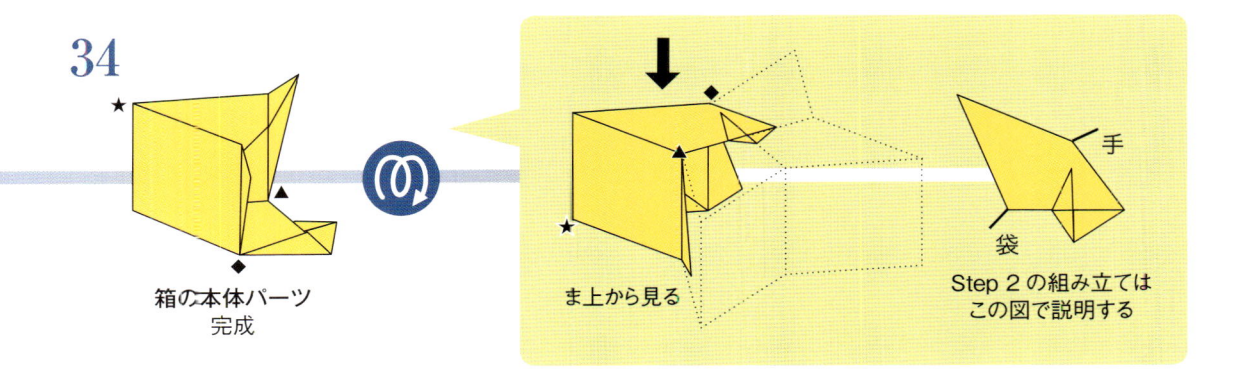

ま上から見る

Step 2 の組み立てはこの図で説明する

手
袋

| Step▶2 | 箱の本体を作る | 材料 箱の本体パーツ×4 |

箱の本体パーツを4つ用意して、そのうち3つの「うず留め」をほどいてください。

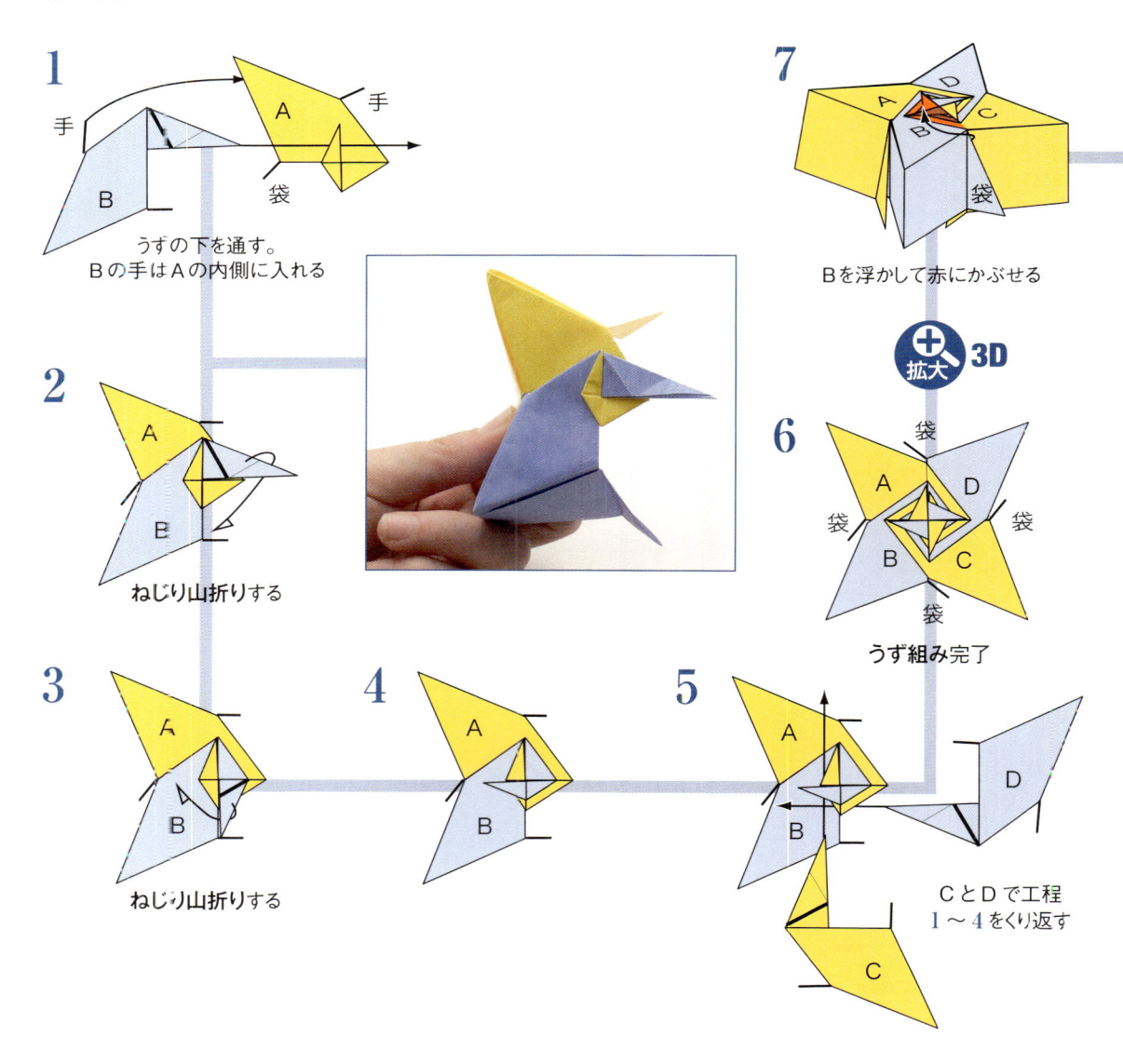

1
手　手　A　袋　B

うずの下を通す。
Bの手はAの内側に入れる

2
A　B

ねじり山折りする

3
A　B

ねじり山折りする

4
A　B

5
A　B　D　C

CとDで工程
1〜4をくり返す

6
袋　A　D　袋　B　C　袋　袋

うず組み完了

7
A　D　B　C　袋

Bを浮かして赤にかぶせる

拡大 3D

8　Aを赤にかぶせる

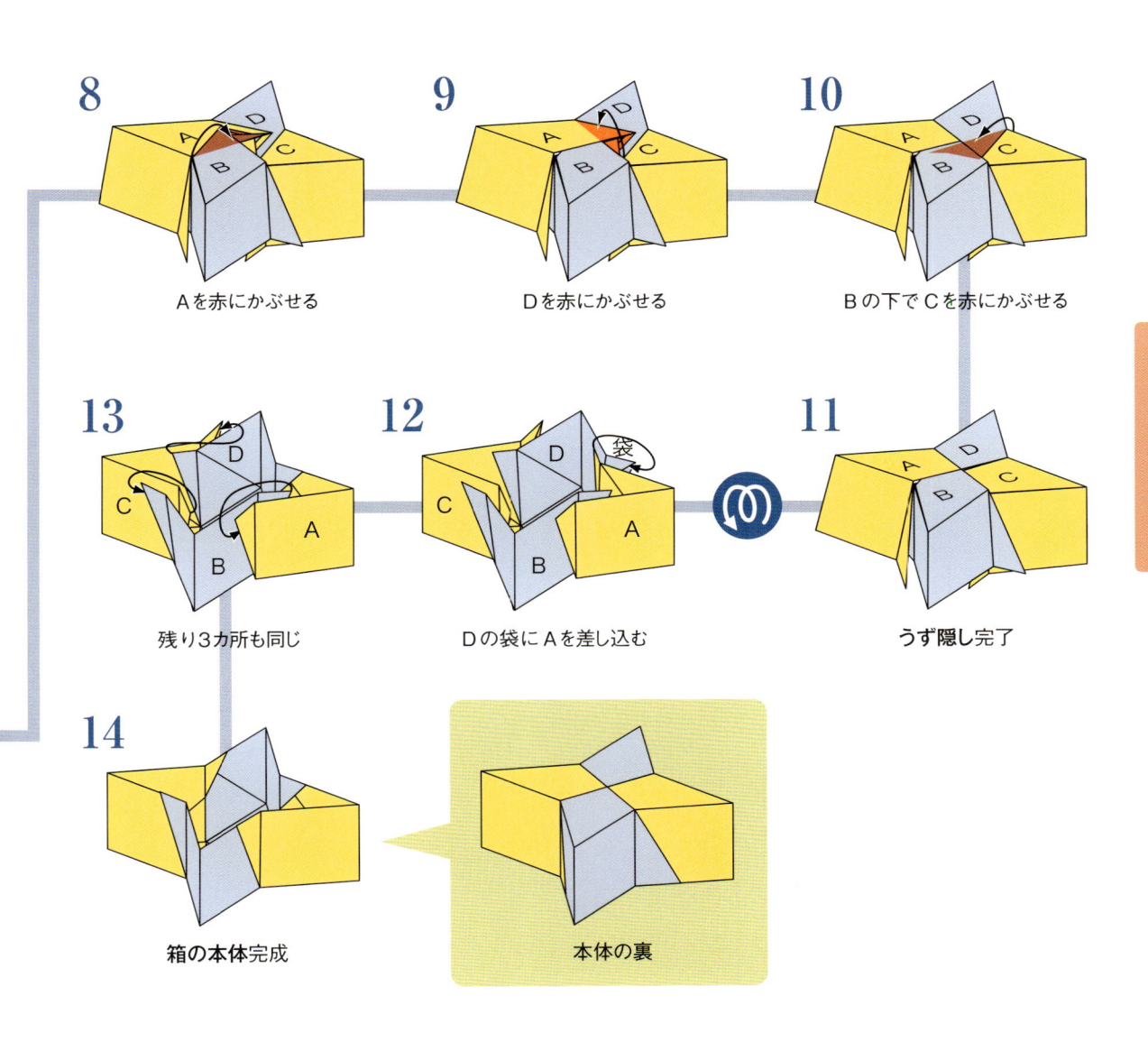

9　Dを赤にかぶせる

10　Bの下でCを赤にかぶせる

11　うず隠し完了

12　Dの袋にAを差し込む

13　残り3カ所も同じ

14　箱の本体完成

本体の裏

箱の折り紙

Step 3　ふたを作る

用紙サイズ　15cm×15cm×4枚
用紙の種類　普通の色紙（柄物など自由）

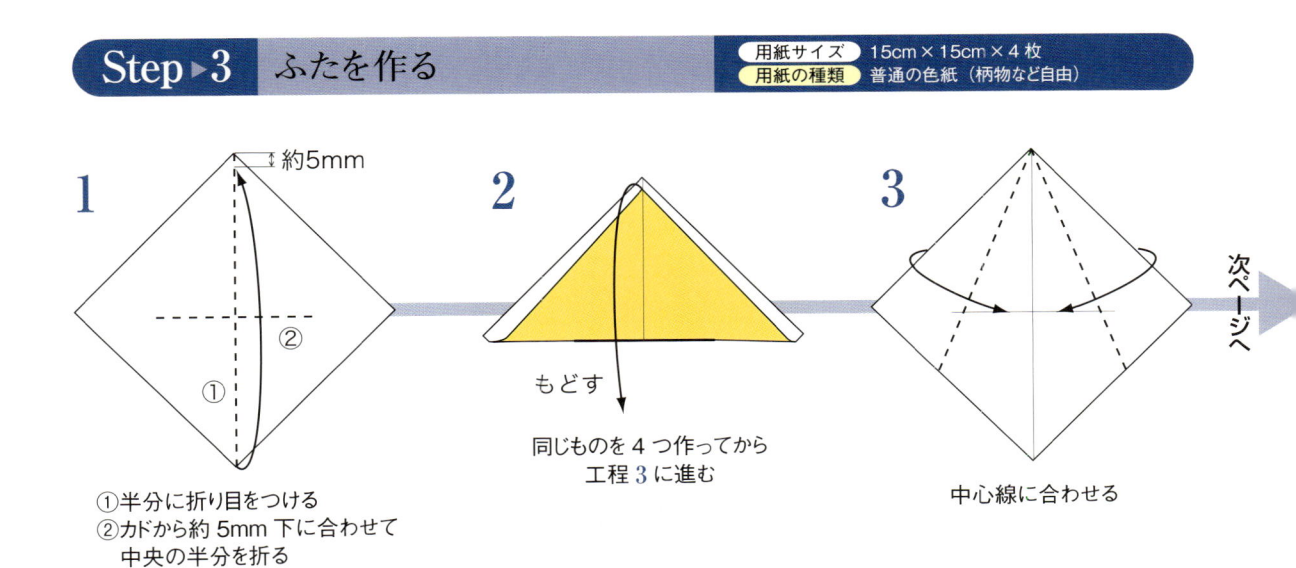

1
約5mm
①半分に折り目をつける
②カドから約5mm下に合わせて中央の半分を折る

2
もどす
同じものを4つ作ってから工程3に進む

3
中心線に合わせる

次ページへ

71

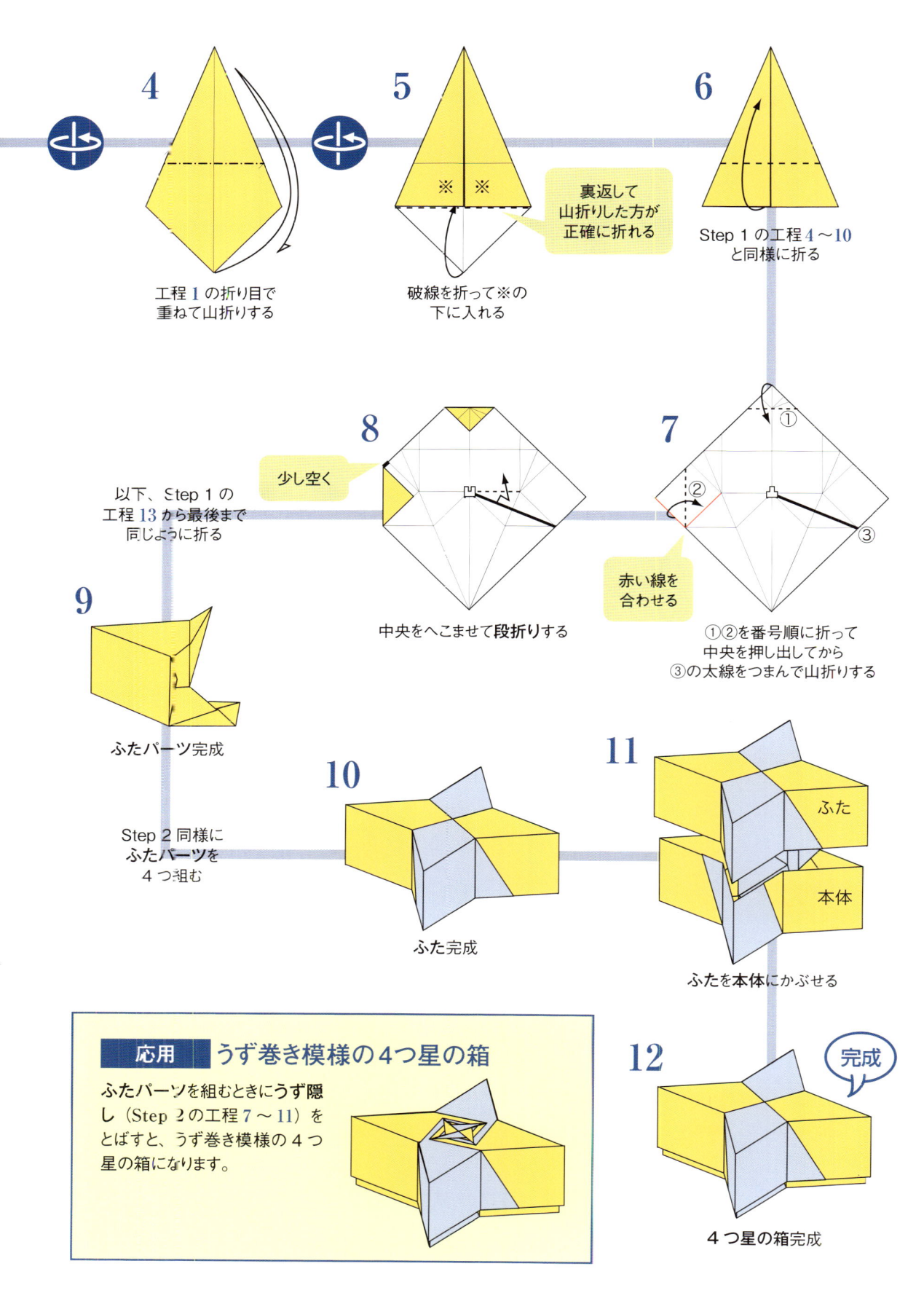

4
工程 1 の折り目で
重ねて山折りする

5
裏返して
山折りした方が
正確に折れる

破線を折って※の
下に入れる

6
Step 1 の工程 4～10
と同様に折る

7
赤い線を
合わせる

①②を番号順に折って
中央を押し出してから
③の太線をつまんで山折りする

8
少し空く

中央をへこませて段折りする

以下、Step 1 の
工程 13 から最後まで
同じように折る

9
ふたパーツ完成

Step 2 同様に
ふたパーツを
4 つ組む

10
ふた完成

11
ふた
本体

ふたを本体にかぶせる

12
完成

4 つ星の箱完成

応用　うず巻き模様の4つ星の箱

ふたパーツを組むときにうず隠し（Step 2 の工程 7～11）をとばすと、うず巻き模様の 4 つ星の箱になります。

6角浅箱

このシリーズの中では一番幅の広い箱です。
パーツは「8角浅箱」に似ていますが、「風車箱」や
「玉手箱」のように平たいまま組んでから立体にします。

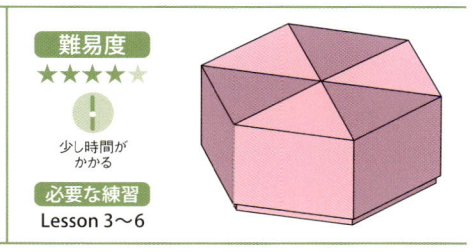

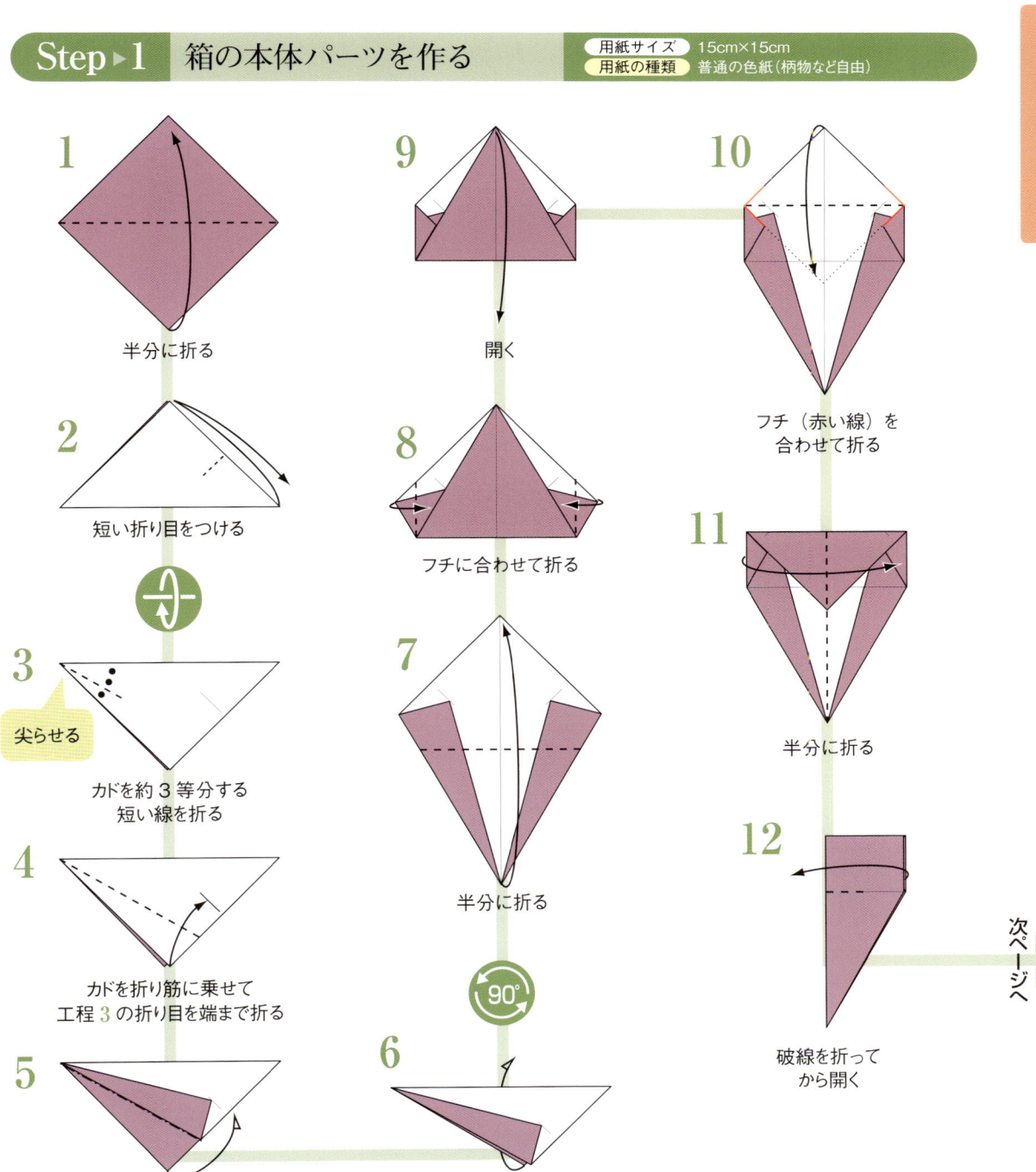

難易度 ★★★★☆

少し時間がかかる

必要な練習 Lesson 3～6

箱の折り紙

Step ▶ 1　箱の本体パーツを作る

用紙サイズ　15cm×15cm
用紙の種類　普通の色紙（柄物など自由）

1 半分に折る

2 短い折り目をつける

3 尖らせる / カドを約3等分する短い線を折る

4 カドを折り筋に乗せて工程3の折り目を端まで折る

5 表に合わせて裏側に折る

6 裏側に開く

7 半分に折る

8 フチに合わせて折る

9 開く

10 フチ（赤い線）を合わせて折る

11 半分に折る

12 破線を折ってから開く

次ページへ

73

13
折り目をつける 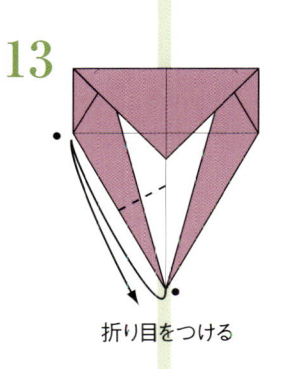

14
左側を開く

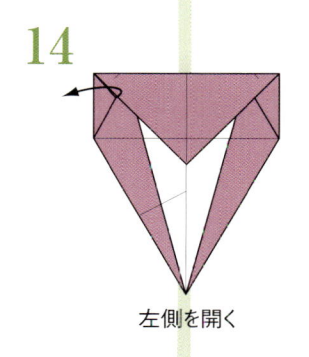

15
※を*の上に出す

16
半分に折る

17
フチを折り目に
合わせて折る

18
フチを合わせて折る

➕ 拡大

19
フチを合わせて折る

20
先端を裏側に入れる

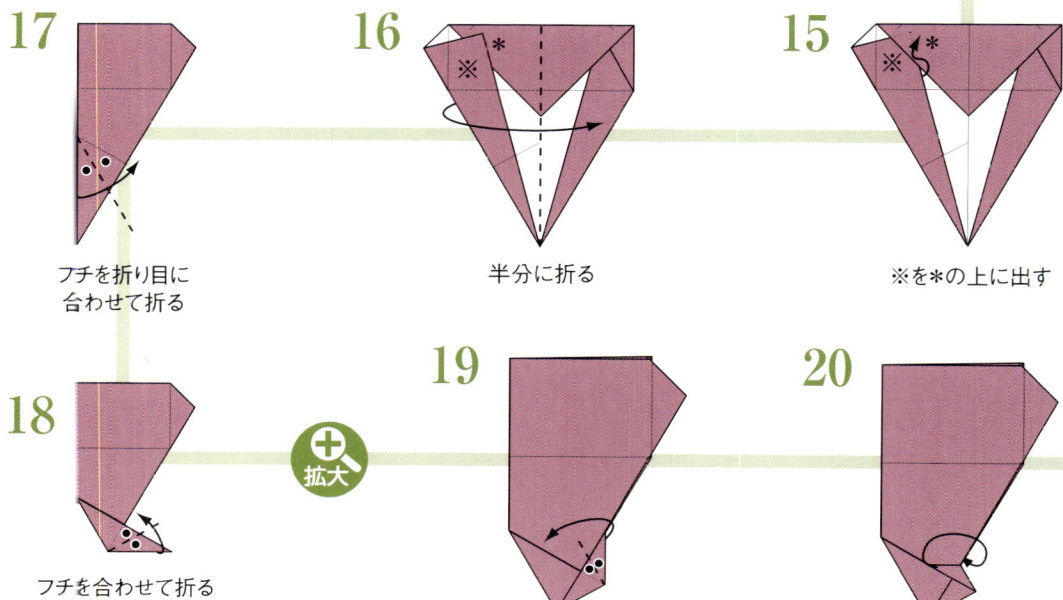

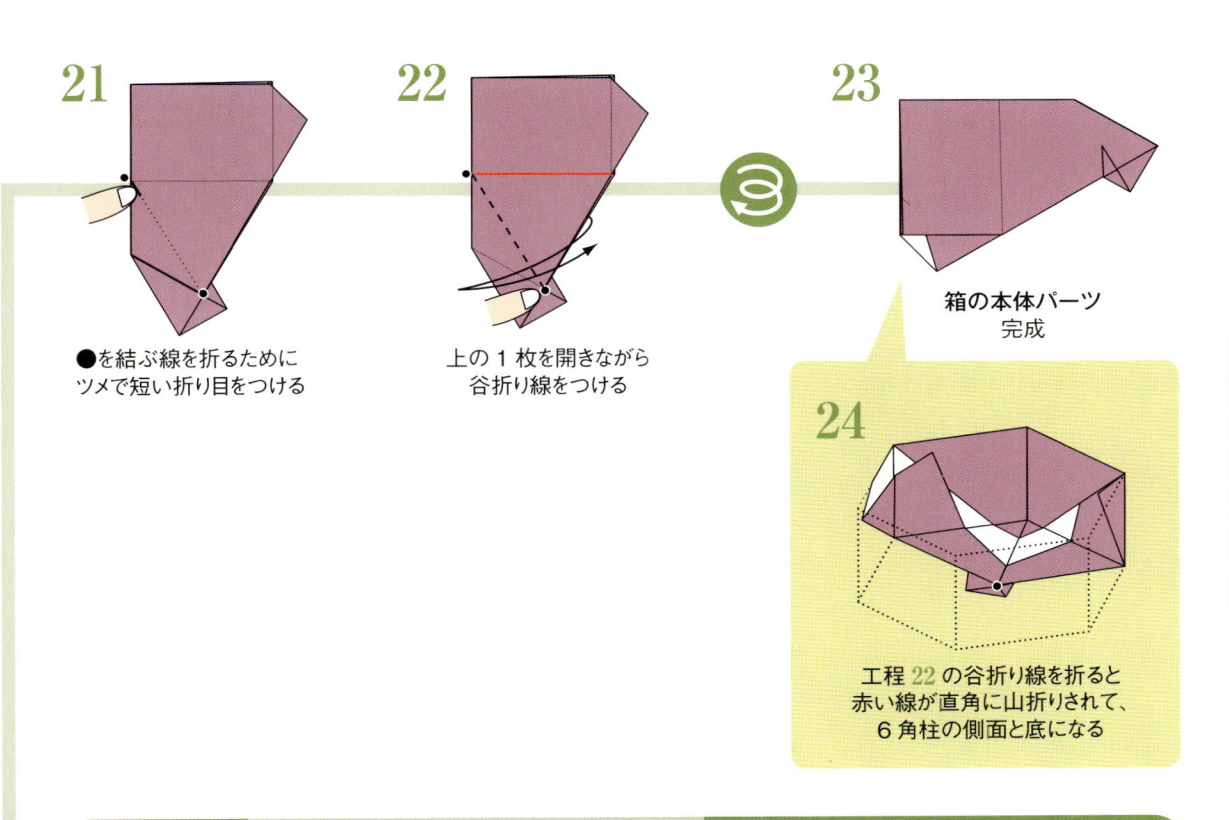

21
●を結ぶ線を折るために
ツメで短い折り目をつける

22
上の1枚を開きながら
谷折り線をつける

23
箱の本体パーツ
完成

24
工程22の谷折り線を折ると
赤い線が直角に山折りされて、
6角柱の側面と底になる

箱の折り紙

Step▶2　箱の本体を作る
材料　箱の本体パーツ×6

箱の本体パーツを6つ用意して、5つは「うず留め」をほどいておきます。

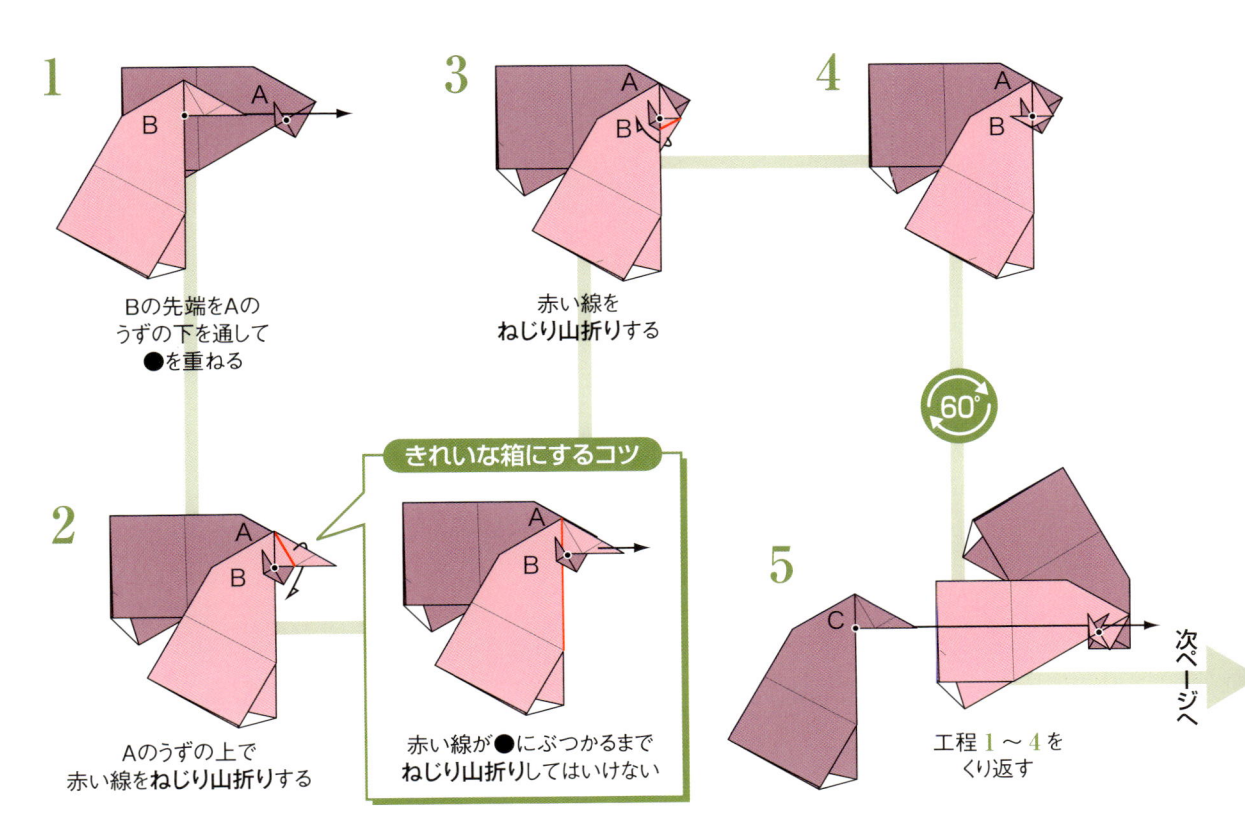

1
Bの先端をAの
うずの下を通して
●を重ねる

2
Aのうずの上で
赤い線をねじり山折りする

きれいな箱にするコツ
赤い線が●にぶつかるまで
ねじり山折りしてはいけない

3
赤い線を
ねじり山折りする

4

5
工程1〜4を
くり返す

次ページへ

75

6

D、E、Fの順に**うず組み**する

7

Bの上1枚を引き出して黄色の部分にかぶせる

8

A、F、Eの順に同じように黄色にかぶせる

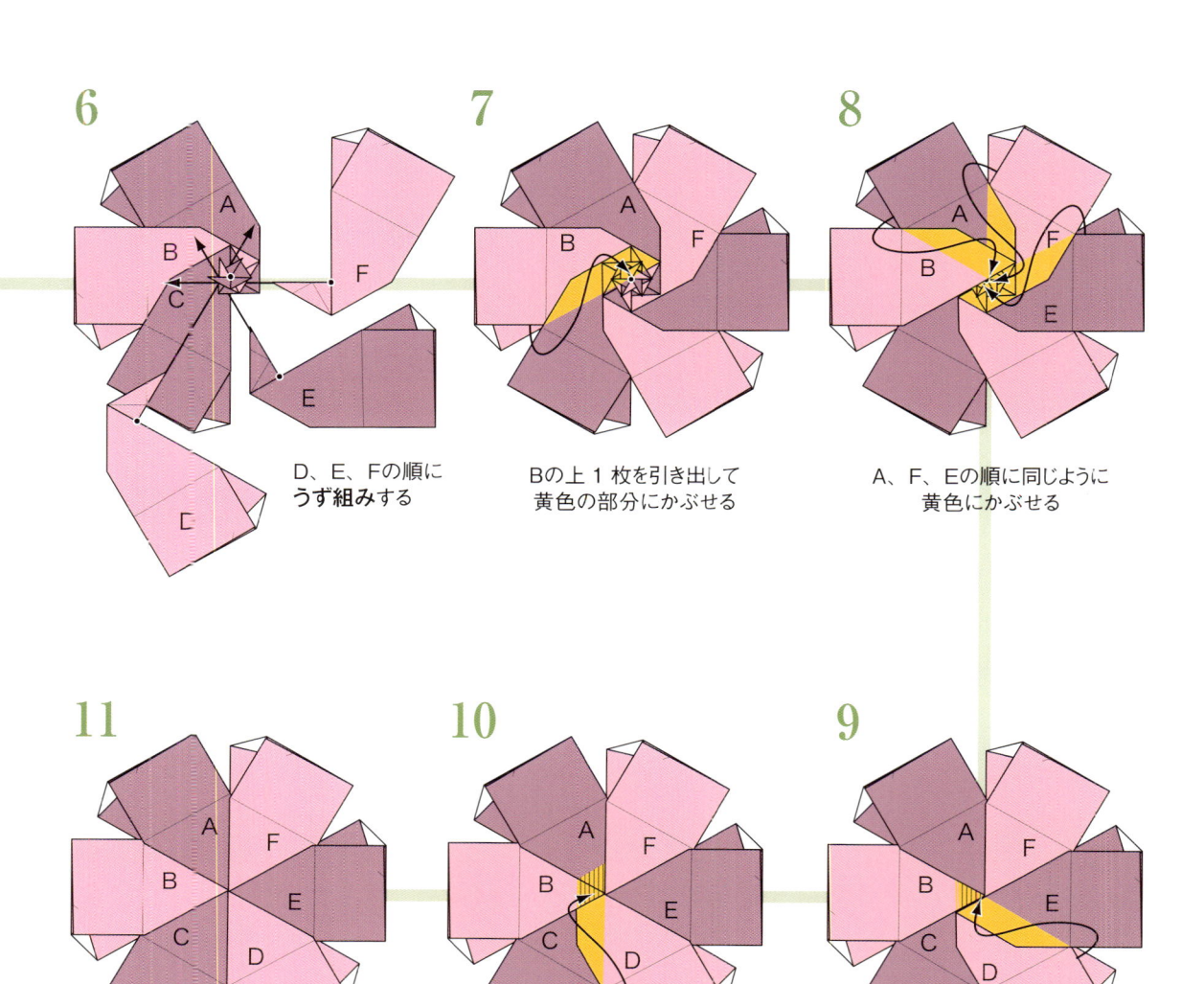

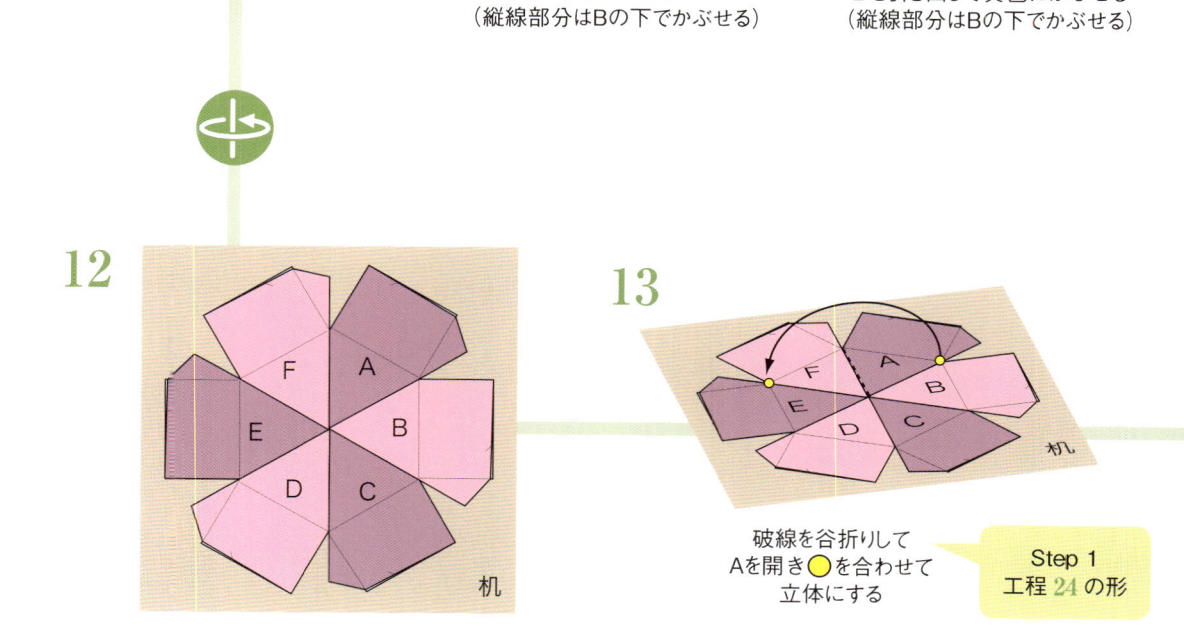

9

Dを引き出して黄色にかぶせる
（縦線部分はBの下でかぶせる）

10

Cをかぶせる
（縦線部分はBの下でかぶせる）

11

うず隠し完了

12

机

13

破線を谷折りして
Aを開き○を合わせて
立体にする

Step 1
工程 24 の形

机

76

19

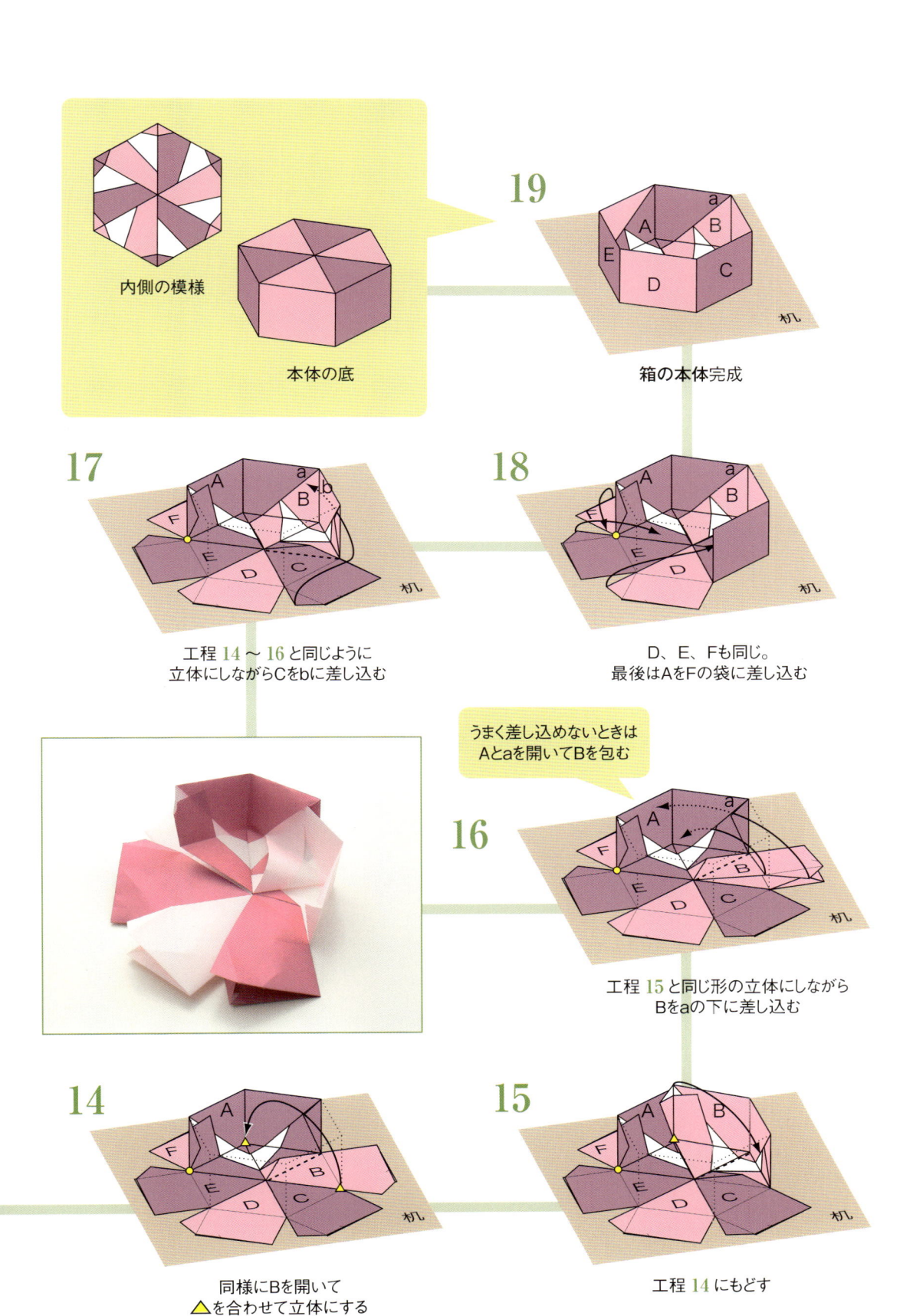

内側の模様

本体の底

箱の本体完成

17

工程 14 〜 16 と同じように
立体にしながらCをbに差し込む

18

D、E、Fも同じ。
最後はAをFの袋に差し込む

うまく差し込めないときは
Aとaを開いてBを包む

16

工程 15 と同じ形の立体にしながら
Bをaの下に差し込む

14

同様にBを開いて
△を合わせて立体にする

15

工程 14 にもどす

箱の折り紙

Step 3　ふたを作る

用紙サイズ	15cm×15cm×6枚
用紙の種類	普通の色紙（柄物など自由）

Step 1の工程 7 を上下逆にしたところから始めます。

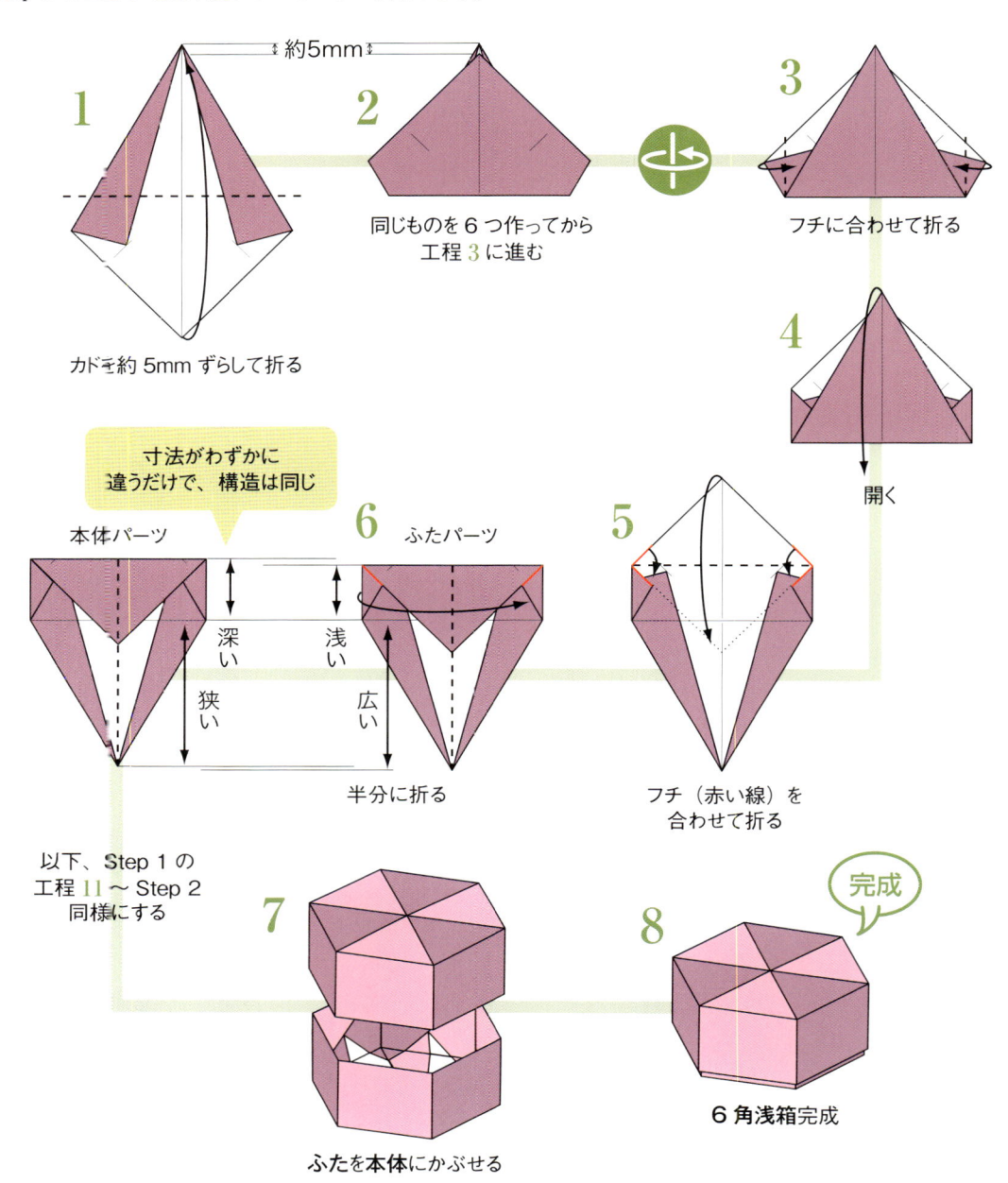

1　約5mm

カドを約 5mm ずらして折る

2　同じものを 6 つ作ってから工程 3 に進む

3　フチに合わせて折る

4　開く

5　フチ（赤い線）を合わせて折る

6　本体パーツ／ふたパーツ

寸法がわずかに違うだけで、構造は同じ

深い／浅い　狭い／広い

半分に折る

以下、Step 1 の工程 11 ～ Step 2 同様にする

7　ふたを本体にかぶせる

8　6 角浅箱完成　完成

応用　うず巻き模様の6角浅箱

ふたを作るときに Step 2 の「うず隠し」の工程 7 ～ 10 をとばすと、うず巻き模様の箱になります。きちんと折ると、ふたの中央に 6 角形のきれいな模様が表れます。

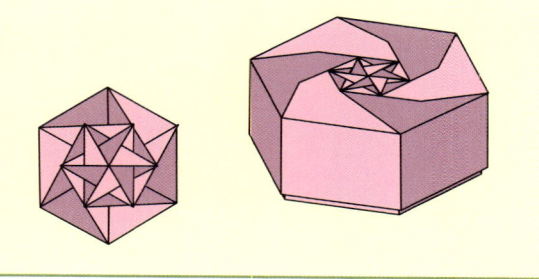

6角深箱

「6角浅箱」を深くしたものです。深いぶん狭くなるので、本体パーツのうず組みが少し難しくなります。浅箱を折ったあとにチャレンジしてください。

難易度 ★★★★☆

少し時間がかかる

必要な練習 Lesson 3〜6

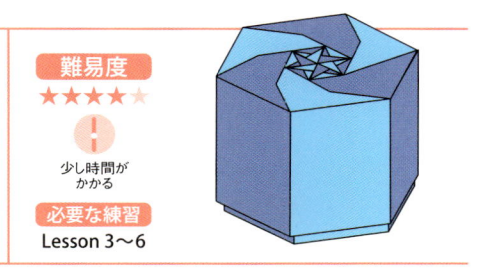

Step▶1　箱の本体パーツを作る

用紙サイズ 15cm×15cm
用紙の種類 普通の色紙（柄物など自由）

6角浅箱（73ページ）のStep 1 工程6から始めます。

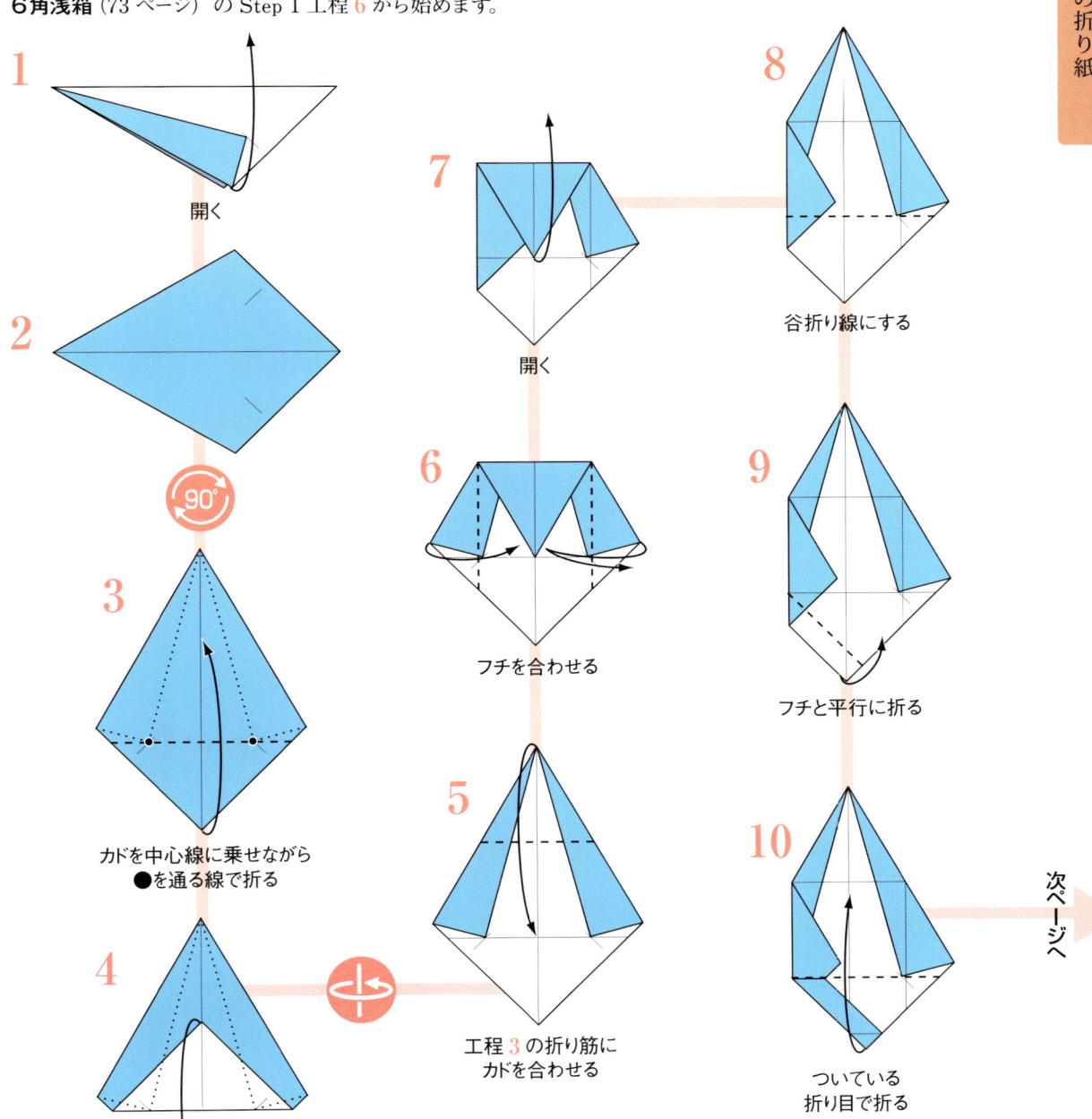

1　開く

2　（90°）

3　カドを中心線に乗せながら●を通る線で折る

4　開く

5　工程3の折り筋にカドを合わせる

6　フチを合わせる

7　開く

8　谷折り線にする

9　フチと平行に折る

10　ついている折り目で折る

次ページへ

箱の折り紙

79

11 再度折り目をつける

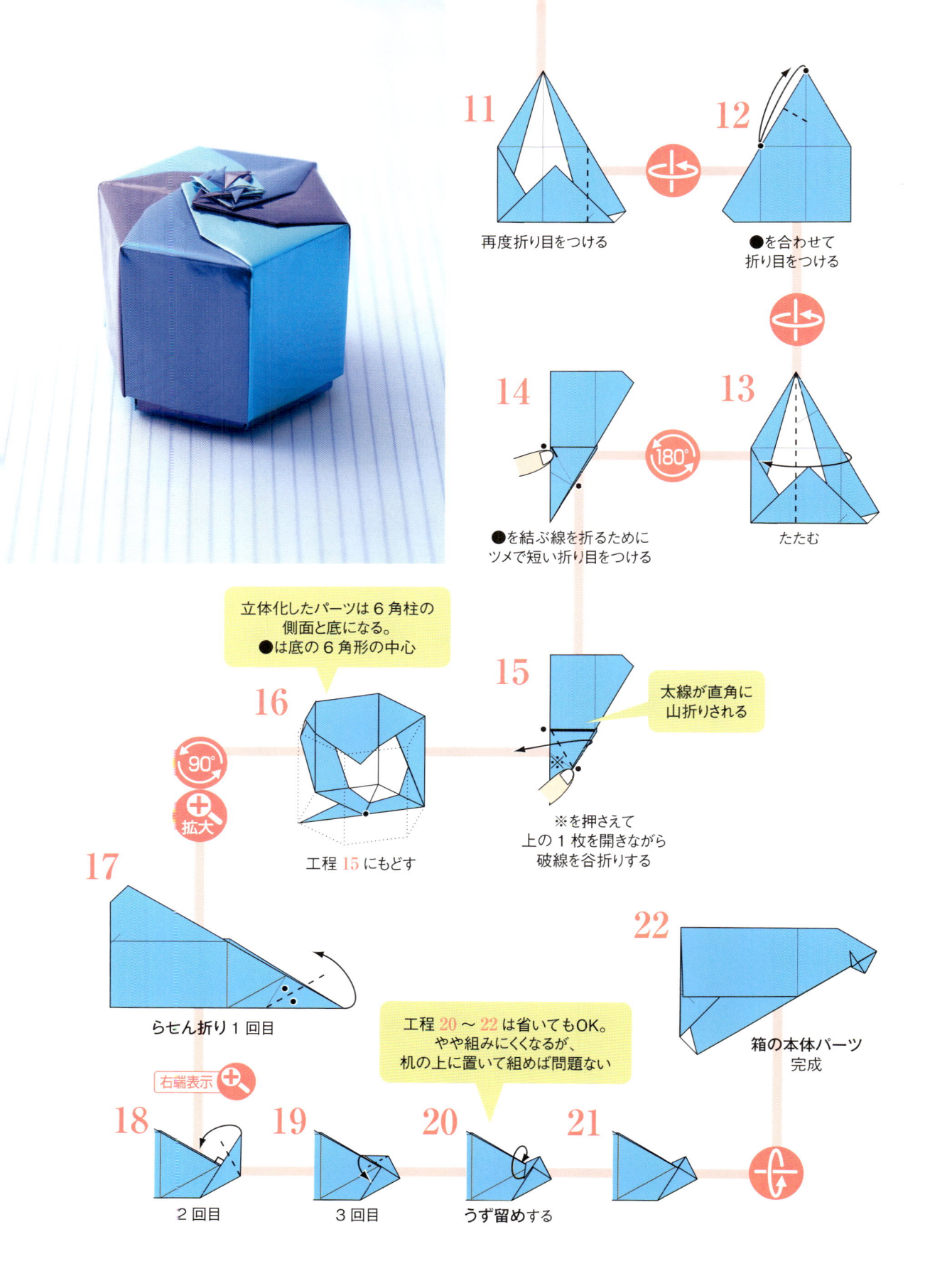

12 ●を合わせて折り目をつける

13 たたむ

14 ●を結ぶ線を折るためにツメで短い折り目をつける

15 ※を押さえて上の1枚を開きながら破線を谷折りする

太線が直角に山折りされる

16 工程15にもどす

立体化したパーツは6角柱の側面と底になる。●は底の6角形の中心

17 らせん折り1回目

右端表示

18 2回目

19 3回目

20 うず留めする

21

22 箱の本体パーツ完成

工程20〜22は省いてもOK。やや組みにくくなるが、机の上に置いて組めば問題ない

80

Step ▶ 2　箱の本体を作る

材料　箱の本体パーツ×6

箱の本体パーツを6つ用意して、5つは「うず留め」をほどいておきます。

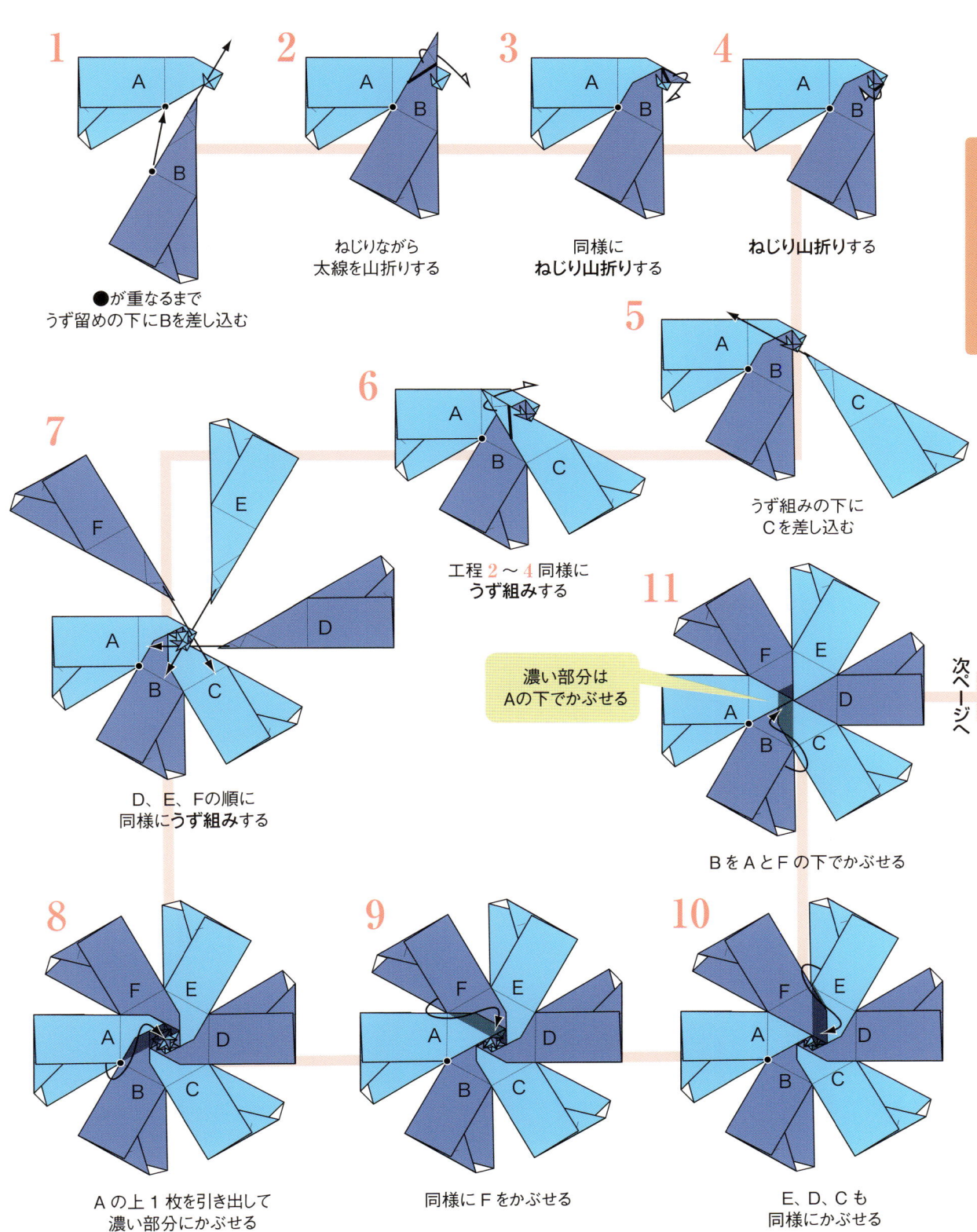

1
●が重なるまで
うず留めの下にBを差し込む

2
ねじりながら
太線を山折りする

3
同様に
ねじり山折りする

4
ねじり山折りする

5
うず組みの下に
Cを差し込む

6
工程 2～4 同様に
うず組みする

7
D、E、Fの順に
同様に**うず組み**する

8
Aの上1枚を引き出して
濃い部分にかぶせる

9
同様にFをかぶせる

10
E、D、Cも
同様にかぶせる

11
濃い部分は
Aの下でかぶせる

BをAとFの下でかぶせる

次ページへ

箱の折り紙

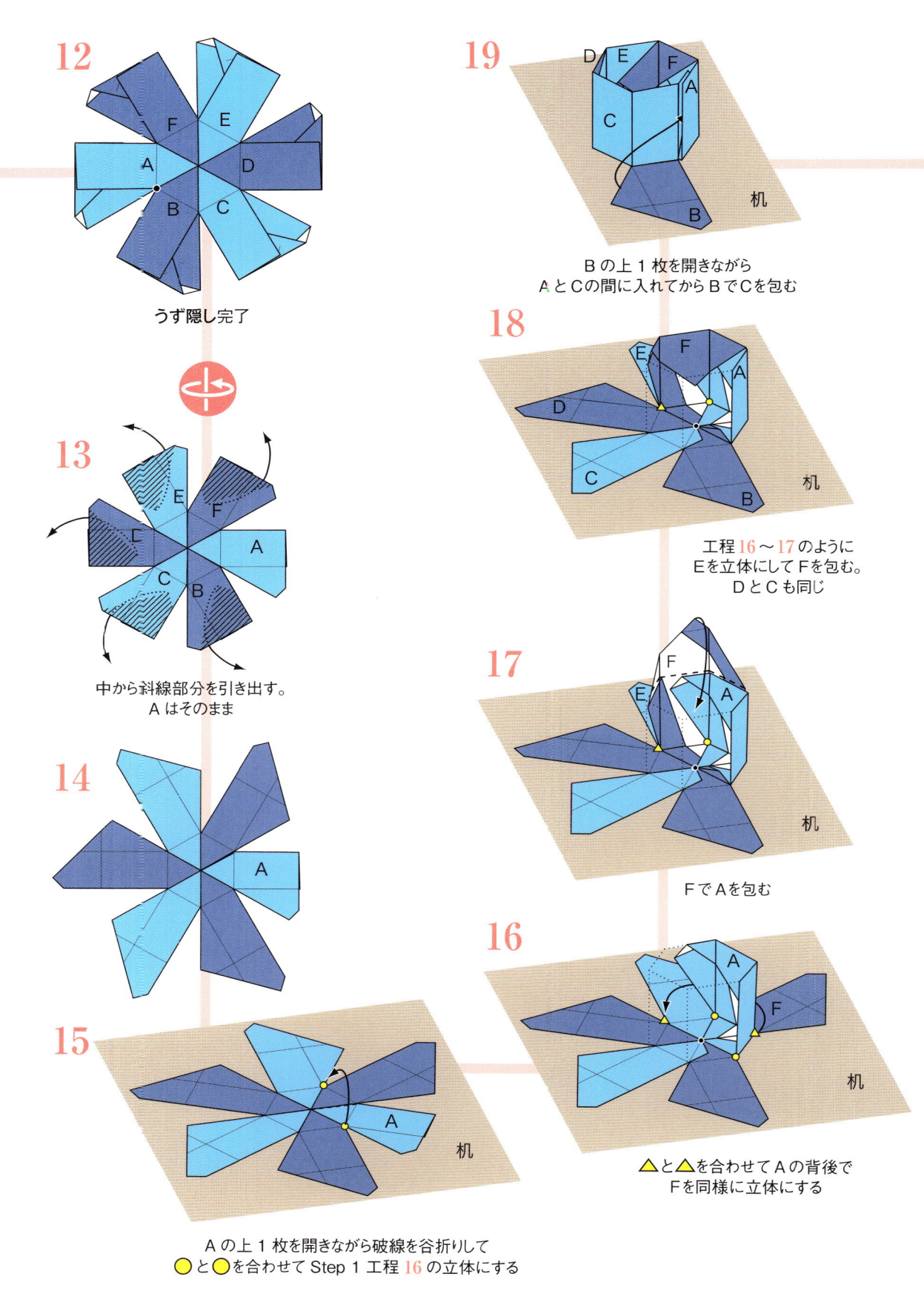

12

うず隠し完了

13

中から斜線部分を引き出す。
A はそのまま

14

15

A の上 1 枚を開きながら破線を谷折りして
🟡と🟡を合わせて Step 1 工程 16 の立体にする

16

🔺と🔺を合わせて A の背後で
F を同様に立体にする

17

F で A を包む

18

工程 16 ～ 17 のように
E を立体にして F を包む。
D と C も同じ

19

B の上 1 枚を開きながら
A と C の間に入れてから B で C を包む

82

20

※（AとFの一部）を
少し開いてBを包む

机

21

箱の本体
完成

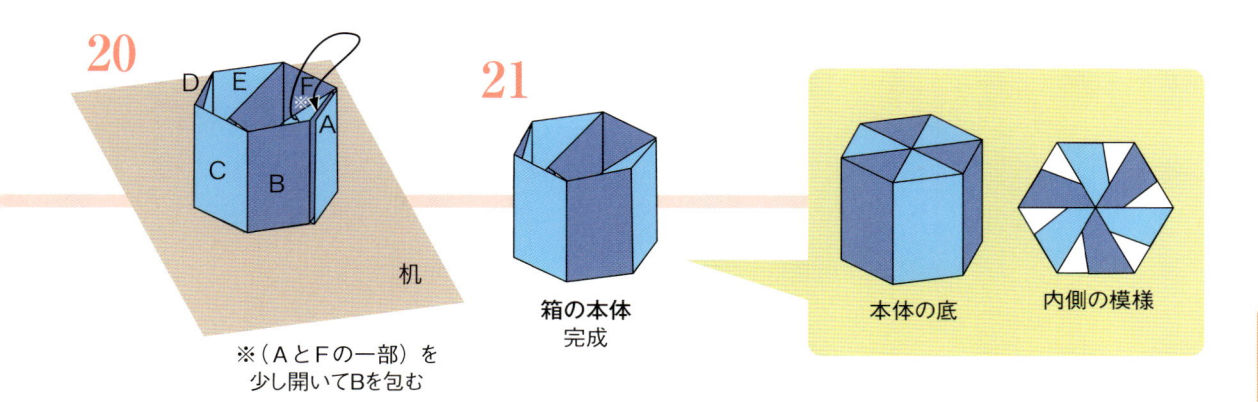

本体の底　　内側の模様

箱の折り紙

Step ▶ 3　ふたを作る

用紙サイズ　15cm×15cm×6枚
用紙の種類　普通の色紙（柄物など自由）

Step 1の工程5から始めます。「らせん折り」は2回だけです。

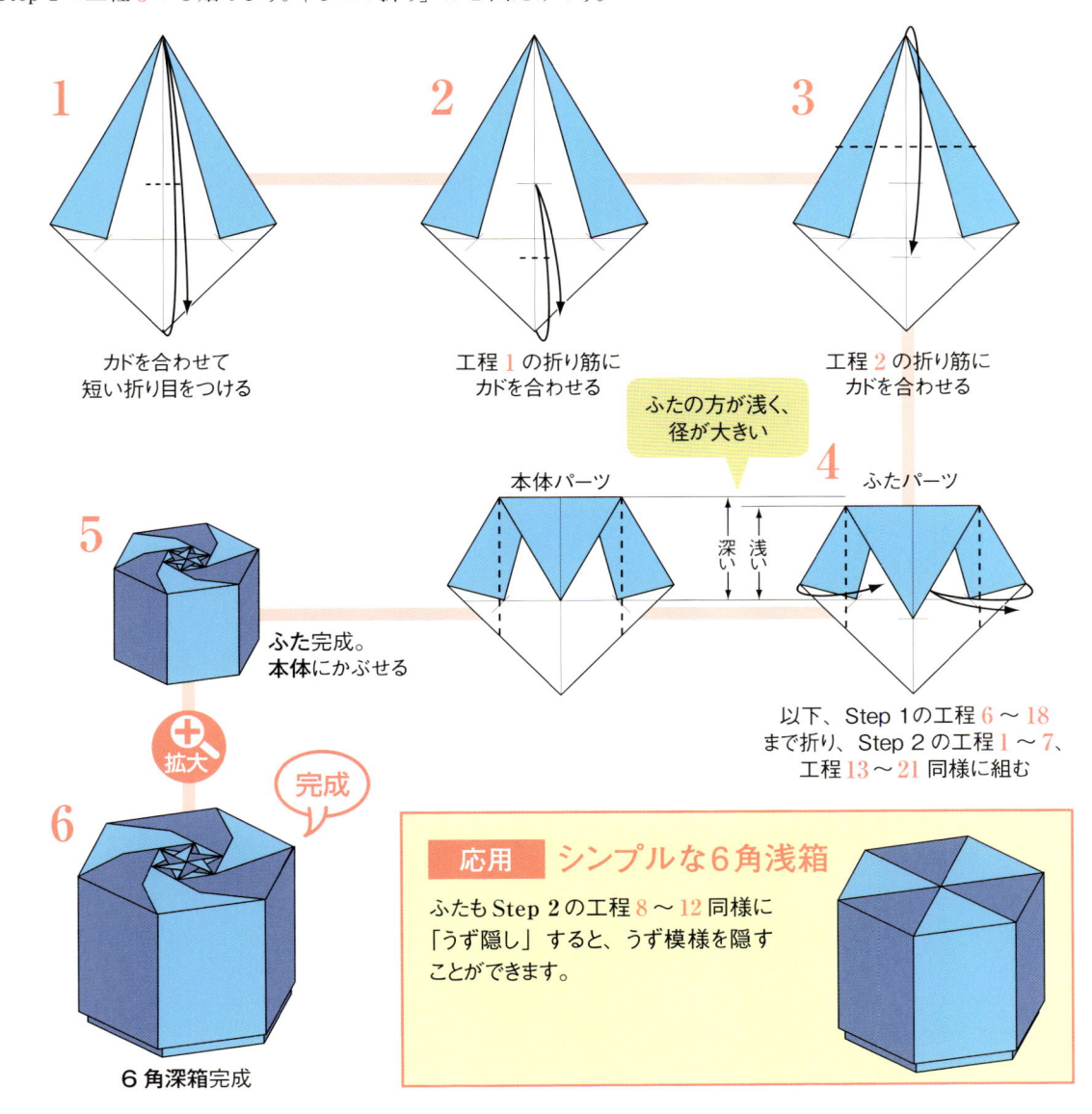

1

カドを合わせて
短い折り目をつける

2

工程1の折り筋に
カドを合わせる

3

工程2の折り筋に
カドを合わせる

本体パーツ

ふたの方が浅く、
径が大きい

深い　浅い

4

ふたパーツ

以下、Step 1の工程6〜18
まで折り、Step 2の工程1〜7、
工程13〜21同様に組む

5

ふた完成。
本体にかぶせる

拡大

完成

6

6角深箱完成

応用　シンプルな6角浅箱

ふたもStep 2の工程8〜12同様に
「うず隠し」すると、うず模様を隠す
ことができます。

83

8角浅箱

4角や6角の箱よりも、さまざまなアレンジが楽しめます。
ふたの組み立ては「うず組み」を使いますが、
本体は別の方法で組み立てます。

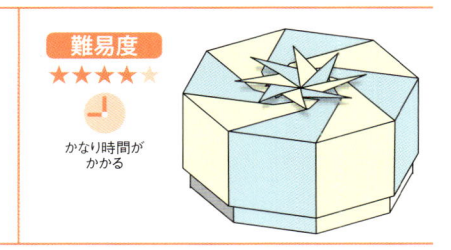

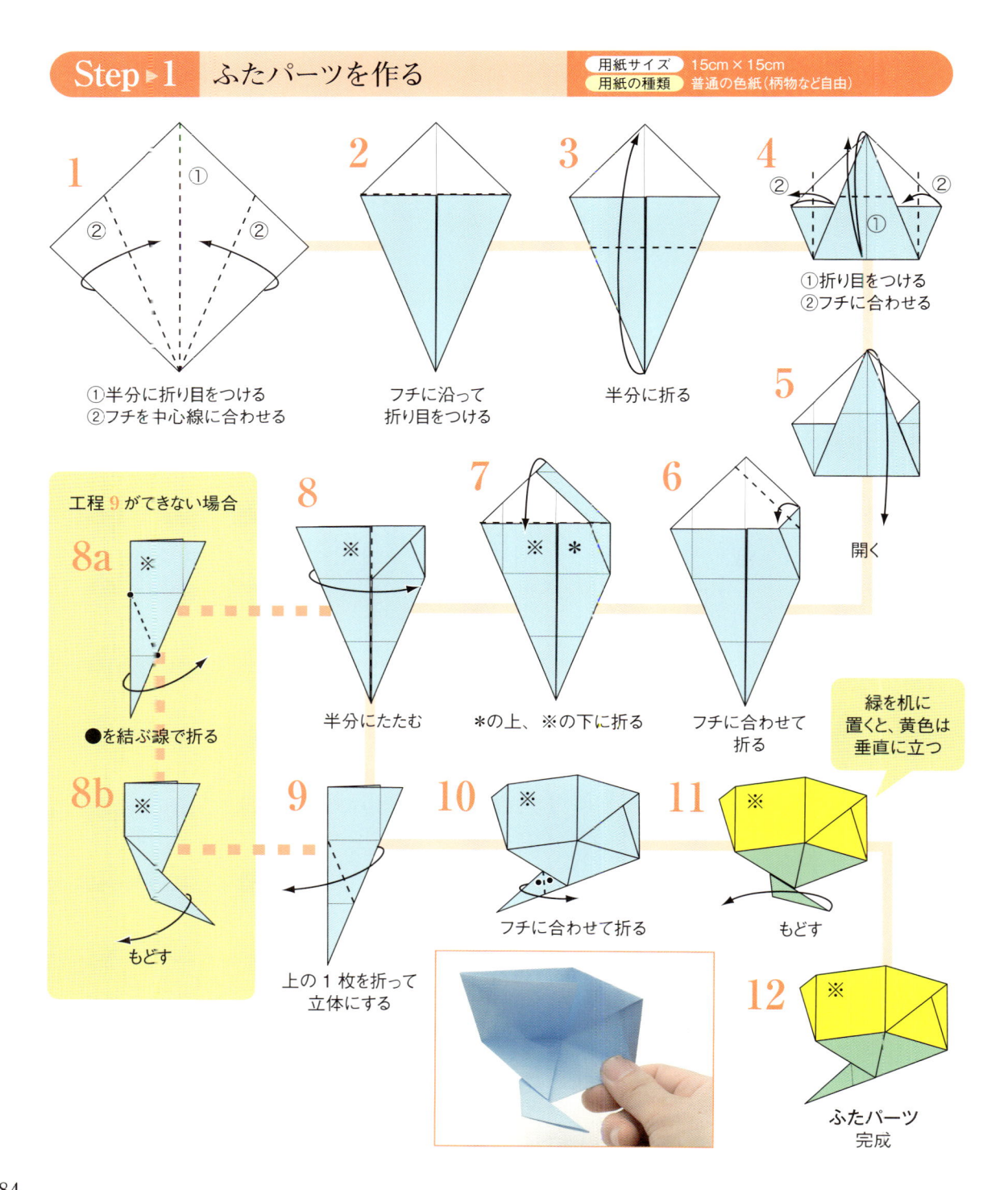

難易度 ★★★★☆
かなり時間がかかる

Step ▶ 1　ふたパーツを作る

用紙サイズ　15cm×15cm
用紙の種類　普通の色紙（柄物など自由）

1
①半分に折り目をつける
②フチを中心線に合わせる

2
フチに沿って折り目をつける

3
半分に折る

4
①折り目をつける
②フチに合わせる

5
開く

6
フチに合わせて折る

7
＊の上、※の下に折る

8
半分にたたむ

工程9ができない場合

8a
●を結ぶ線で折る

8b
もどす

9
上の1枚を折って立体にする

10
フチに合わせて折る

11
緑を机に置くと、黄色は垂直に立つ
もどす

12
ふたパーツ完成

84

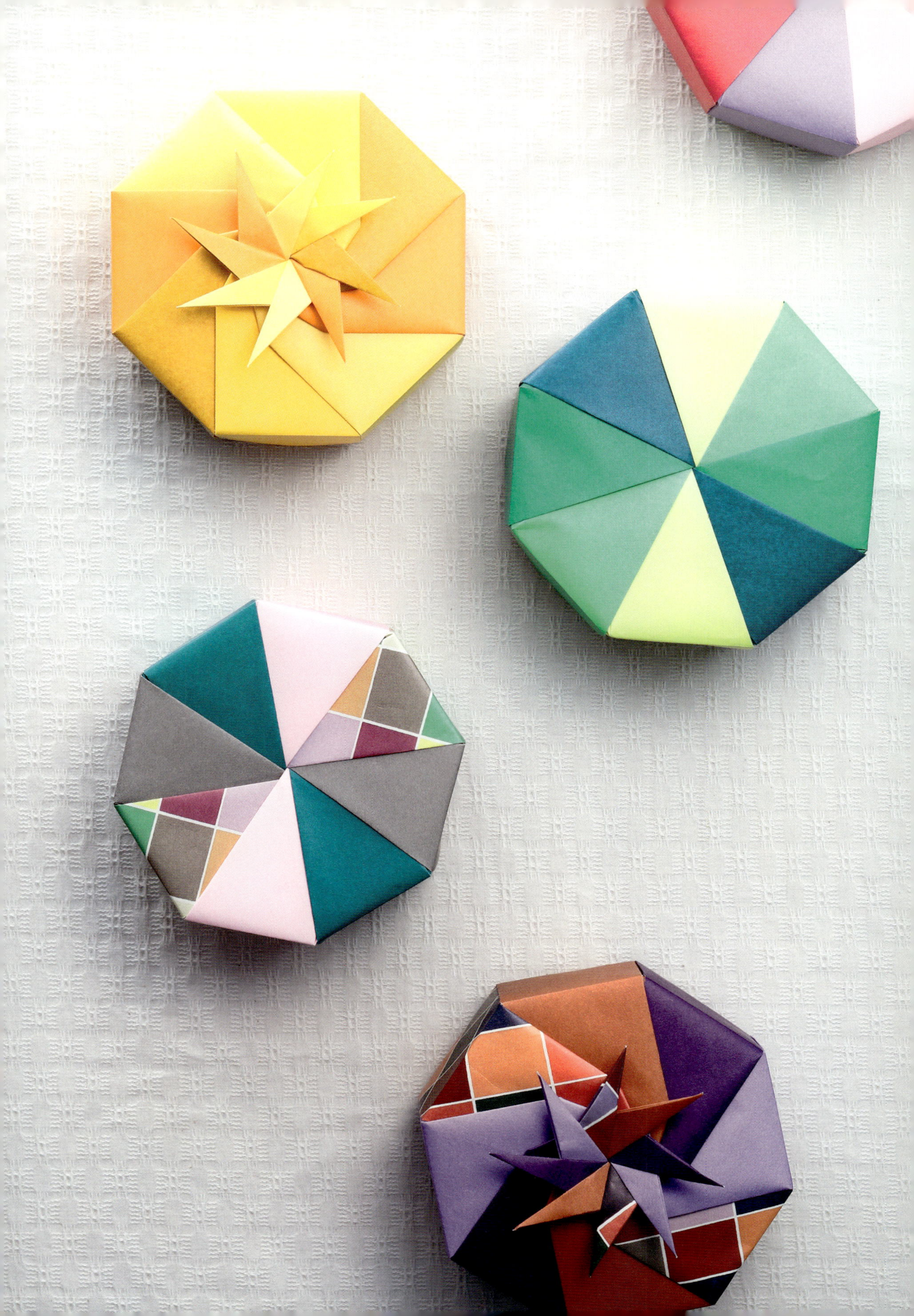

Step 2　ふたを作る

材料　ふたパーツ×8

Step 1の工程8にもどして平たくしたパーツを使います。
8つを組んでから立体化しますが、まずは3つ組んだところで「立体化の練習」をします。

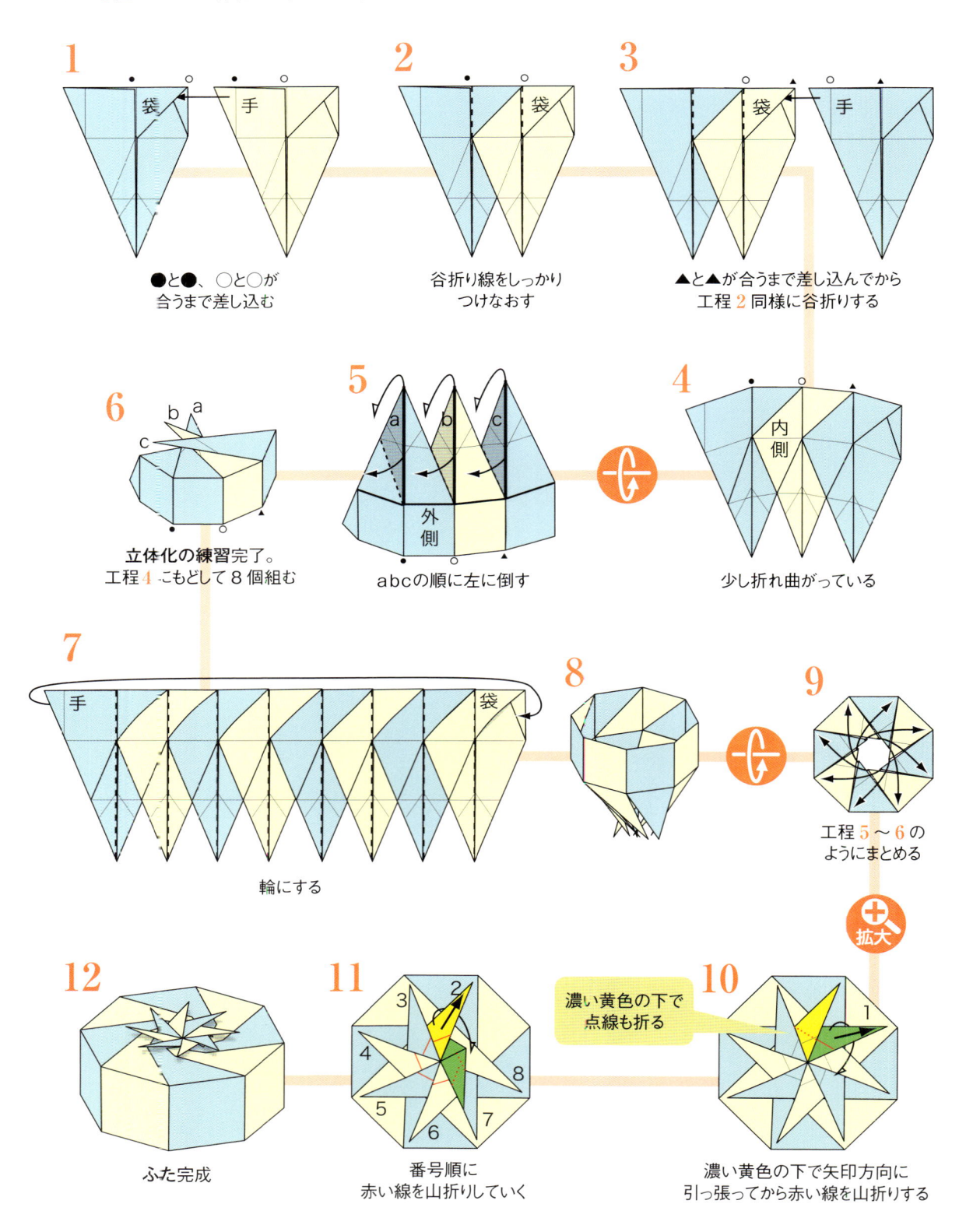

1
●と●、○と○が
合うまで差し込む

2
谷折り線をしっかり
つけなおす

3
▲と▲が合うまで差し込んでから
工程2同様に谷折りする

4
少し折れ曲がっている

5
abcの順に左に倒す

6
立体化の練習完了。
工程4にもどして8個組む

7
輪にする

8

9
工程5～6の
ようにまとめる

10
濃い黄色の下で矢印方向に
引っ張ってから赤い線を山折りする

濃い黄色の下で
点線も折る

11
番号順に
赤い線を山折りしていく

12
ふた完成

Step ▶3 箱の本体パーツを作る

用紙サイズ 15cm×15cm
用紙の種類 普通の色紙（柄物など自由）

Step 1のふたパーツに似ていますが、深さと直径が違ってきます。

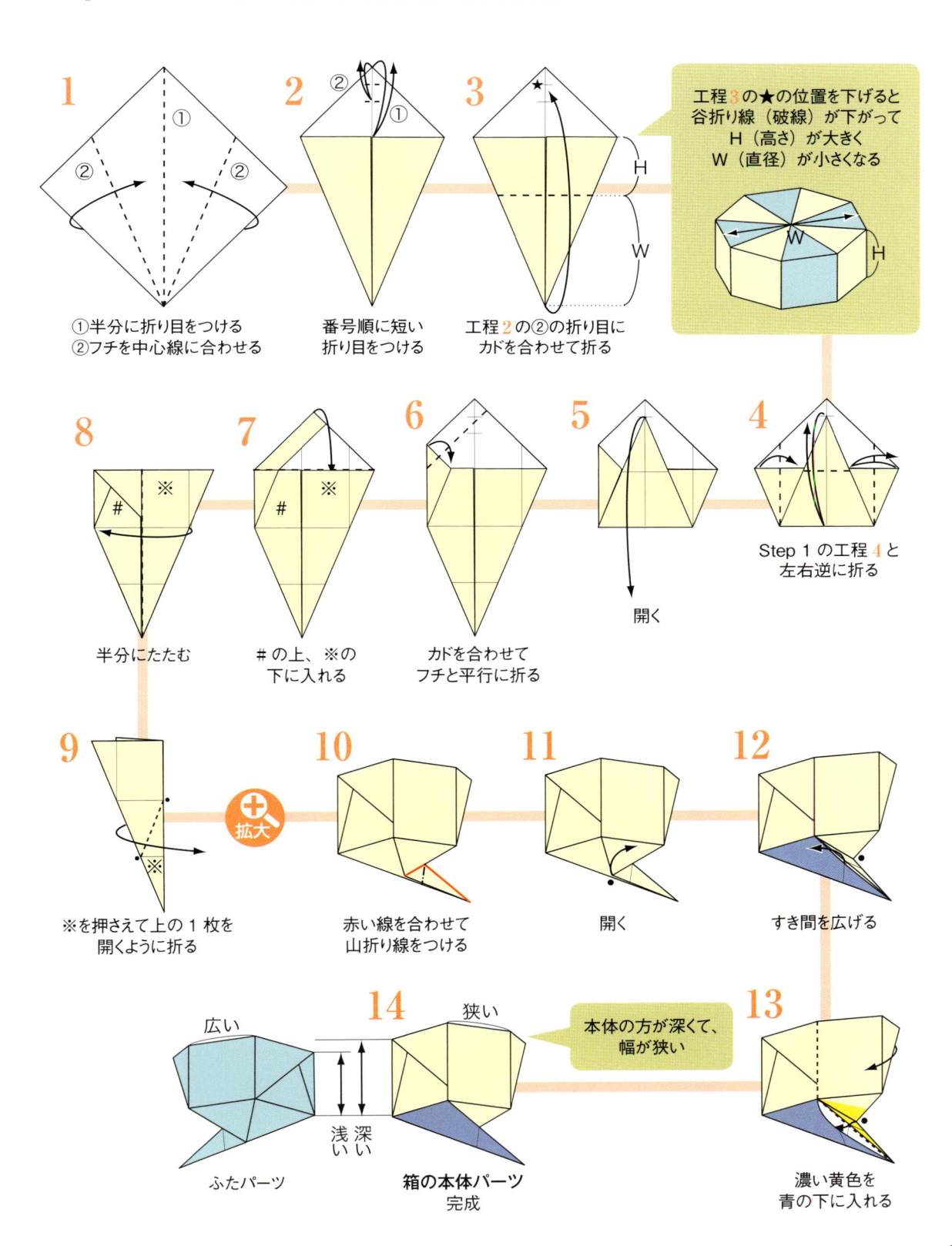

1
①半分に折り目をつける
②フチを中心線に合わせる

2
番号順に短い折り目をつける

3
工程2の②の折り目にカドを合わせて折る

工程3の★の位置を下げると谷折り線（破線）が下がって H（高さ）が大きく W（直径）が小さくなる

箱の折り紙

4
Step 1の工程4と左右逆に折る

5
開く

6
カドを合わせてフチと平行に折る

7
#の上、※の下に入れる

8
半分にたたむ

9
※を押さえて上の1枚を開くように折る

➕拡大

10
赤い線を合わせて山折り線をつける

11
開く

12
すき間を広げる

13
濃い黄色を青の下に入れる

本体の方が深くて、幅が狭い

14
広い　狭い
浅い　深い

ふたパーツ　　箱の本体パーツ 完成

Step ▶ 4　箱の本体を作る

材料　箱の本体パーツ×8

箱の本体パーツの突起を内側でまとめていきます。

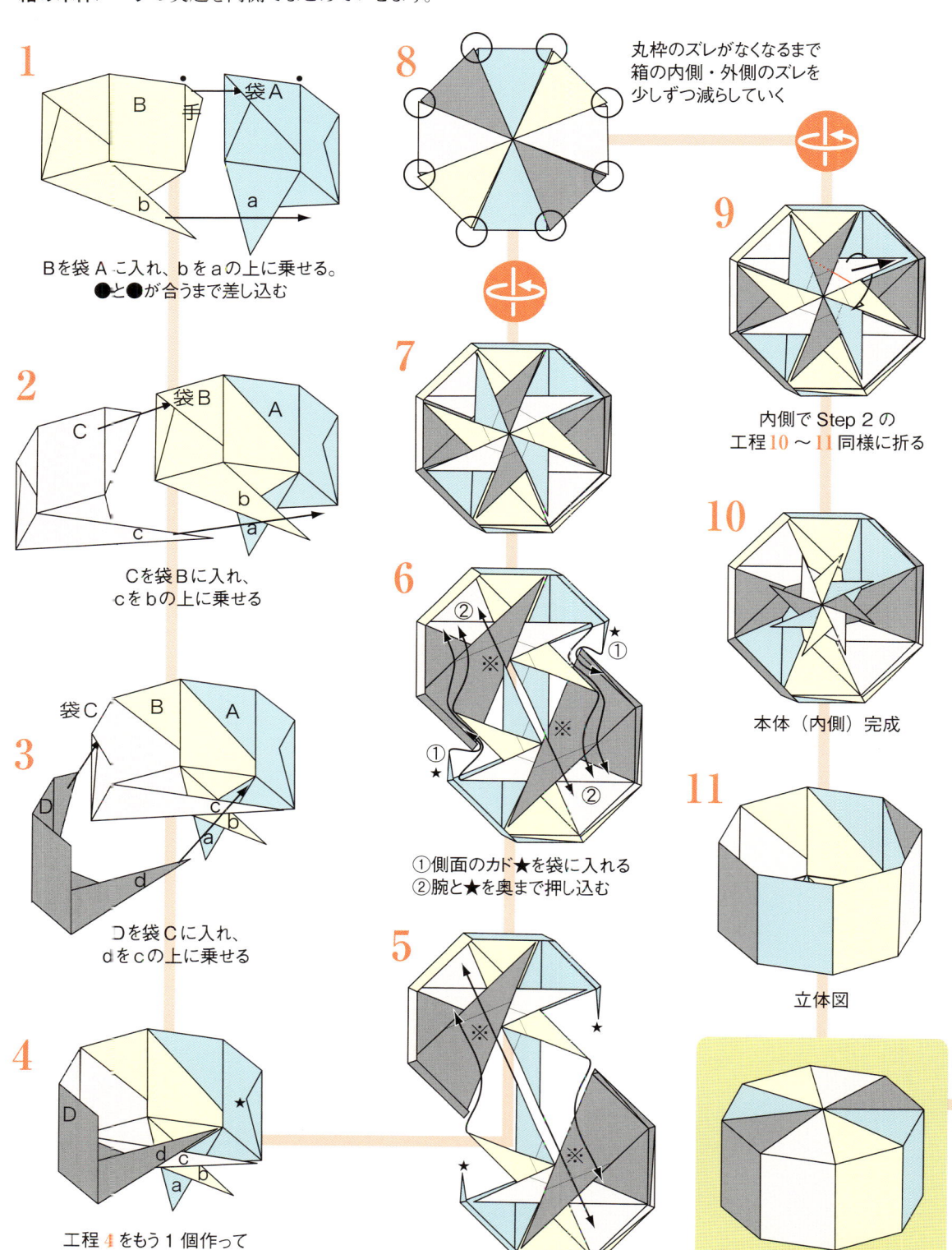

1
Bを袋Aに入れ、bをaの上に乗せる。
●と●が合うまで差し込む

2
Cを袋Bに入れ、
cをbの上に乗せる

3
Dを袋Cに入れ、
dをcの上に乗せる

4
工程4をもう1個作って
向かい合わせに置いて
ま上から見る

5
※の上に腕を入れる

6
①側面のカド★を袋に入れる
②腕と★を奥まで押し込む

7

8
丸枠のズレがなくなるまで
箱の内側・外側のズレを
少しずつ減らしていく

9
内側でStep 2の
工程10〜11同様に折る

10
本体（内側）完成

11
立体図

本体の底

88

アレンジ

Step 1の工程 10〜11 をとばしたふたパーツを、Step 2の工程 10 まで組んだところから始めます。

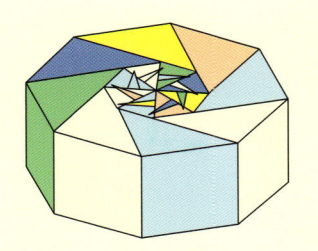

1 緑のパーツを引っ張ってから赤い線を山折りして青いパーツの下に入れる

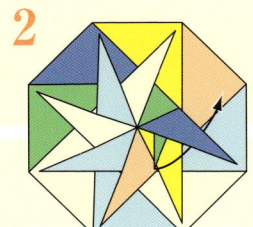

2 折った緑の先端をもとにもどす

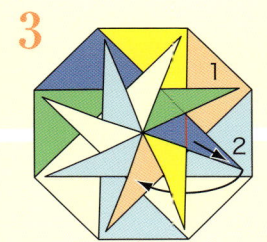

3 青を引っ張ってから赤い線を山折りして黄色の下に入れる

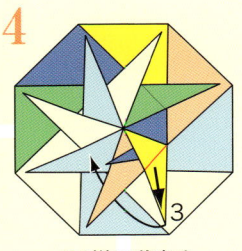

4 同様に黄色をオレンジの下に入れる

8 先端を引っ張って赤い線を山折りすると完成

7 緑を少し押し込む

6 緑を曲げて先端を青の下に少し入れる

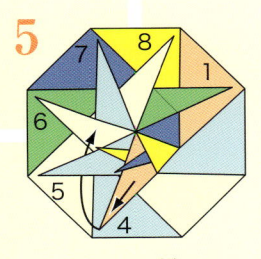

5 4〜8も同様にする

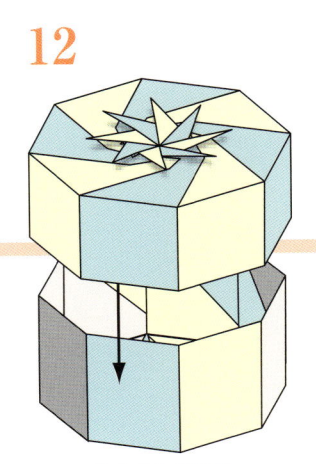

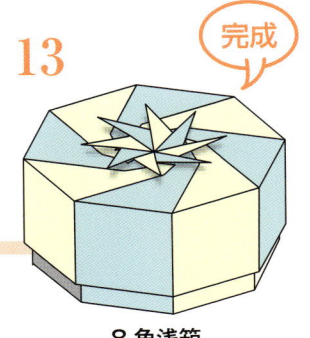

箱の折り紙

12 ふたをかぶせる

13 完成

8角浅箱 完成

Step 1の工程 4 から先を Step 3 のように折って、Step 4 同様に組むと、すっきりしたふたになる

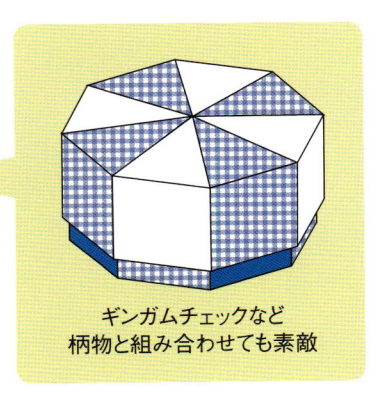

ギンガムチェックなど柄物と組み合わせても素敵

89

8角深箱

「8角浅箱」の本体に似た構造ですが、
より深く、底が狭くなります。
8角浅箱を作ってから折ることをおすすめします。

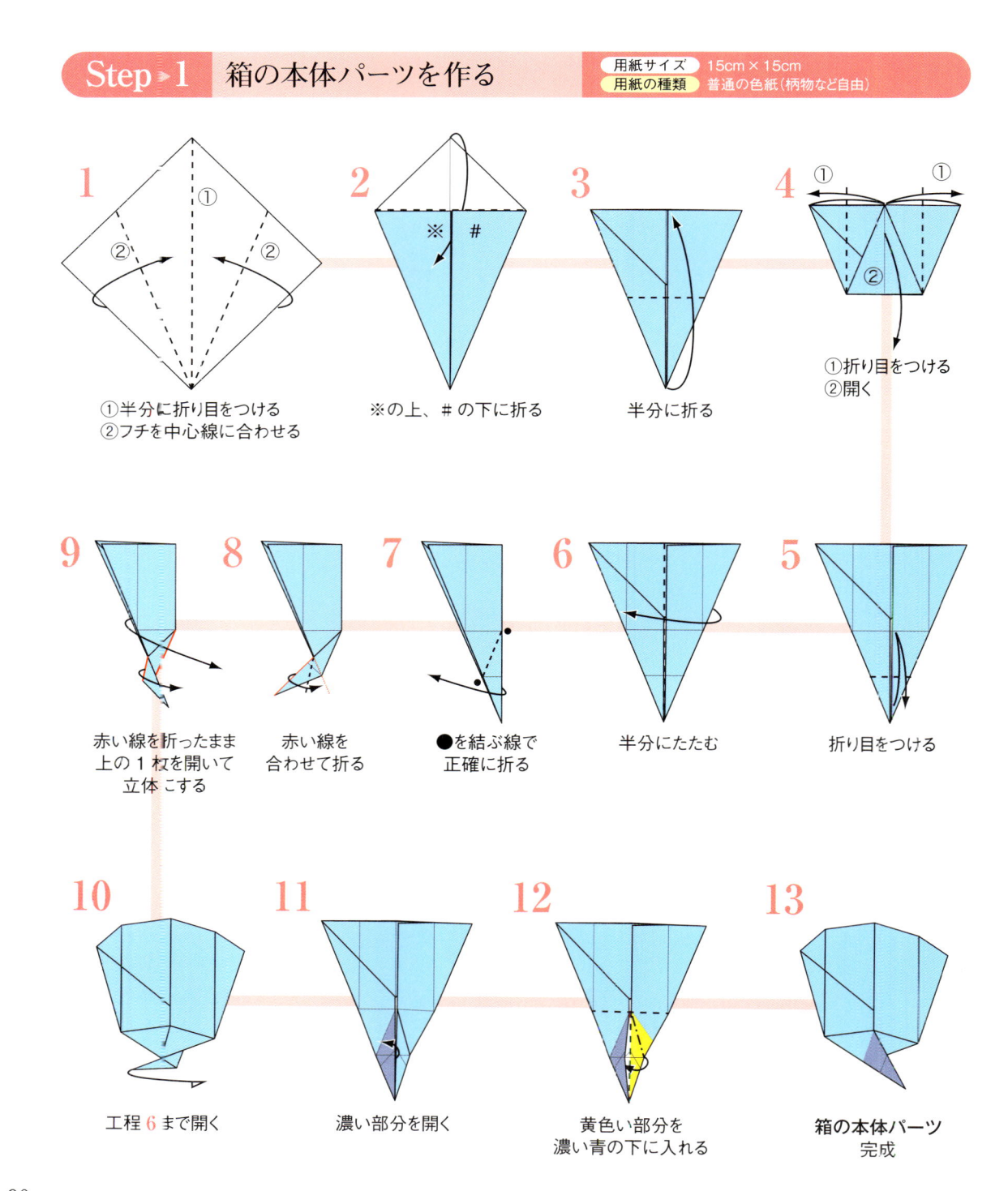

難易度 ★★★★★
かなり時間がかかる

Step 1　箱の本体パーツを作る

用紙サイズ 15cm×15cm
用紙の種類 普通の色紙（柄物など自由）

1
①半分に折り目をつける
②フチを中心線に合わせる

2
※の上、#の下に折る

3
半分に折る

4
①折り目をつける
②開く

5
折り目をつける

6
半分にたたむ

7
●を結ぶ線で正確に折る

8
赤い線を合わせて折る

9
赤い線を折ったまま上の1枚を開いて立体にする

10
工程6まで開く

11
濃い部分を開く

12
黄色い部分を濃い青の下に入れる

13
箱の本体パーツ完成

Step ▶ 2　箱の本体を作る

材　料　箱の本体パーツ×8

基本的に **8角浅箱**の本体と同じ組み方です。
工程 11 〜 13 の山折りがうまくできない場合は、とばしても構いません。

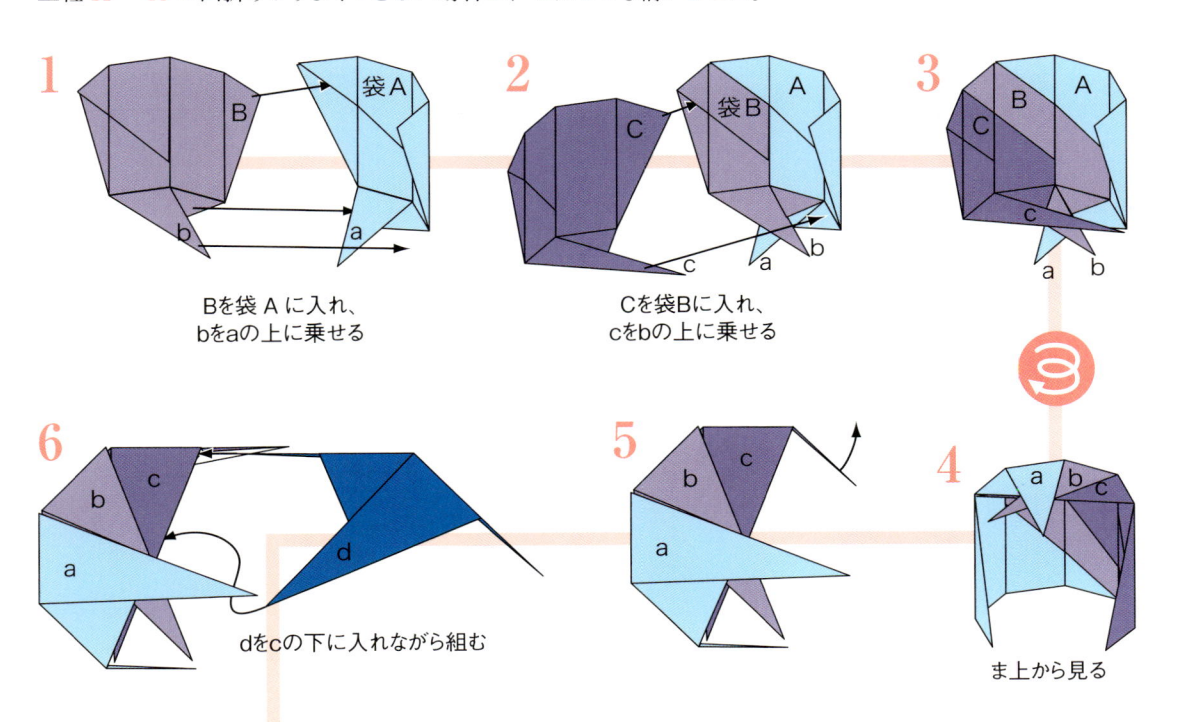

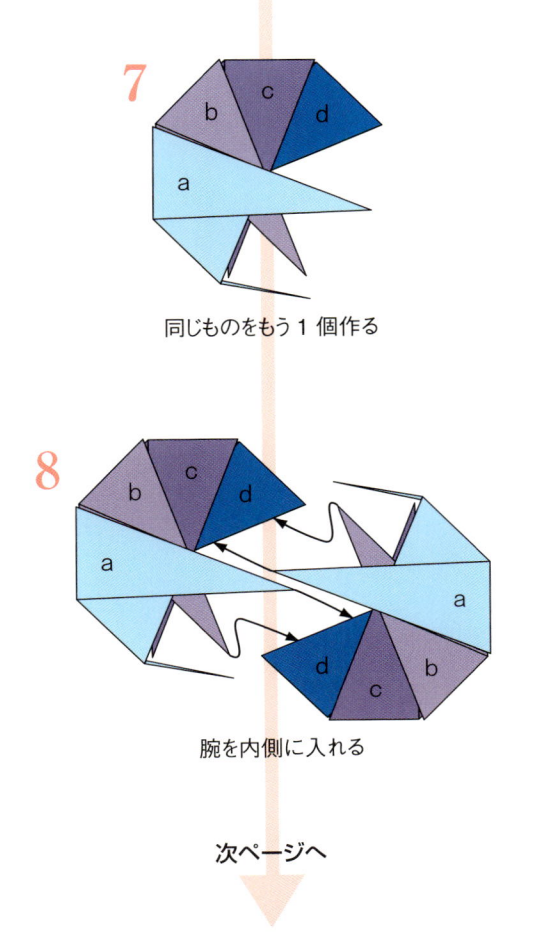

箱の折り紙

1
Bを袋Aに入れ、
bをaの上に乗せる

2
Cを袋Bに入れ、
cをbの上に乗せる

3

4
ま上から見る

5

6
dをcの下に入れながら組む

7
同じものをもう1個作る

8
腕を内側に入れる

次ページへ

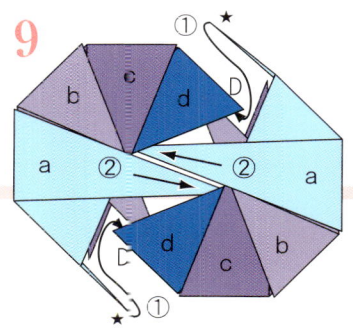

9
①★を袋Dに差し込む
②奥まで押し込む

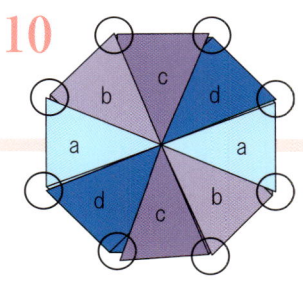

10
丸枠のズレを
少しずつ減らしていく

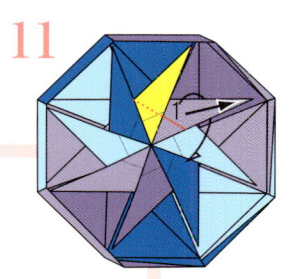

11
突起1を引っ張ってから
黄色の下で赤い線を
山折りする

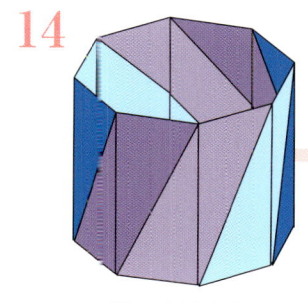

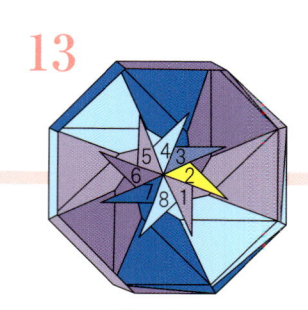

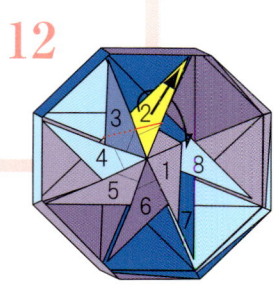

12
突起2を引っ張ってから
青の下で赤い線を山折りする。
以下、番号順に山折りする

13
箱の内側

14
箱の本体完成

Step ▶ 3 ふたパーツを作る

用紙サイズ 15cm × 15cm
用紙の種類 普通の色紙（柄物など自由）

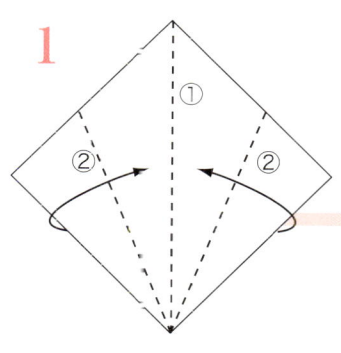

1
①半分に折り目をつける
②フチを中心線に合わせる

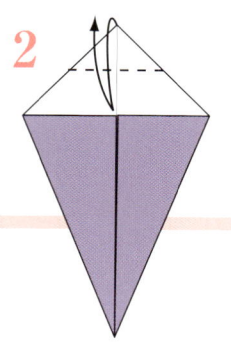

2
フチに合わせて
折り目をつける

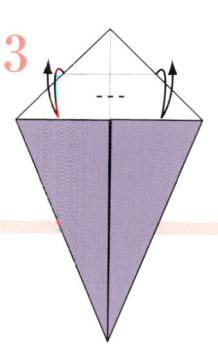

3
短い折り目をつける

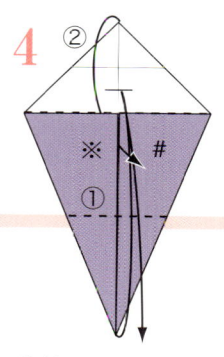

4
①折り目をつける
②※の下、＃の上に
折る

5 折り上げる

6 ①折り目をつける ②開く

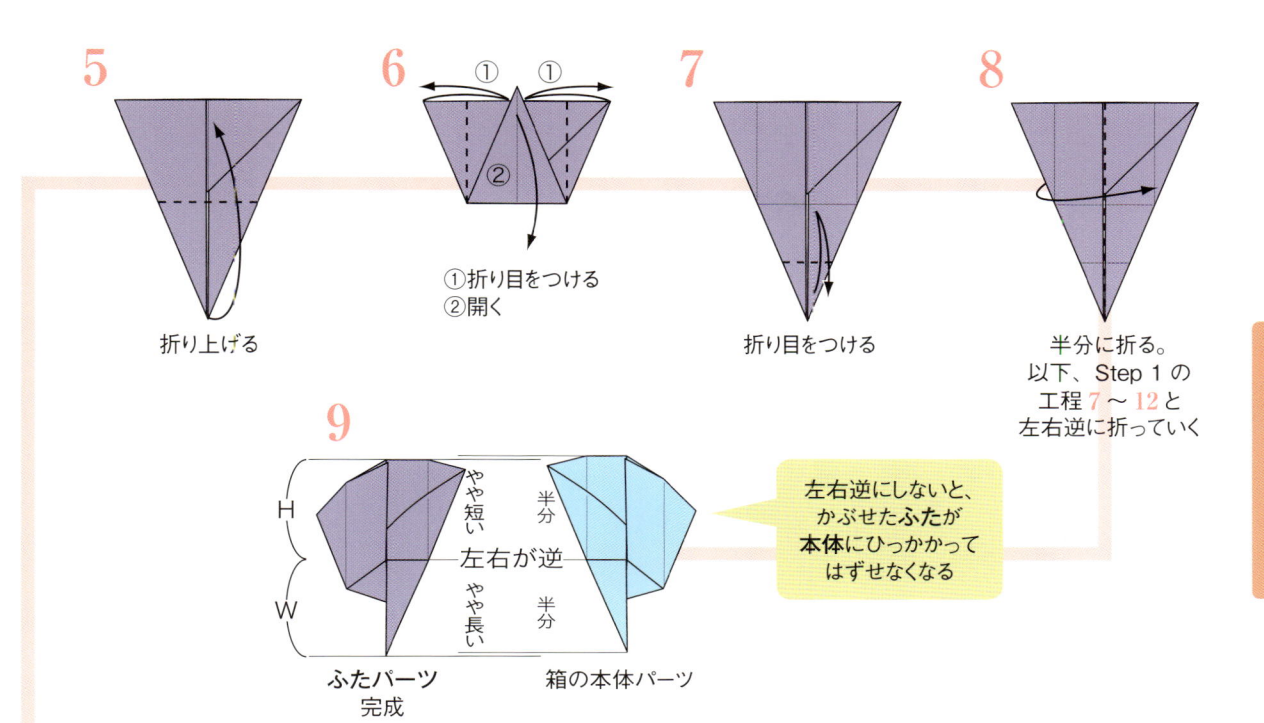

7 折り目をつける

8 半分に折る。以下、Step 1の工程7〜12と左右逆に折っていく

左右逆にしないと、かぶせた**ふた**が**本体**にひっかかってはずせなくなる

箱の折り紙

9 やや短い 半分 左右が逆 やや長い 半分
H W
ふたパーツ完成   箱の本体パーツ

Step ▶ 4　ふたを作る

材料　ふたパーツ×8

ふたパーツの組み方は、左右が逆になるだけで、Step 2と同じです。

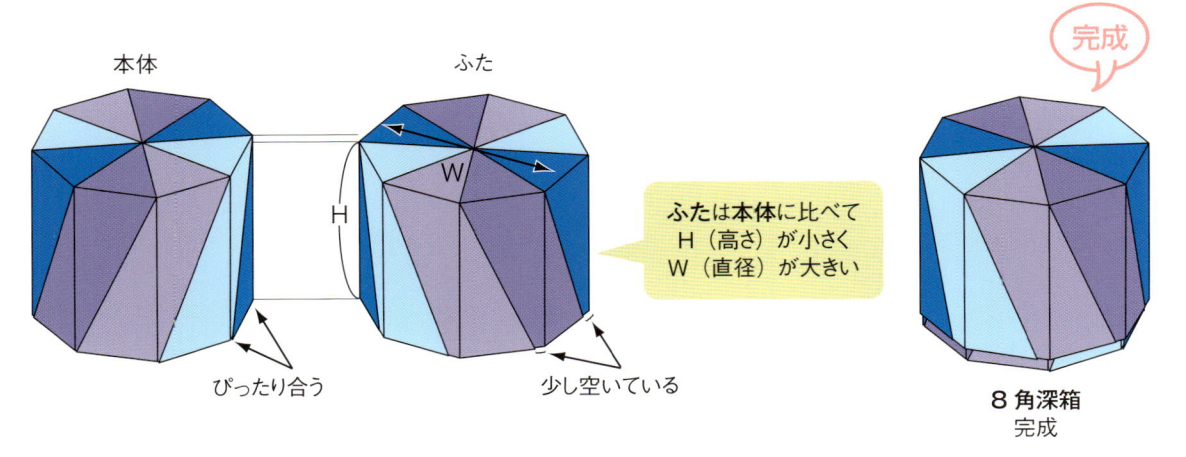

本体　　ふた

ふたは**本体**に比べてH（高さ）が小さくW（直径）が大きい

ぴったり合う　　少し空いている

完成

8角深箱
完成

ストライプのギフトボックス

5枚組のパーツを3つ重ねるので、
普通の色紙で折っても丈夫です。
プレゼントを入れるギフトボックスとして使えます。

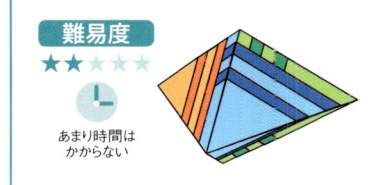

難易度 ★★☆☆☆

あまり時間はかからない

Step▶1　ストライプパーツを作る

用紙サイズ　15cm×15cm×5枚
用紙の種類　普通の色紙（濃い色2枚＋薄い色3枚）

5種類のパーツ（ア～オ）を作ります。図ではオレンジが濃い色、グリーンが薄い色を表します。

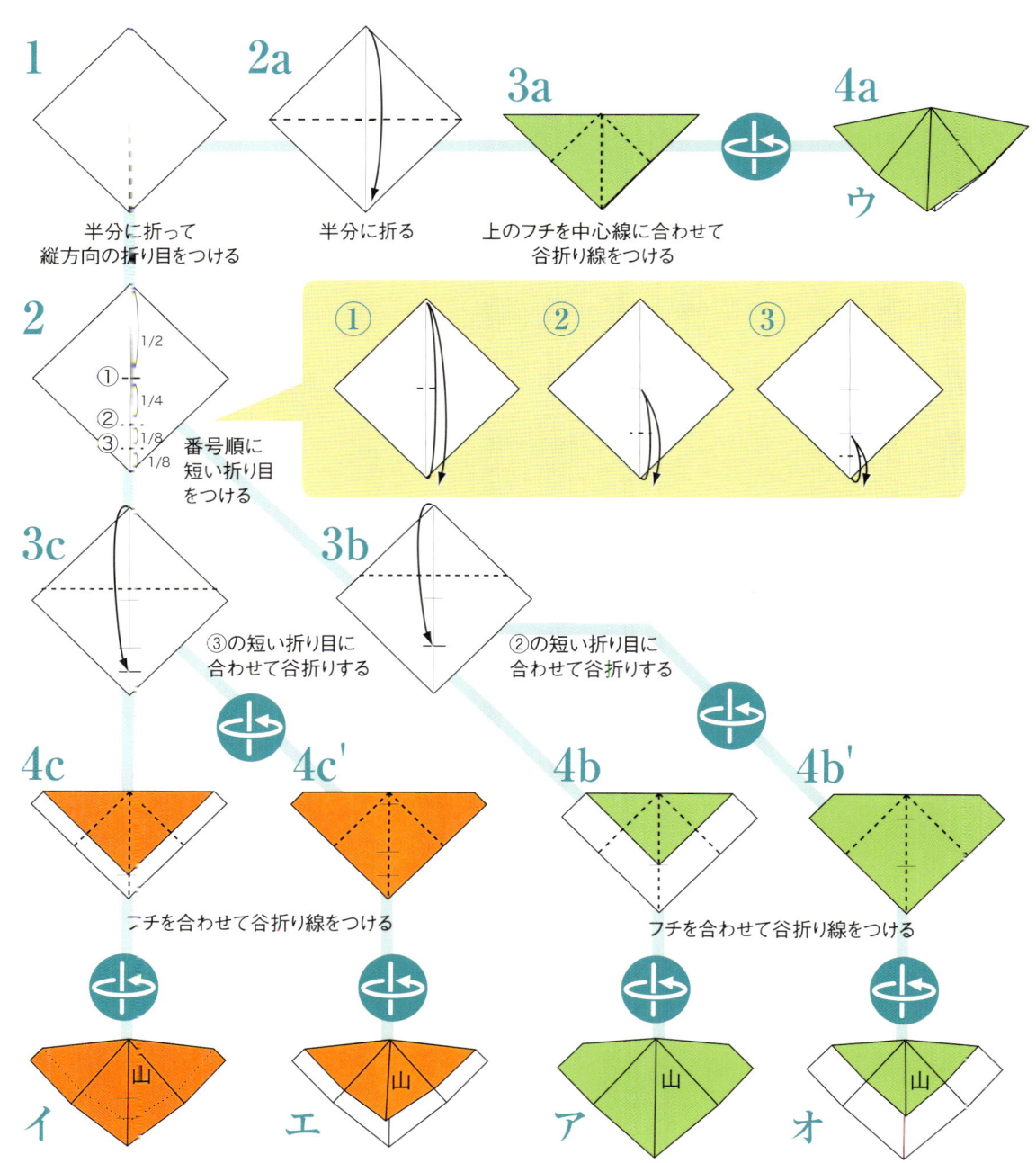

1 半分に折って縦方向の折り目をつける

2a 半分に折る

3a 上のフチを中心線に合わせて谷折り線をつける

4a ウ

2 番号順に短い折り目をつける
① 1/2 / 1/4
② 1/4 / 1/8
③ 1/8

① ② ③

3c

3b ③の短い折り目に合わせて谷折りする ／ ②の短い折り目に合わせて谷折りする

4c　**4c'**　**4b**　**4b'**
フチを合わせて谷折り線をつける　フチを合わせて谷折り線をつける

イ　エ　ア　オ
（山）（山）（山）（山）

94

| Step ▶ 2 | ストライプユニットを作る | 材料　ストライプパーツ（ア〜オ）×各1 |

ストライプパーツ（ア〜オ）を１つずつ組んで作ります。

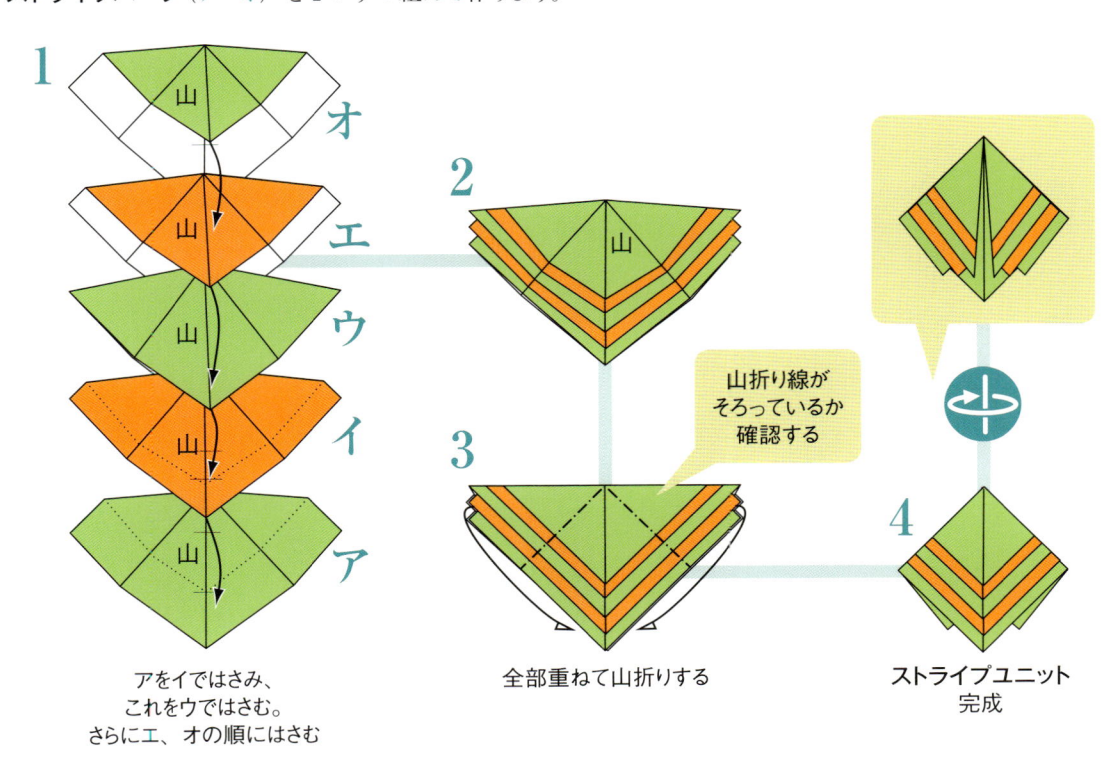

1

オ
エ
ウ
イ
ア

アをイではさみ、
これをウではさむ。
さらにエ、オの順にはさむ

2

3

山折り線が
そろっているか
確認する

全部重ねて山折りする

4

ストライプユニット
完成

Step 3　ストライプのギフトボックスを作る

材料　ストライプユニット×3

ストライプユニットを3つ組んで作ります。

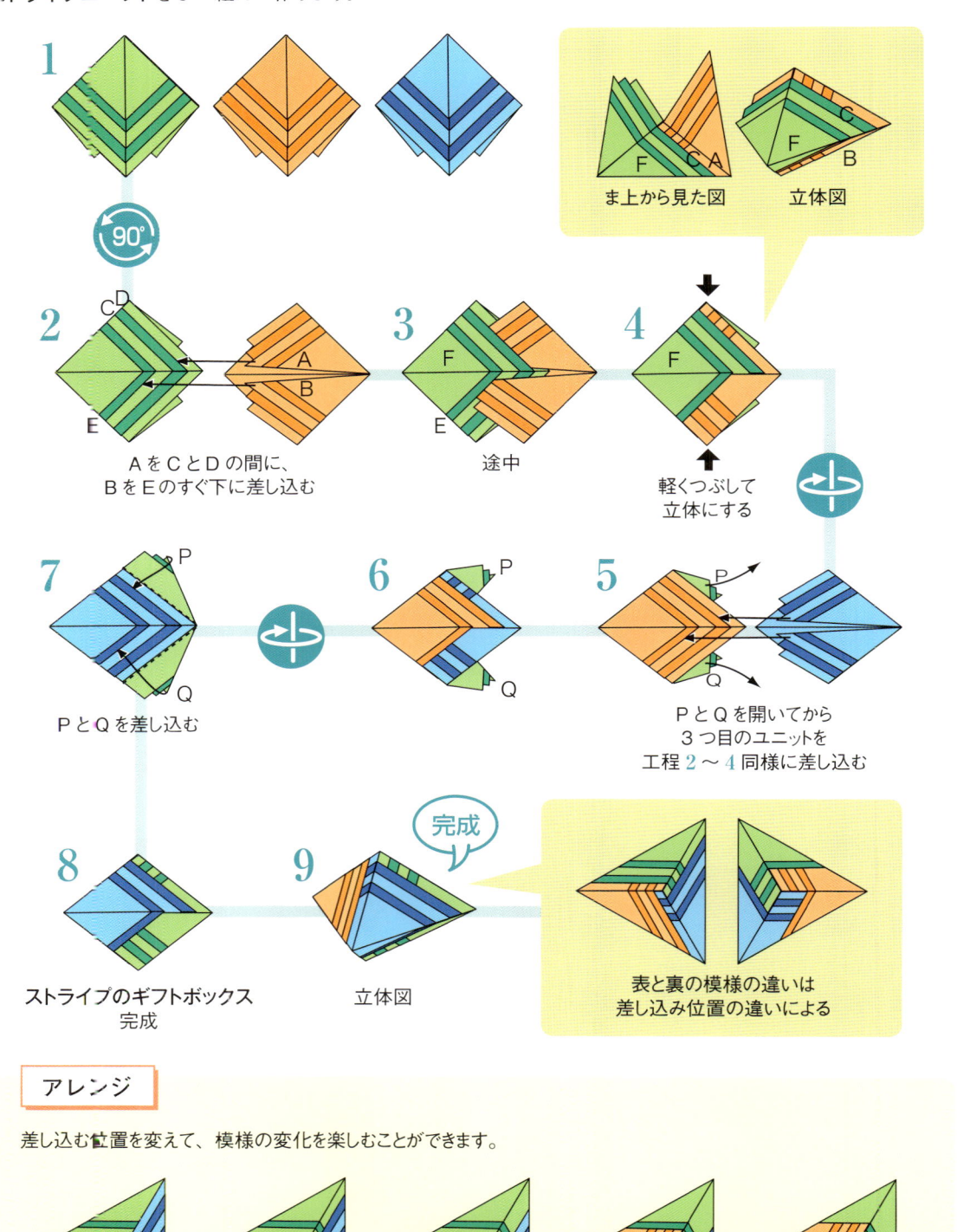

1

（90°回転）

2　AをCとDの間に、BをEのすぐ下に差し込む

3　途中

4　軽くつぶして立体にする

ま上から見た図　　立体図

5　PとQを開いてから3つ目のユニットを工程2〜4同様に差し込む

6

7　PとQを差し込む

8　ストライプのギフトボックス　完成

9　立体図

完成

表と裏の模様の違いは差し込み位置の違いによる

アレンジ

差し込む位置を変えて、模様の変化を楽しむことができます。

モンドリアンボックス

原色の面と黒い仕切り線が印象的な
モンドリアン（オランダの画家）のデザインを箱にしてみました。
「3角雛」に似たユニットを4つ組んで作ります。

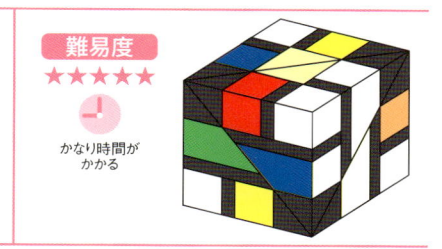

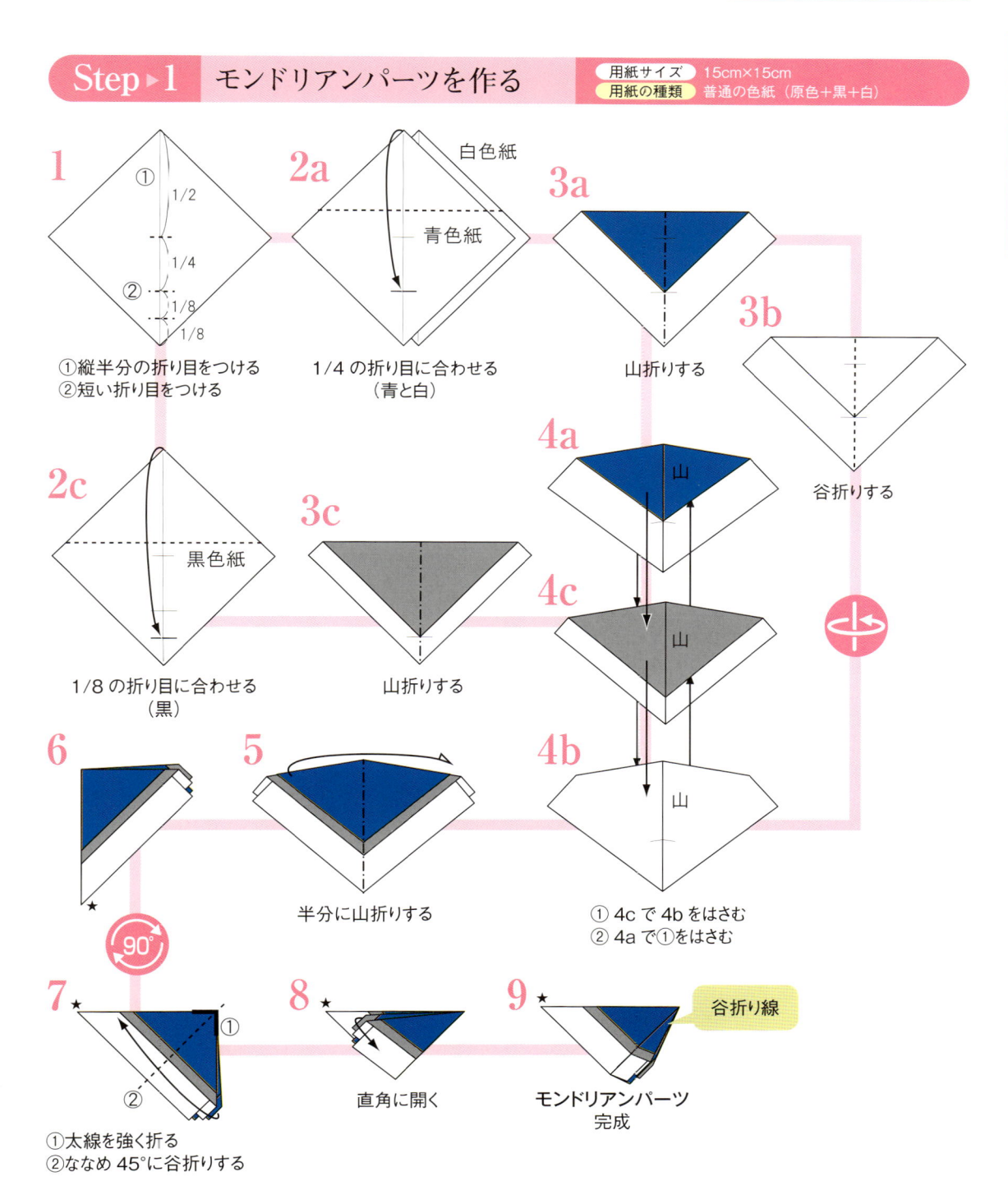

難易度 ★★★★★
かなり時間がかかる

Step▶1　モンドリアンパーツを作る

用紙サイズ　15cm×15cm
用紙の種類　普通の色紙（原色＋黒＋白）

箱の折り紙

1
① 1/2
② 1/4
1/8
1/8
①縦半分の折り目をつける
②短い折り目をつける

2a
白色紙
青色紙
1/4の折り目に合わせる
（青と白）

3a
山折りする

3b
谷折りする

2c
黒色紙
1/8の折り目に合わせる
（黒）

3c
山折りする

4a 山

4c 山

4b 山

① 4cで4bをはさむ
② 4aで①をはさむ

6 ★
90°

5
半分に山折りする

7 ★
①
②
①太線を強く折る
②ななめ45°に谷折りする

8 ★
直角に開く

9 ★
谷折り線
モンドリアンパーツ
完成

97

Step 2 モンドリアンユニットを作る

材料 モンドリアンパーツ（原色1、原色2、白）×各1

1 1枚めくる

2 谷折り線　谷折り線　PをBで包む

3 AとBを重ねてPとQの間に入れる

4 ①②の順にめくる

5 最後の差し込みをするときには、紙を少し曲げる　2カ所で工程1〜4同様に組む　白

6 1枚めくってS（黒）とTの間に差し込む　中央はへこむ　穴

7 めくって差し込む　穴

8 黒の下に入れる　穴

フタなしのモンドリアンボックス

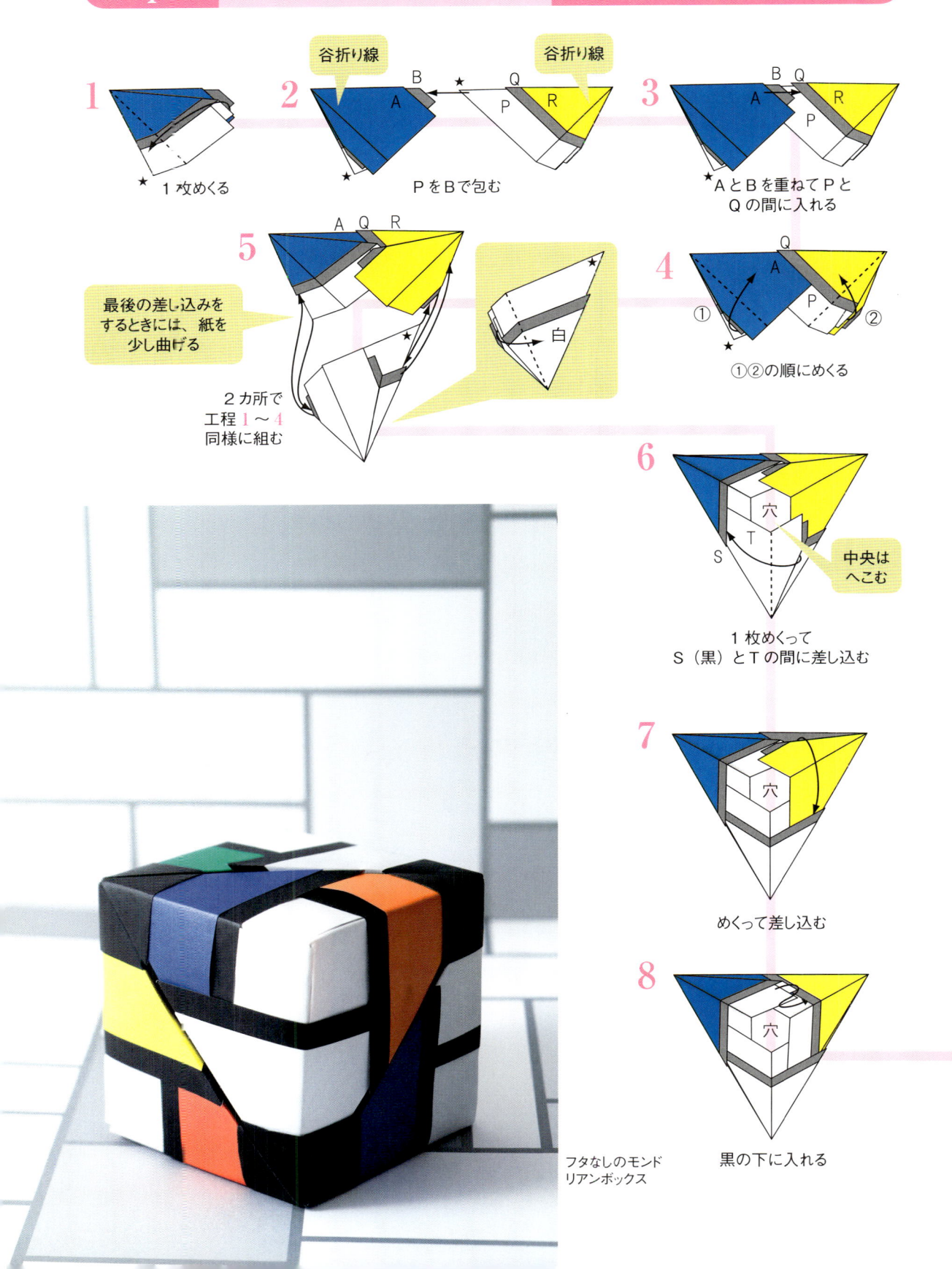

Step ▶3 蝶つがいを作る

用紙サイズ：15cm×15cm
用紙の種類：普通の色紙

2枚組みです。練習のときは、色違いで折ってください。

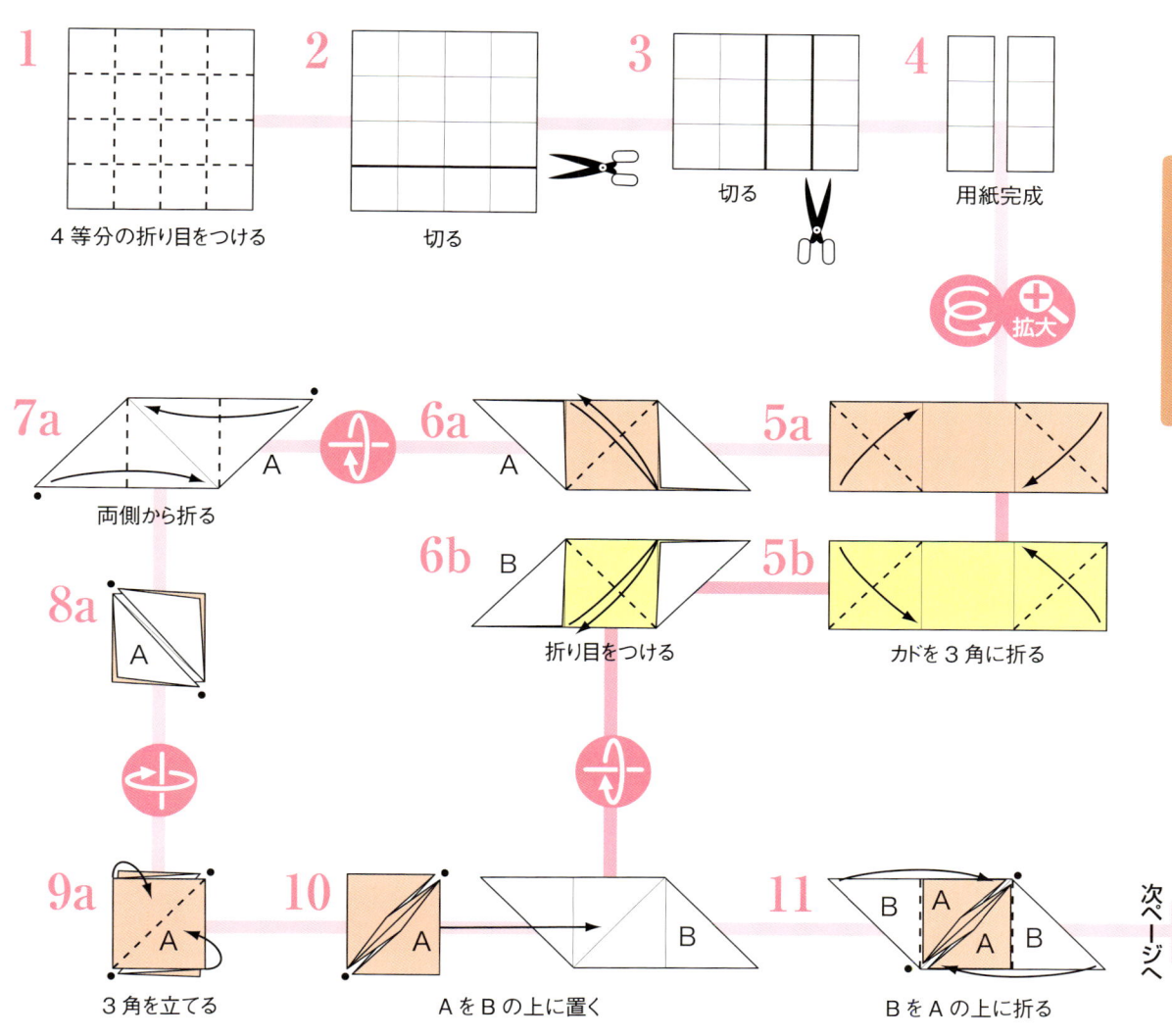

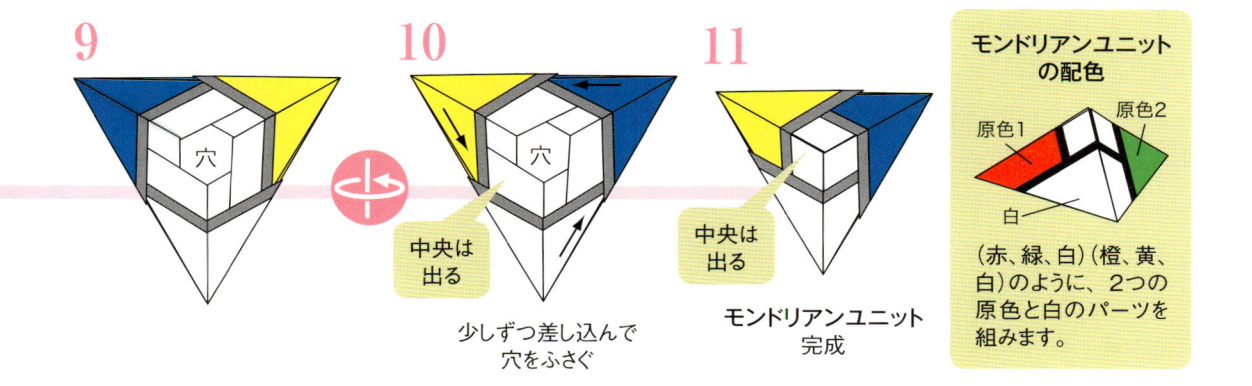

1. 4等分の折り目をつける
2. 切る
3. 切る
4. 用紙完成

5a. カドを3角に折る
6a.
7a. 両側から折る
8a.
9a. 3角を立てる

5b. カドを3角に折る
6b. 折り目をつける

10. AをBの上に置く
11. BをAの上に折る

次ページへ

箱の折り紙

9.
10. 中央は出る / 少しずつ差し込んで穴をふさぐ
11. 中央は出る / モンドリアンユニット完成

モンドリアンユニットの配色

原色1 / 原色2 / 白

（赤、緑、白）（橙、黄、白）のように、2つの原色と白のパーツを組みます。

99

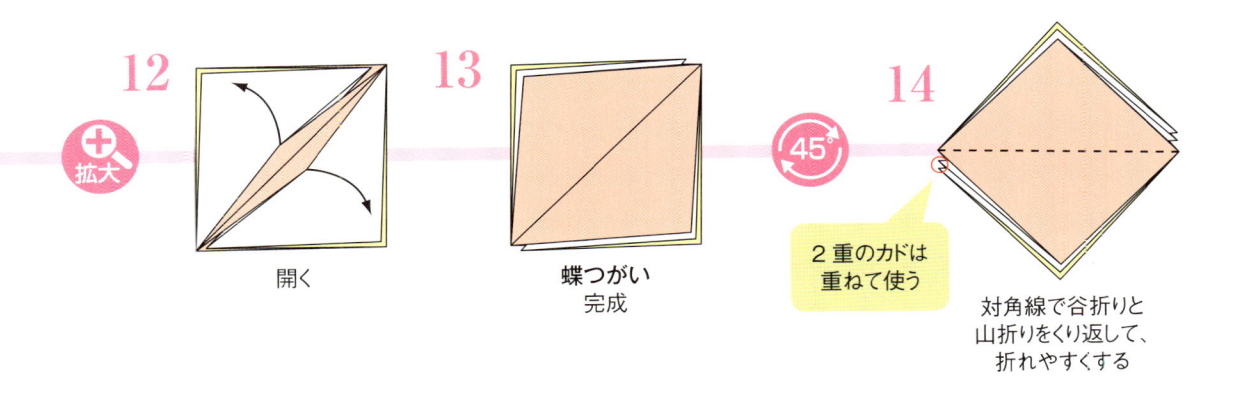

12 開く

13 蝶つがい 完成

14 対角線で谷折りと山折りをくり返して、折れやすくする

2重のカドは重ねて使う

Step ▶ 4 つなぎユニットを作る

用紙サイズ 7.5cm×7.5cm×3枚
用紙の種類 普通の色紙（黒）

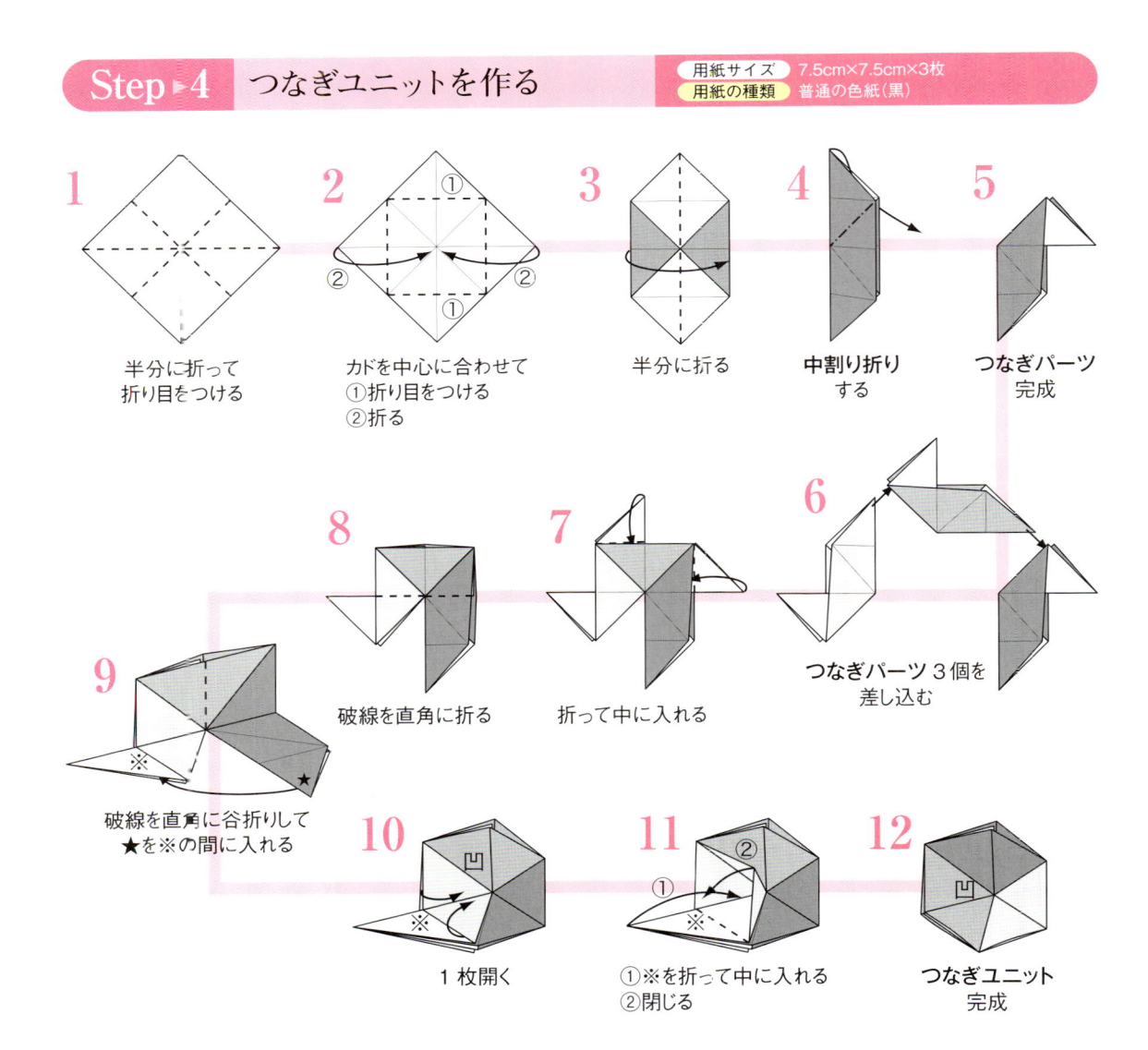

1 半分に折って折り目をつける

2 カドを中心に合わせて ①折り目をつける ②折る

3 半分に折る

4 中割り折りする

5 つなぎパーツ完成

6 つなぎパーツ3個を差し込む

7 折って中に入れる

8 破線を直角に折る

9 破線を直角に谷折りして★を※の間に入れる

10 1枚開く

11 ①※を折って中に入れる ②閉じる

12 つなぎユニット完成

Step ▶ 5 モンドリアンボックスを作る

材料 モンドリアンユニット×4、つなぎユニット×4、蝶つがい×1

つなぎユニットでモンドリアンユニットを組んで立方体にしますが、その前にまず、**蝶つがい**を取りつけます。

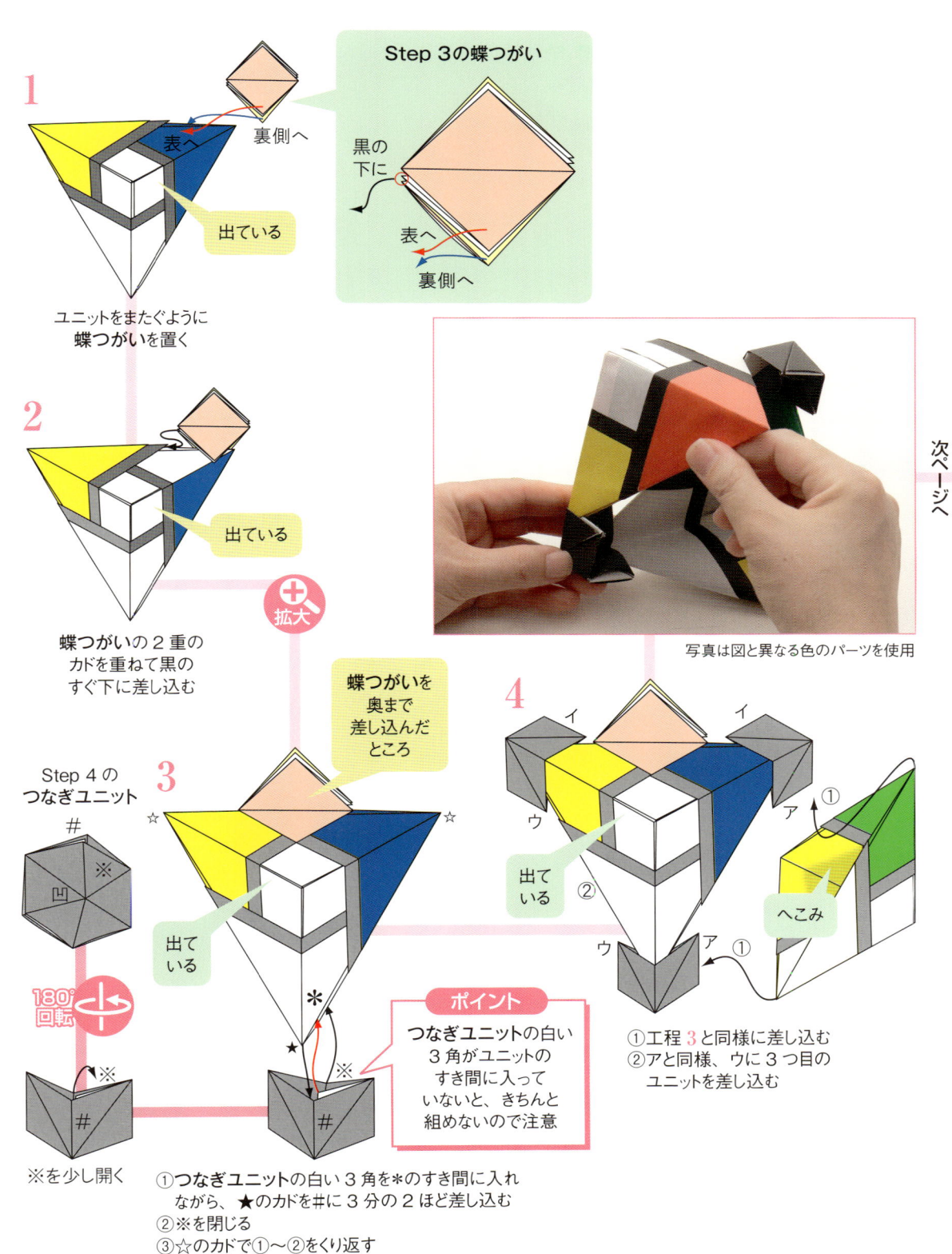

1
ユニットをまたぐように**蝶つがい**を置く

Step 3の蝶つがい
- 裏側へ
- 表へ
- 黒の下に
- 表へ
- 裏側へ

出ている

2
蝶つがいの2重のカドを重ねて黒のすぐ下に差し込む

出ている

＋拡大

写真は図と異なる色のパーツを使用

3
蝶つがいを奥まで差し込んだところ

Step 4のつなぎユニット

出ている

180°回転

※を少し開く

ポイント
つなぎユニットの白い3角がユニットのすき間に入っていないと、きちんと組めないので注意

①つなぎユニットの白い3角を＊のすき間に入れながら、★のカドを＃に3分の2ほど差し込む
②※を閉じる
③☆のカドで①〜②をくり返す

4
出ている

へこみ

①工程3と同様に差し込む
②アと同様、ウに3つ目のユニットを差し込む

箱の折り紙

次ページへ

101

5

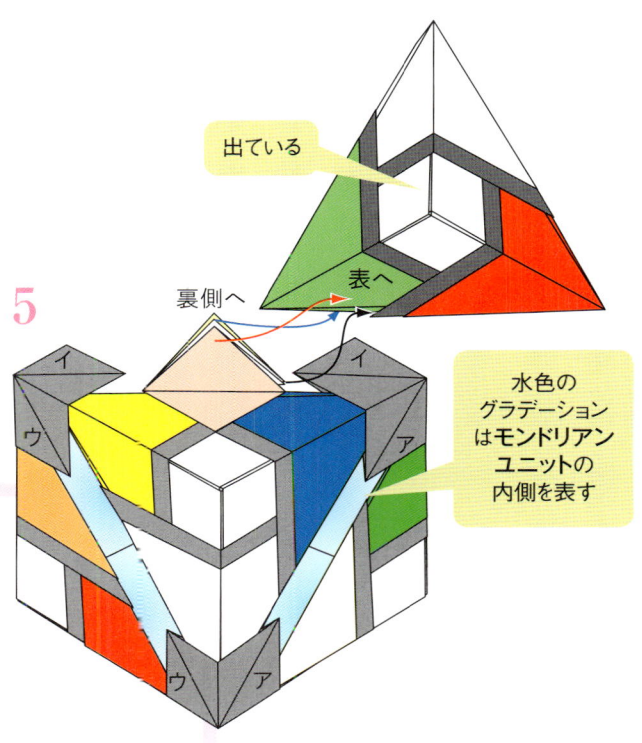

裏側へ / 表へ / 出ている

水色のグラデーションは**モンドリアンユニット**の内側を表す

工程 1 〜 3 同様、**蝶つがい**を4 つ目のユニットに差し込む

6

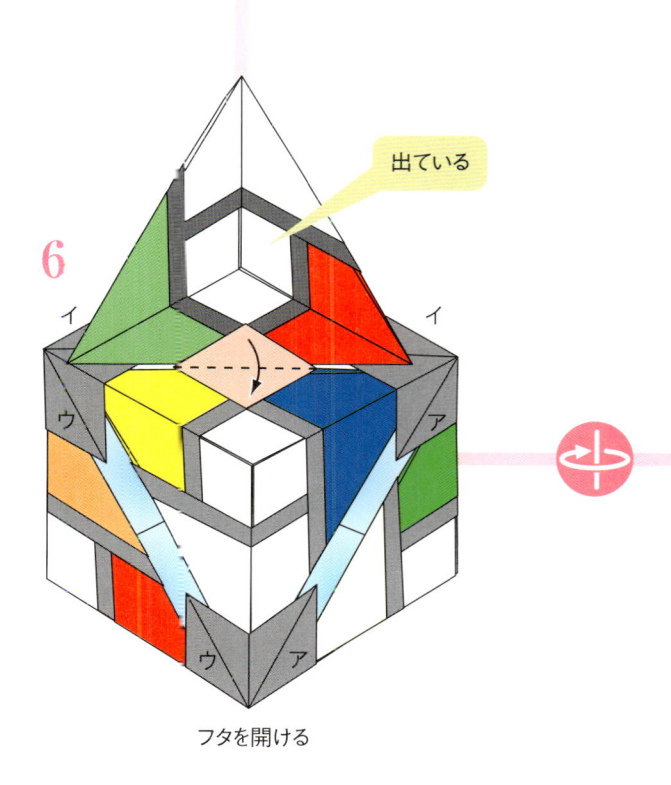

出ている

フタを開ける

7

へこみ

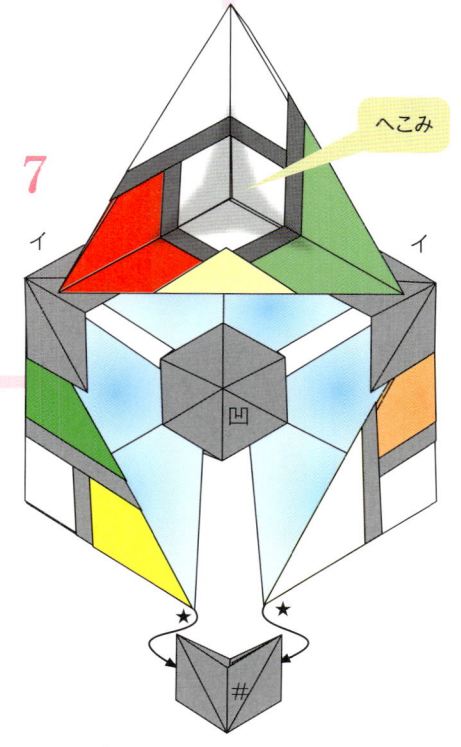

つなぎユニットで★のカドを留める

8

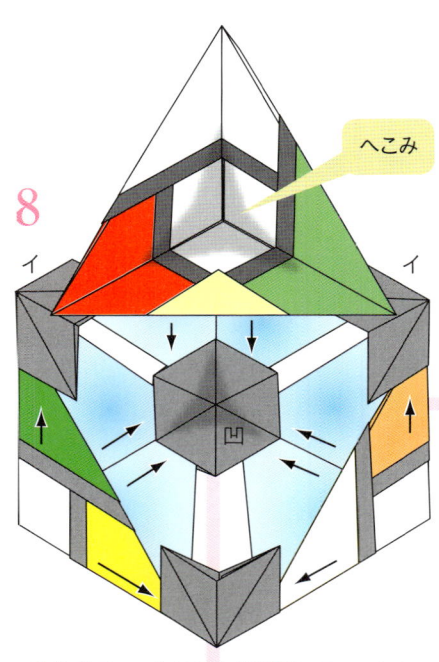

へこみ

つなぎユニットにモンドリアンユニットを少しずつ押し込む

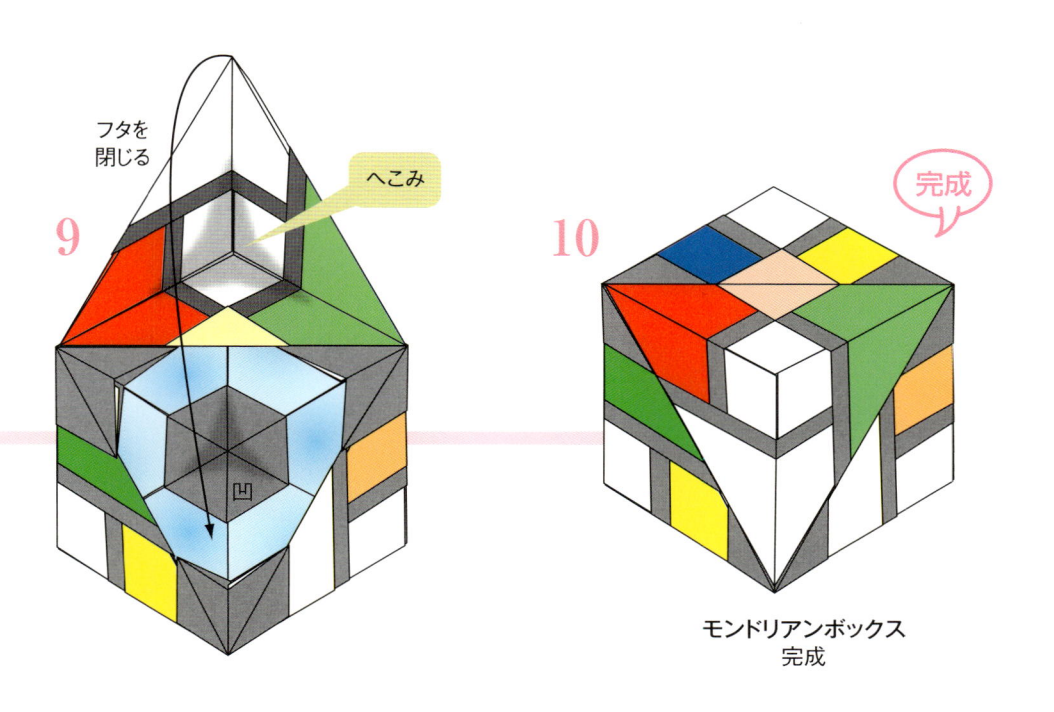

9　フタを閉じる　へこみ

10　完成

モンドリアンボックス
完成

箱の折り紙

応用　フタなしのモンドリアンボックス

つなぎユニット 4 個でモンドリアンボックスを組むこともできます。
蝶つがいを使わずに Step 5 の工程 3 〜 4 のようにパーツを組みます。

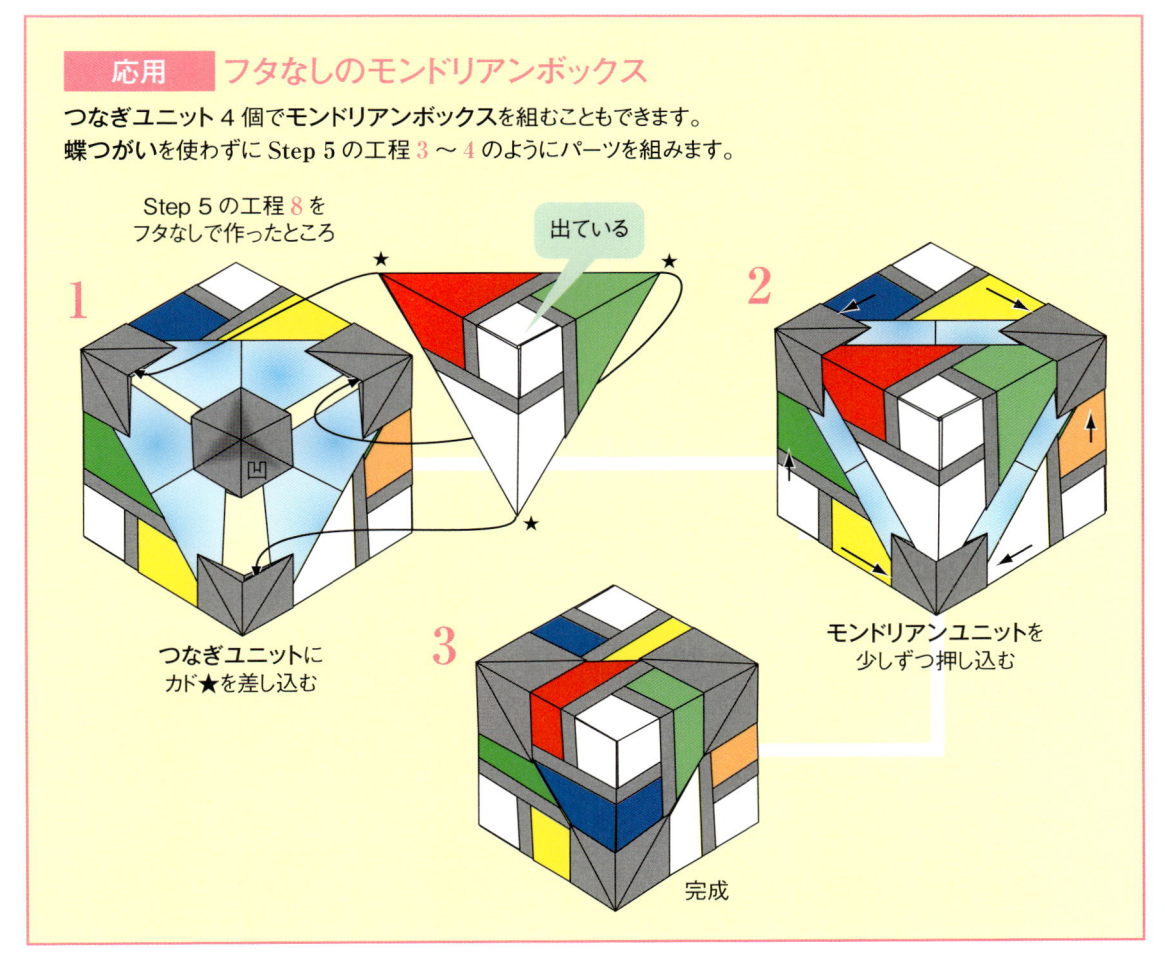

1　Step 5 の工程 8 をフタなしで作ったところ　出ている
つなぎユニットにカド★を差し込む

2　モンドリアンユニットを少しずつ押し込む

3　完成

103

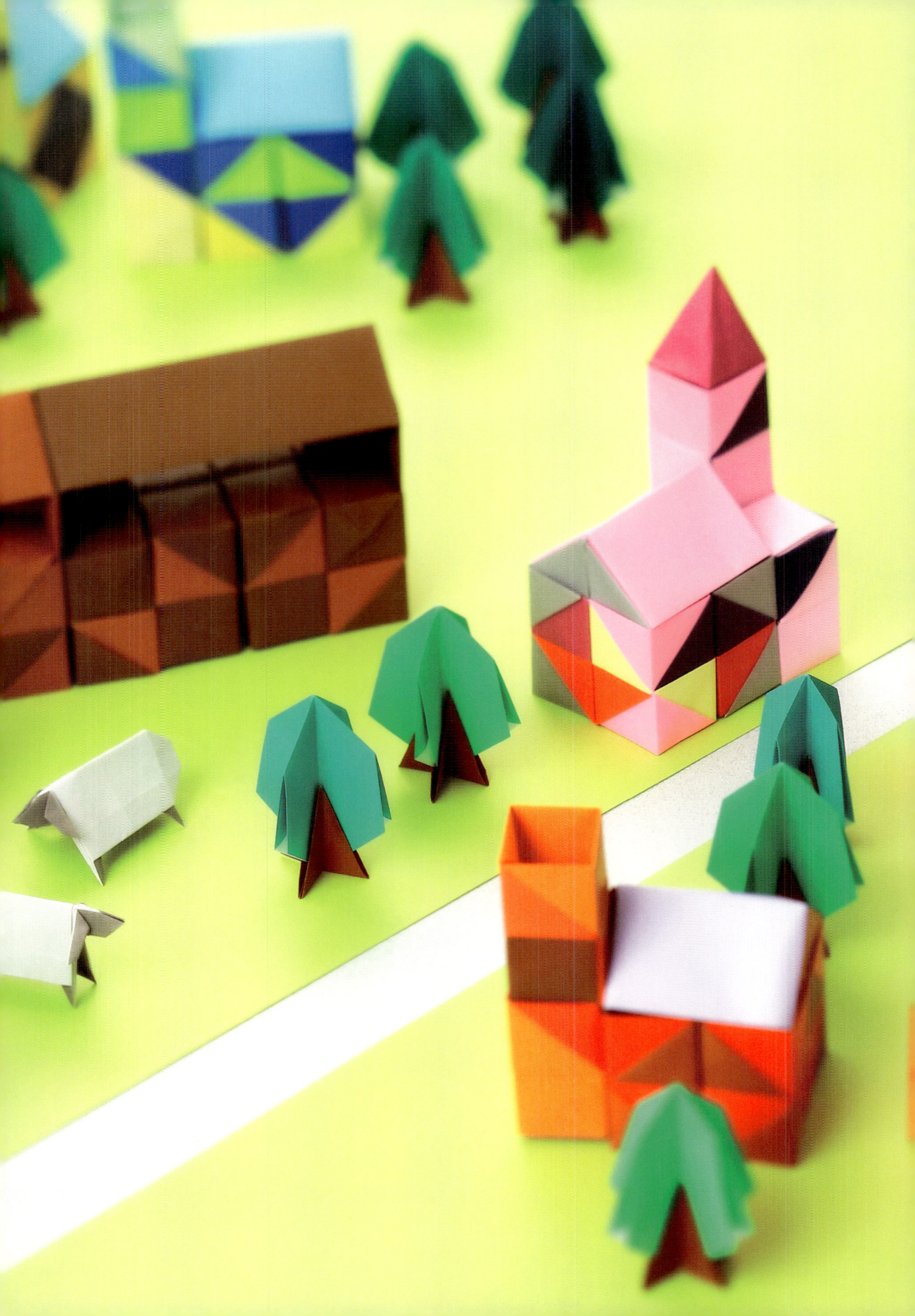

3章　遊ぶ折り紙

デルタ積み木

千羽鶴用の小さな色紙でたくさん折って積み上げ競争をしましょう。

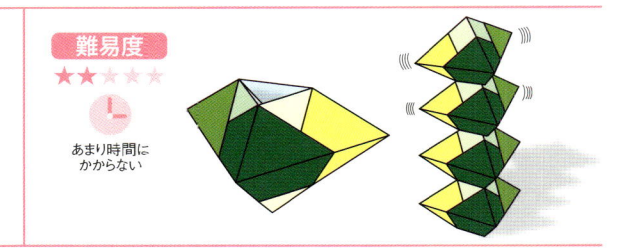

難易度 ★★☆☆☆

あまり時間にかからない

Step 1 デルタユニットを作る

用紙サイズ 7.5cm×7.5cm×2枚
用紙の種類 千羽鶴用の色紙

色違いで工程4までを2つ作ります。

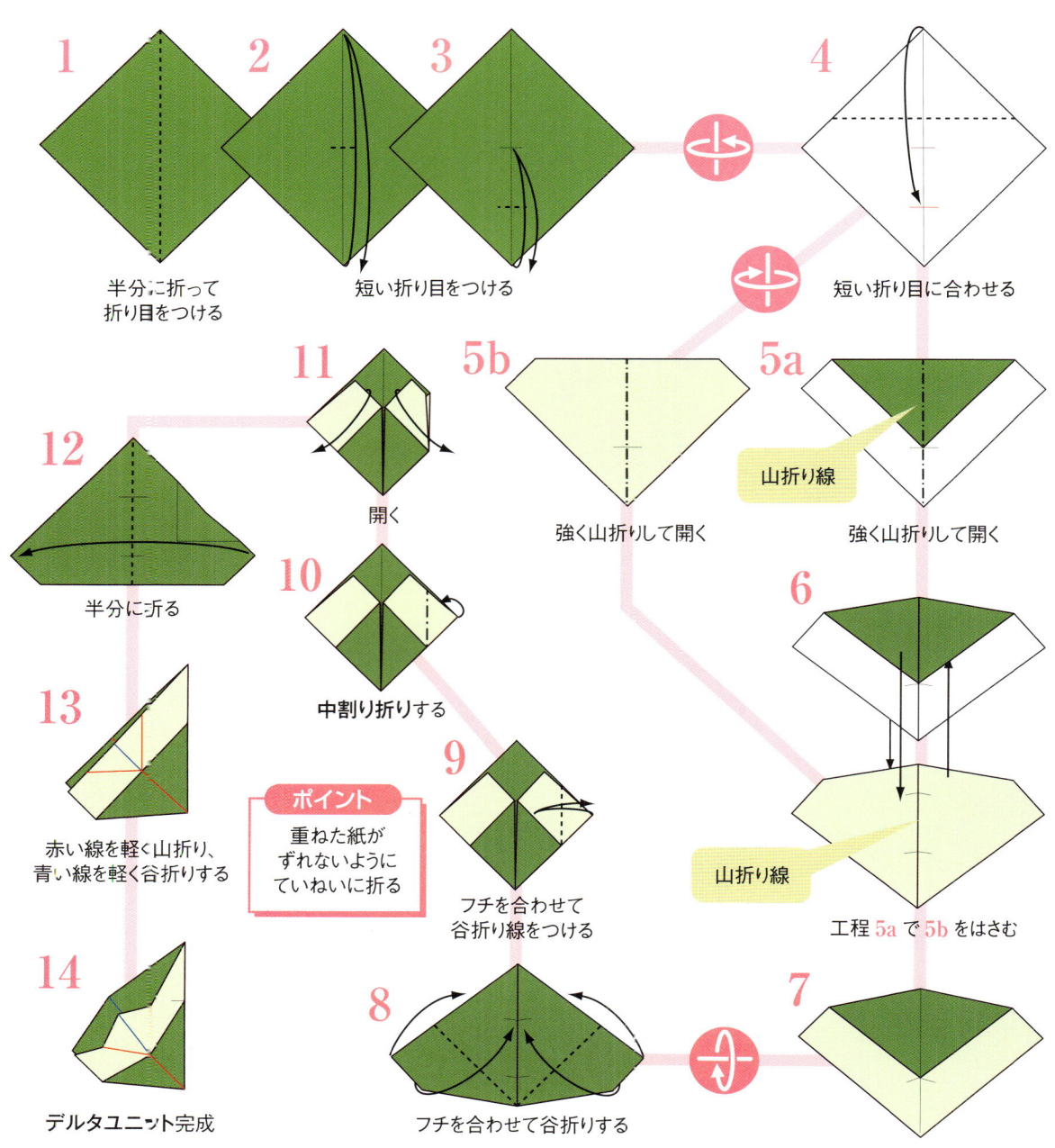

1. 半分に折って折り目をつける
2. 短い折り目をつける
3.
4. 短い折り目に合わせる
5a. 強く山折りして開く（山折り線）
5b. 強く山折りして開く
6. 工程5aで5bをはさむ（山折り線）
7.
8. フチを合わせて谷折りする
9. フチを合わせて谷折り線をつける

ポイント: 重ねた紙がずれないようにていねいに折る

10. 中割り折りする
11. 開く
12. 半分に折る
13. 赤い線を軽く山折り、青い線を軽く谷折りする
14. デルタユニット完成

Step ▶ 2 デルタ積み木を作る

材料 デルタユニット×3

デルタユニット 3 個を組んで**積み木**を作ります。

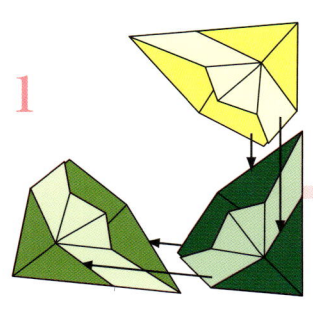

1 表と裏で差し込む

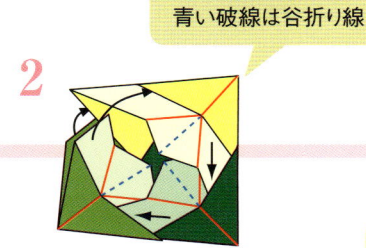

2 赤い線は山折り線、青い破線は谷折り線
中央をへこませて表と裏で奥まで差し込む

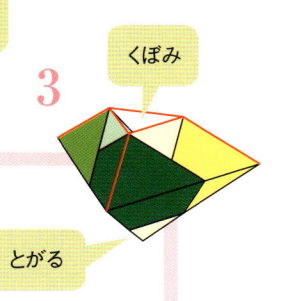

3 くぼみ / とがる
デルタ積み木 完成

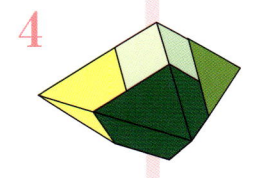

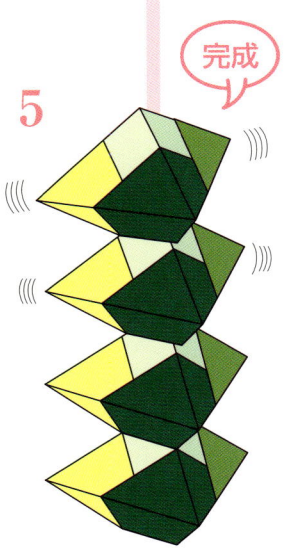

4

5 完成

遊ぶ折り紙

107

3角雛

「モンドリアンボックス」などの作品群を生むきっかけとなった作品です。着物はすぐにできましたが、頭部にてこずって、完成まで1年かかりました。

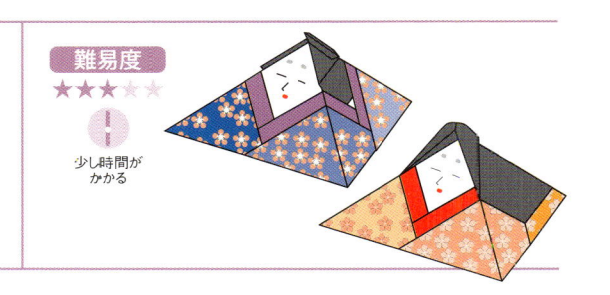

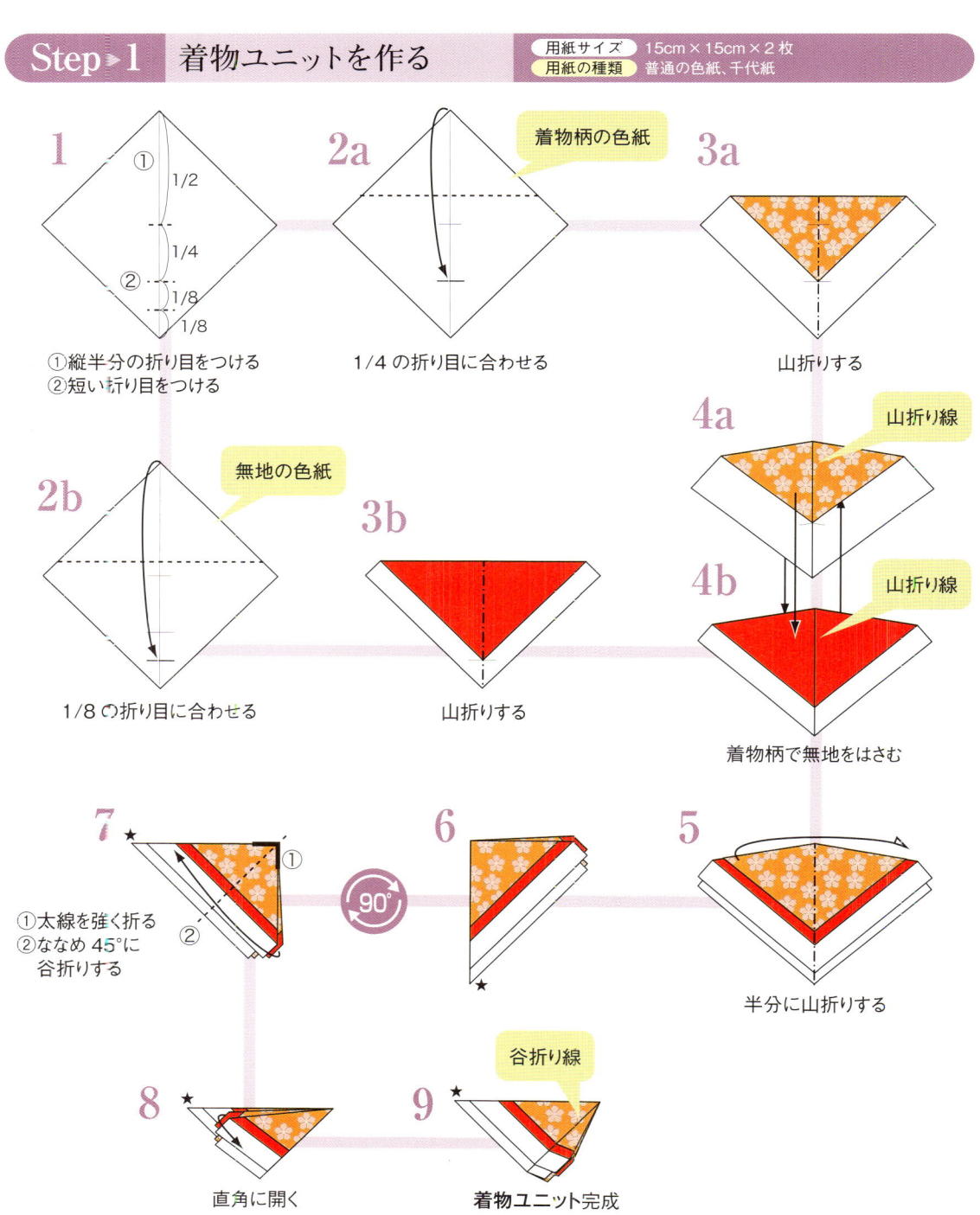

難易度 ★★★☆☆
少し時間がかかる

Step 1　着物ユニットを作る

用紙サイズ　15cm×15cm×2枚
用紙の種類　普通の色紙、千代紙

1
①1/2
②1/4
1/8
1/8
①縦半分の折り目をつける
②短い折り目をつける

2a 着物柄の色紙
1/4の折り目に合わせる

3a
山折りする

2b 無地の色紙
1/8の折り目に合わせる

3b
山折りする

4a 山折り線
4b 山折り線
着物柄で無地をはさむ

5
半分に山折りする

6 (90°)

7
①太線を強く折る
②ななめ45°に谷折りする

8
直角に開く

9 谷折り線
着物ユニット完成

Step ▶ 2　着物を作る

材料　着物ユニット×3（異なる柄でも可）

Step 1の**着物ユニット**3個を組んで着物を作ります。

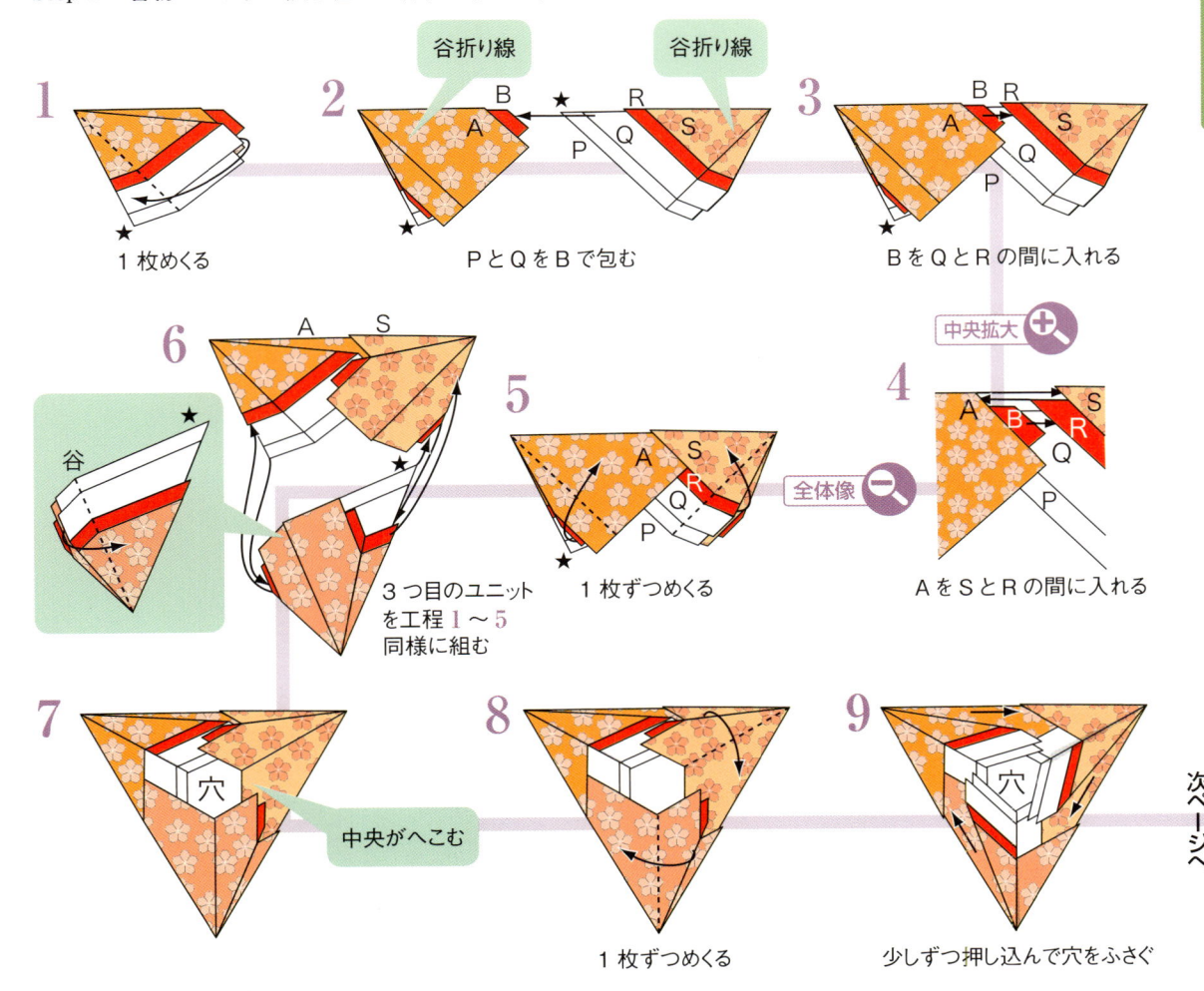

1 1枚めくる

2 谷折り線　PとQをBで包む

3 BをQとRの間に入れる

4 AをSとRの間に入れる（中央拡大／全体像）

5 1枚ずつめくる

6 3つ目のユニットを工程1〜5同様に組む（谷）

7 中央がへこむ（穴）

8 1枚ずつめくる

9 少しずつ押し込んで穴をふさぐ

遊ぶ折り紙

次ページへ

109

10

11 中央は凸

着物完成

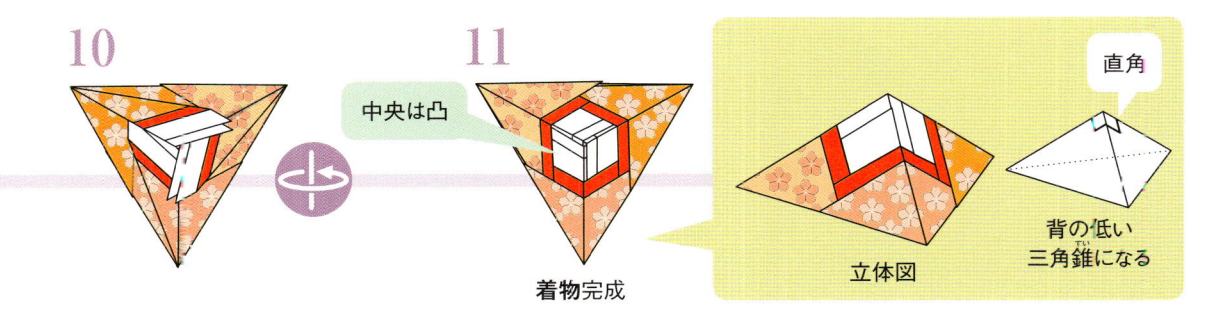

直角

立体図

背の低い三角錐になる

Step 3 顔パーツを取りつける

用紙サイズ 7.5cm × 7.5cm
用紙の種類 白い紙、またはPDFの顔用紙

顔パーツを着物に取りつけます。

女雛の顔

男雛の顔

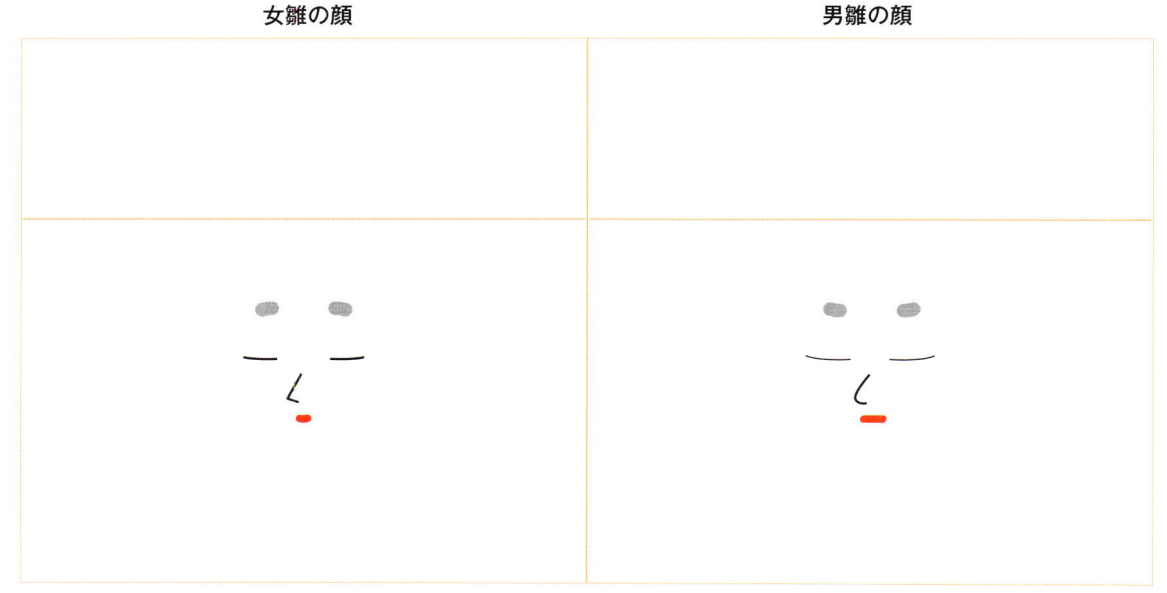

女雛の顔、男雛の顔のPDFを、以下URLよりダウンロードできます。（http://www.asahipress.com/origami/pdf/）

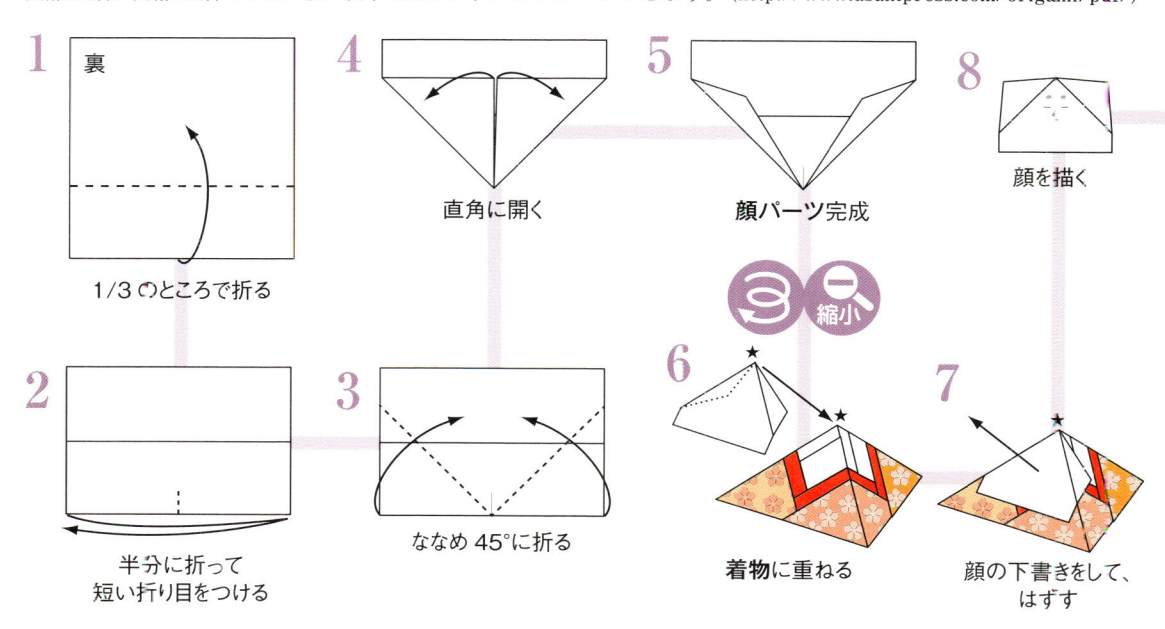

1 裏
1/3 のところで折る

2 半分に折って短い折り目をつける

3 ななめ45°に折る

4 直角に開く

5 顔パーツ完成

縮小

6 着物に重ねる

7 顔の下書きをして、はずす

8 顔を描く

110

9
着物ユニットを1つ
はずしてま上から見る

10
平たくする

11
★が重なるまで差し込む

12
太線を直角に山折りして
工程10にもどす

13
工程9ではずした
パーツを、Step 2
工程6同様に組む

14
女雛本体完成

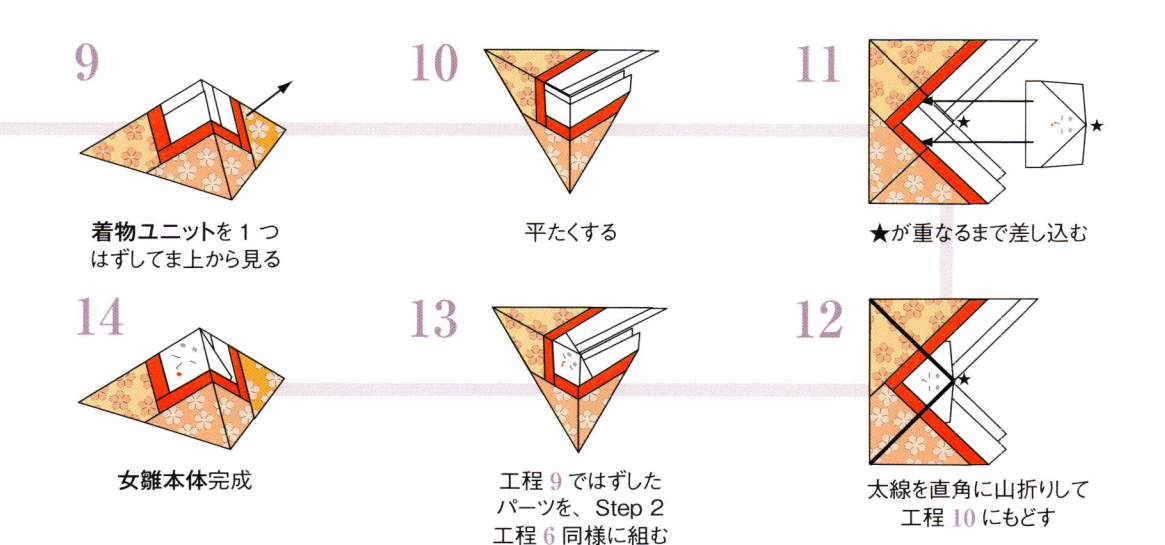

Step ▶ 4 　女雛の髪を作る

用紙サイズ　15cm×15cm
用紙の種類　普通の色紙(黒)

必ず練習用紙で折ってから、15cm角の黒い色紙で折ってください。

1
①縦方向の折り目をつける
②半分に折る

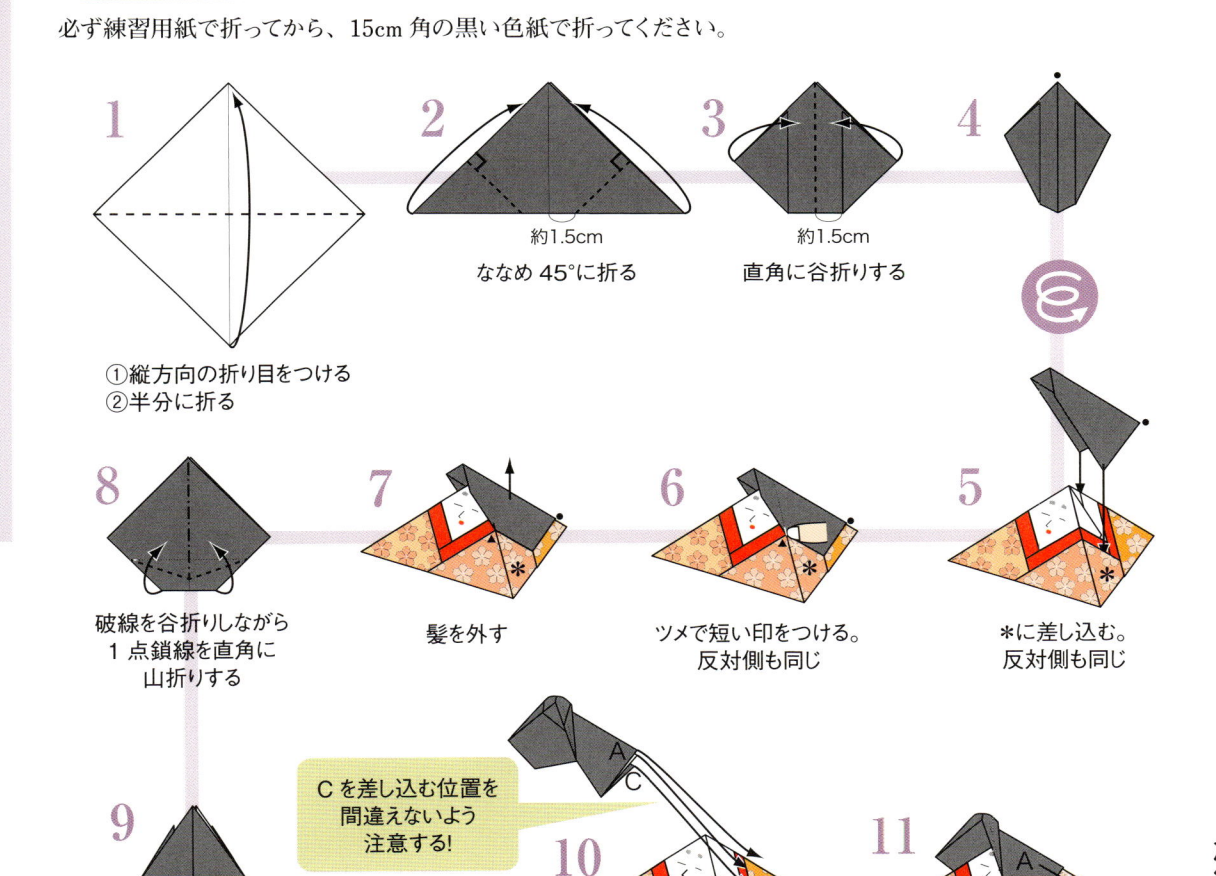

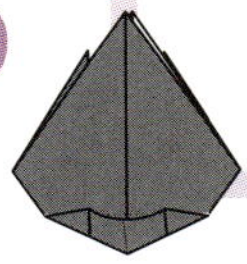

2
約1.5cm
ななめ45°に折る

3
約1.5cm
直角に谷折りする

4

5
＊に差し込む。
反対側も同じ

6
ツメで短い印をつける。
反対側も同じ

7
髪を外す

8
破線を谷折りしながら
1点鎖線を直角に
山折りする

9

10
Aの2枚でBをはさむ。
CもBのすぐ下に入れる

Cを差し込む位置を
間違えないよう
注意する!

11
少しずつ押し込む

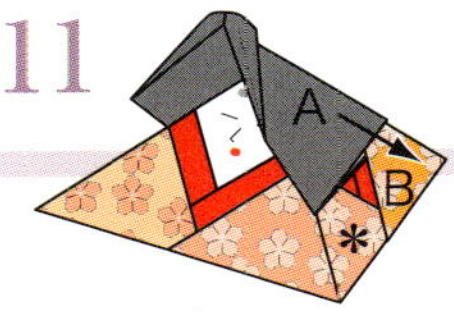

次ページへ

遊ぶ折り紙

111

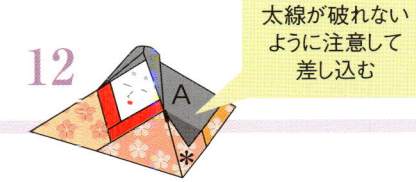

12 Aの濃い部分を*の下に入れる。反対側も同じ

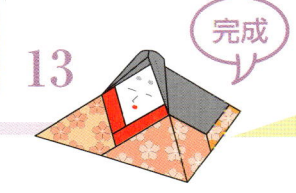

太線が破れないように注意して差し込む

13 裏側を右図のようにまとめて**女雛**完成

完成

※の下に入れる

Step▶5　男雛の髪を作る

用紙サイズ　7.5cm×7.5cm
用紙の種類　普通の色紙（黒）

男雛の本体 は、Step 1 〜 Step 3 と同様に作っておきます。

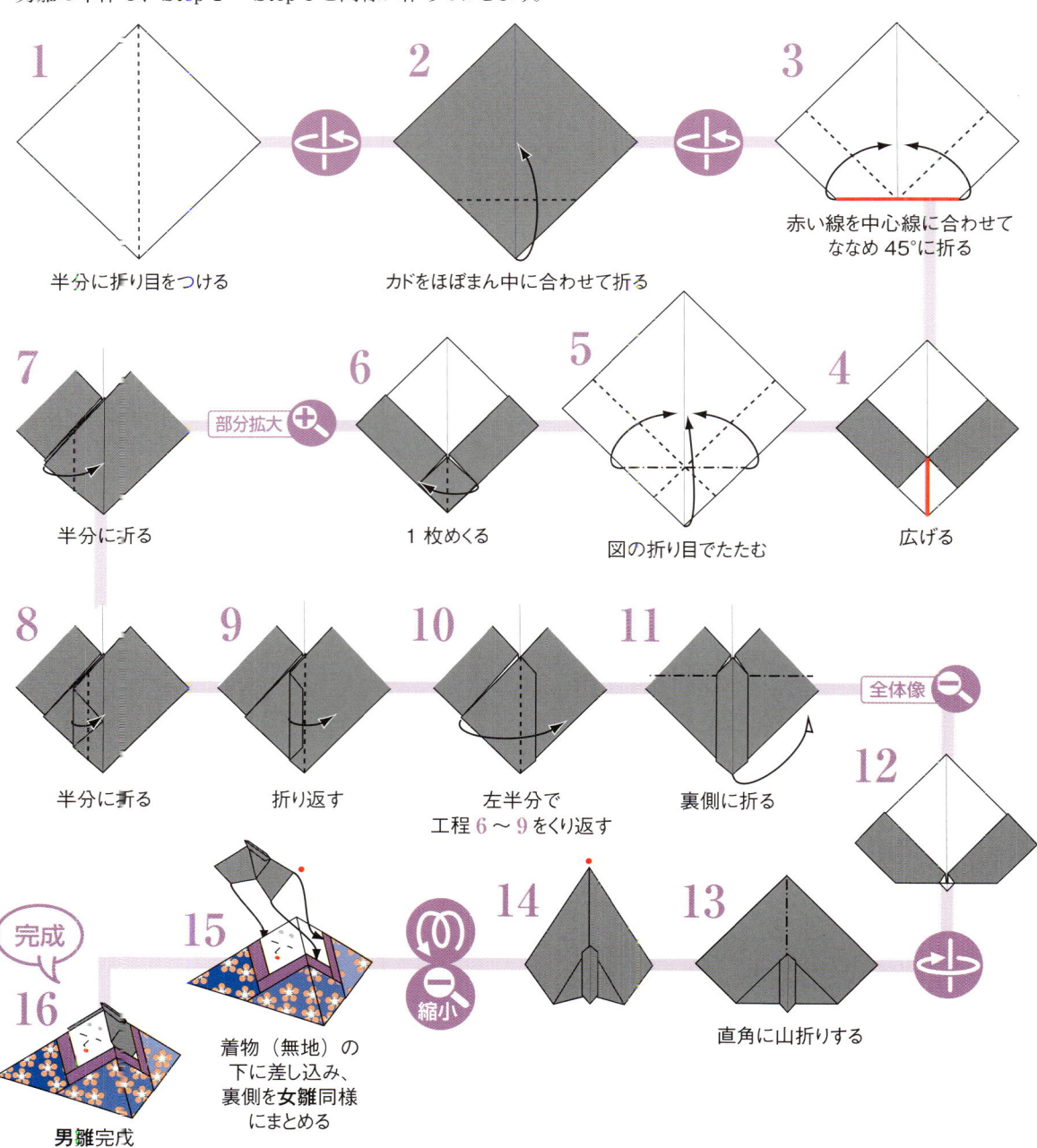

1 半分に折り目をつける

2 カドをほぼまん中に合わせて折る

3 赤い線を中心線に合わせてななめ45°に折る

4 広げる

5 図の折り目でたたむ

6 1枚めくる

部分拡大

7 半分に折る

8 半分に折る

9 折り返す

10 左半分で工程6〜9をくり返す

11 裏側に折る

全体像

12

13 直角に山折りする

14

縮小

15 着物（無地）の下に差し込み、裏側を**女雛**同様にまとめる

完成

16 **男**雛完成

アルマジロボール

丸まったアルマジロです。普通の色紙で折ると、
手にすっぽりおさまります。
紙のすべすべ感やカドのちくちく感で癒されます。

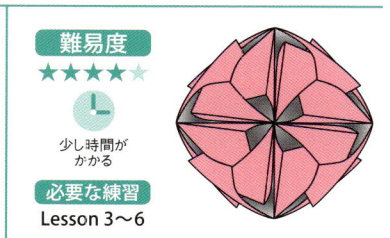

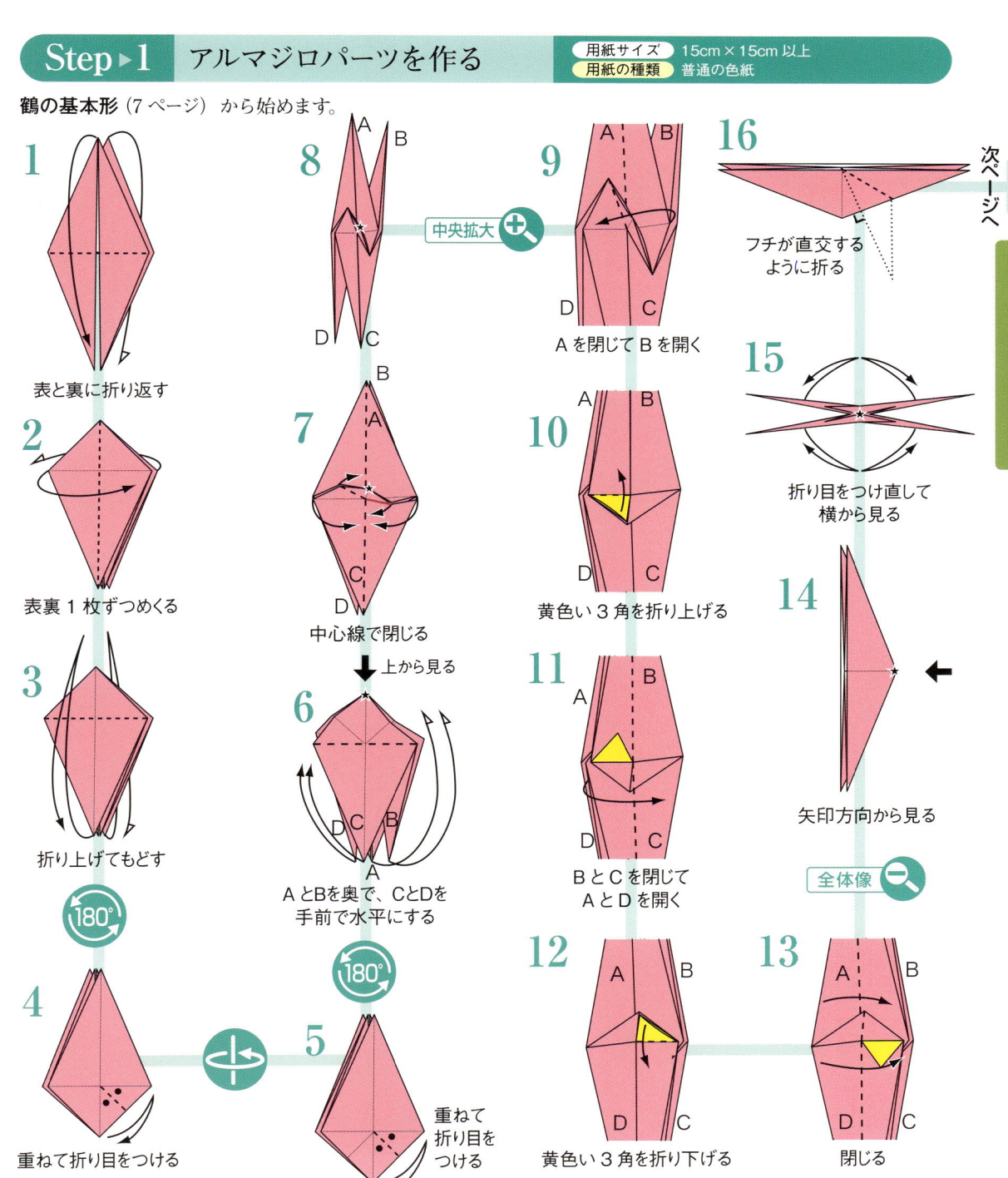

難易度 ★★★★☆
少し時間がかかる
必要な練習 Lesson 3〜6

Step ▶ 1 アルマジロパーツを作る

用紙サイズ 15cm×15cm 以上
用紙の種類 普通の色紙

鶴の基本形（7ページ）から始めます。

1. 表と裏に折り返す
2. 表裏1枚ずつめくる
3. 折り上げてもどす
4. 重ねて折り目をつける
5. 重ねて折り目をつける
6. AとBを奥で、CとDを手前で水平にする
7. 中心線で閉じる／上から見る
8. （中央拡大）
9. Aを閉じてBを開く
10. 黄色い3角を折り上げる
11. BとCを閉じてAとDを開く
12. 黄色い3角を折り下げる
13. 閉じる
14. 矢印方向から見る／全体像
15. 折り目をつけ直して横から見る
16. フチが直交するように折る／次ページへ

遊ぶ折り紙

113

17
赤い線が平行か
確認する

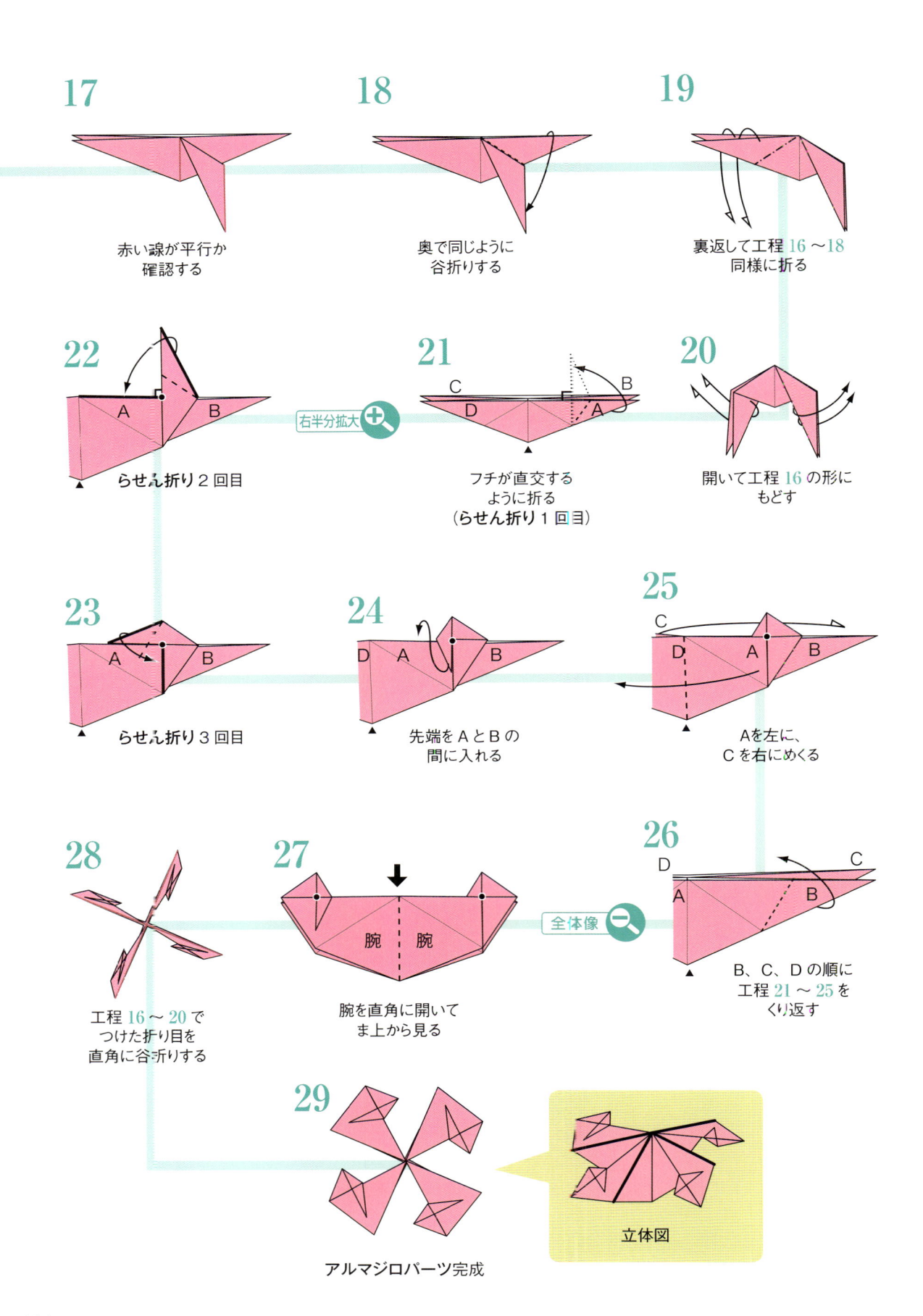

18
奥で同じように
谷折りする

19
裏返して工程 16 〜18
同様に折る

20
開いて工程 16 の形に
もどす

21
フチが直交する
ように折る
（らせん折り 1 回目）

22
らせん折り 2 回目

23
らせん折り 3 回目

24
先端をAとBの
間に入れる

25
Aを左に、
Cを右にめくる

26
B、C、Dの順に
工程 21 〜 25 を
くり返す

27
腕を直角に開いて
ま上から見る

28
工程 16 〜 20 で
つけた折り目を
直角に谷折りする

29
アルマジロパーツ完成

立体図

Step▶2 アルマジロパーツを組む

材料　アルマジロパーツ×6

アルマジロパーツ6個で、正8面体に組みます。

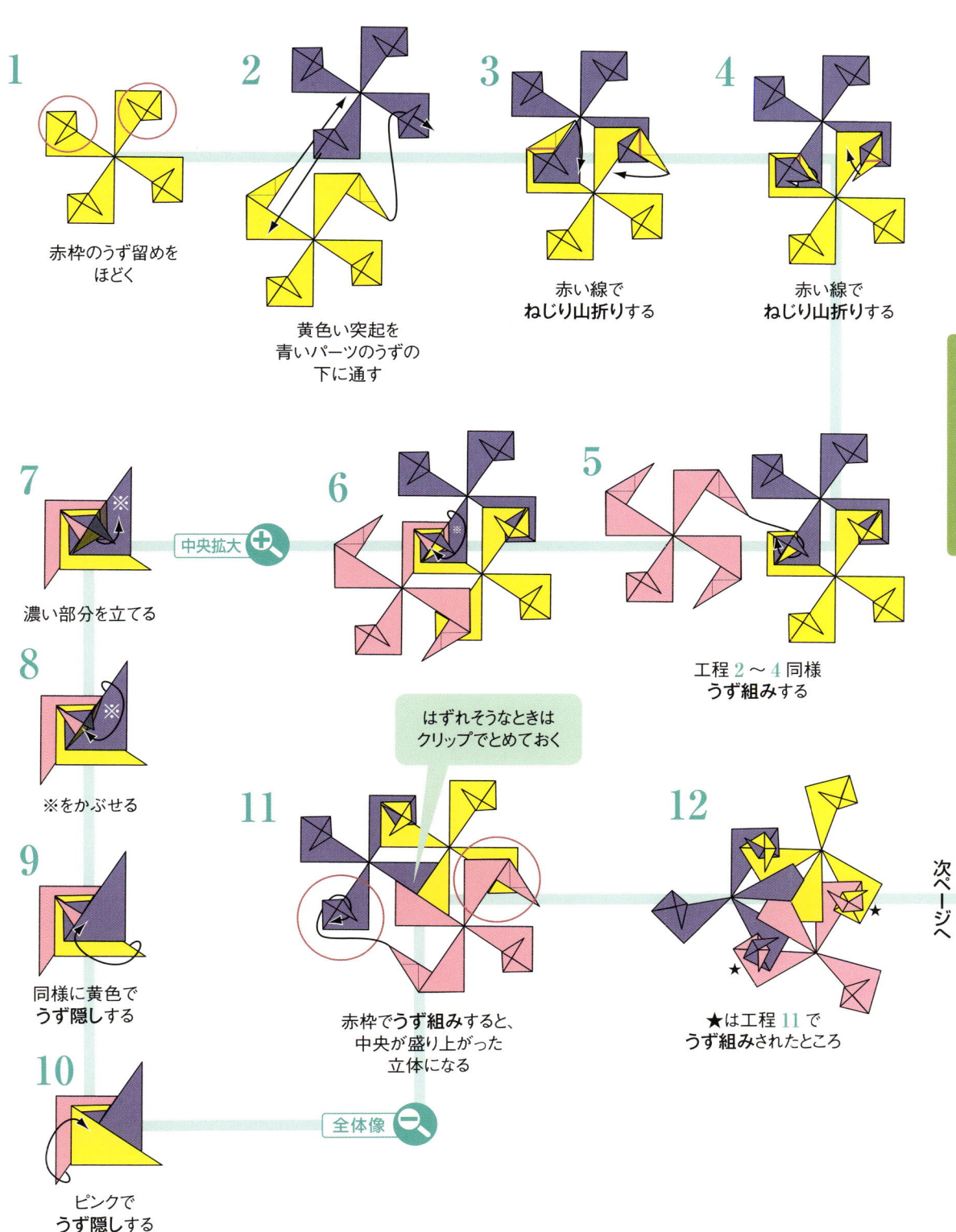

1
赤枠のうず留めを
ほどく

2
黄色い突起を
青いパーツのうずの
下に通す

3
赤い線で
ねじり山折りする

4
赤い線で
ねじり山折りする

5
工程2〜4同様
うず組みする

6
中央拡大 🔍

7
濃い部分を立てる

8
※をかぶせる

9
同様に黄色で
うず隠しする

10
ピンクで
うず隠しする

11
赤枠で**うず組み**すると、
中央が盛り上がった
立体になる

はずれそうなときは
クリップでとめておく

全体像 🔍

12
★は工程11で
うず組みされたところ

次ページへ

遊ぶ折り紙

115

13

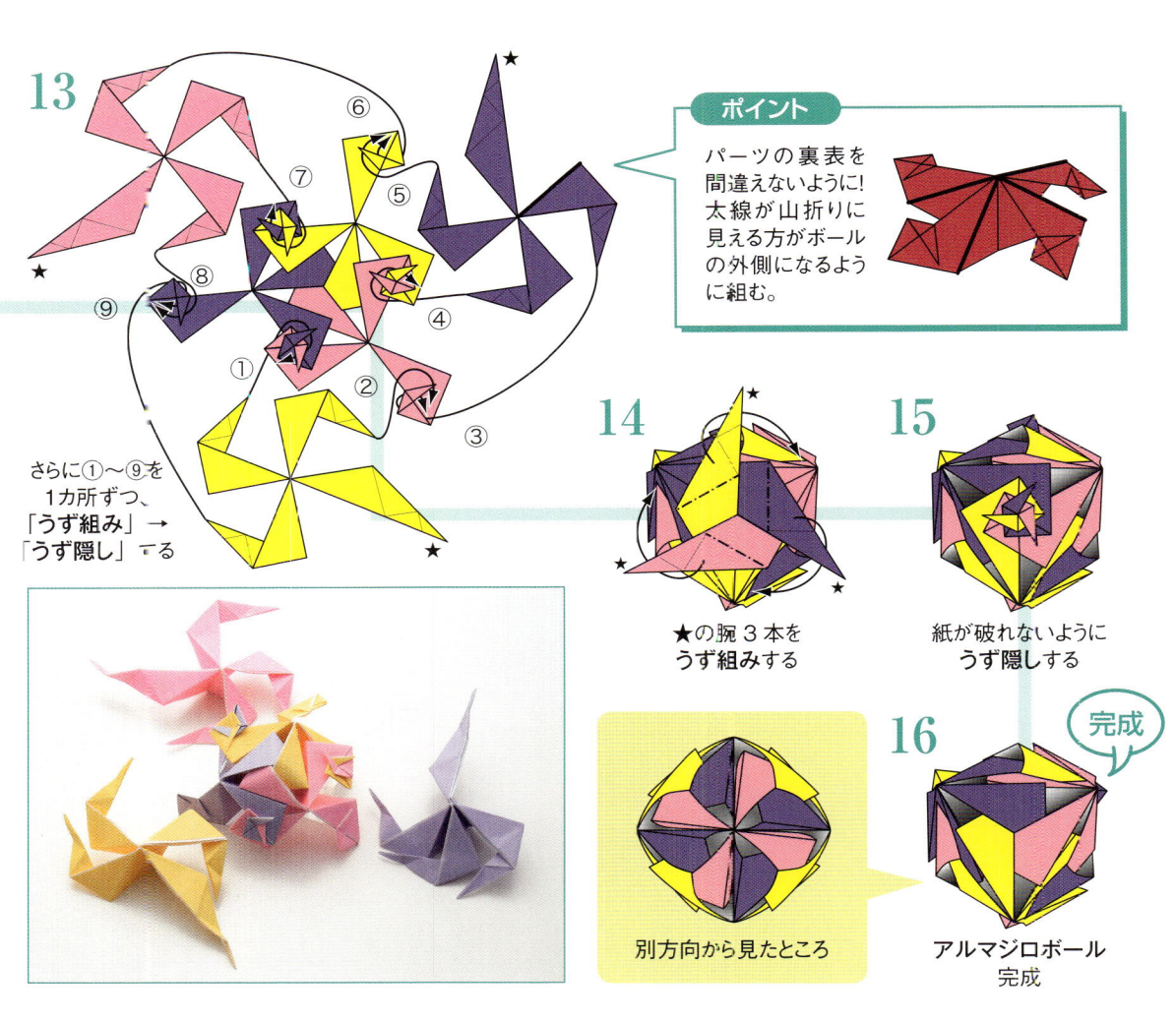

さらに①〜⑨を
1ヵ所ずつ、
「うず組み」→
「うず隠し」する

ポイント
パーツの裏表を
間違えないように！
太線が山折りに
見える方がボール
の外側になるよう
に組む。

14
★の腕3本を
うず組みする

15
紙が破れないように
うず隠しする

16
アルマジロボール
完成

完成

別方向から見たところ

アルマジロボールの基本構造と、「うず隠し」のコツ

図1
アルマジロボールの
基本構造は
ナイコロ（立方体）

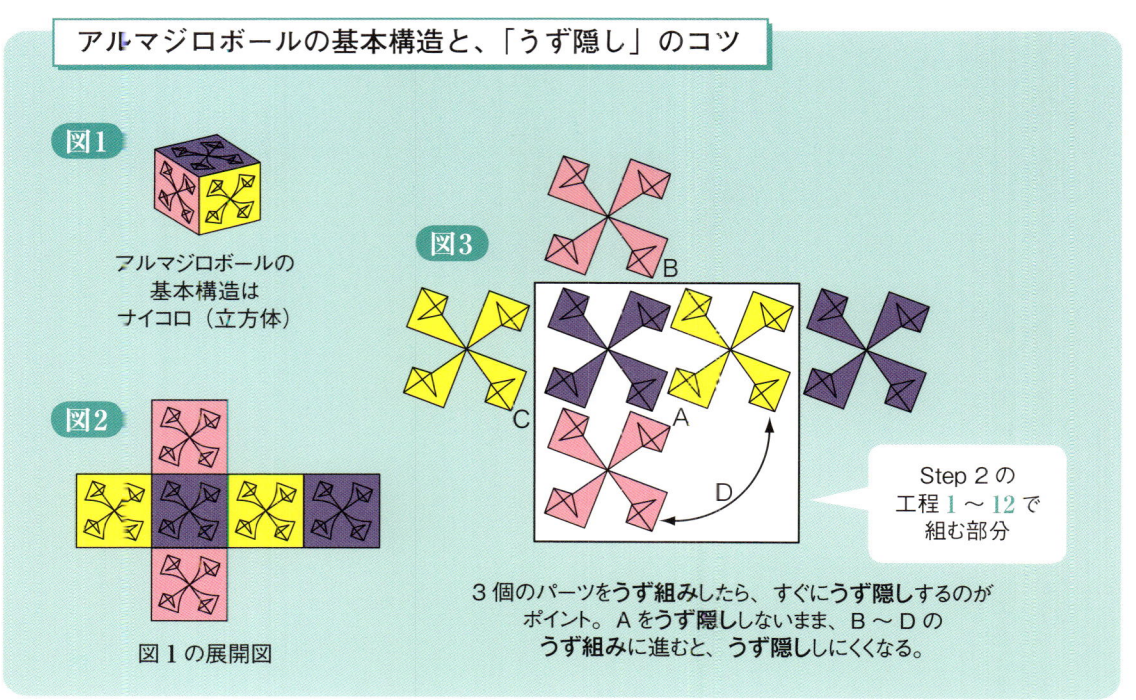

図2
図1の展開図

図3
Step 2 の
工程 1 〜 12 で
組む部分

3個のパーツをうず組みしたら、すぐにうず隠しするのが
ポイント。A をうず隠ししないまま、B 〜 D の
うず組みに進むと、うず隠ししにくくなる。

応用 鎧玉（よろいだま）

「アルマジロボール」を球に近づけたものです。
「曲線折り」によって丈夫になるので、厚手の紙で折ると、
キャッチボールやボウリングができます。

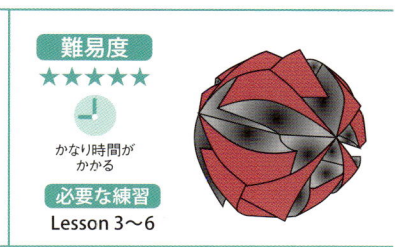

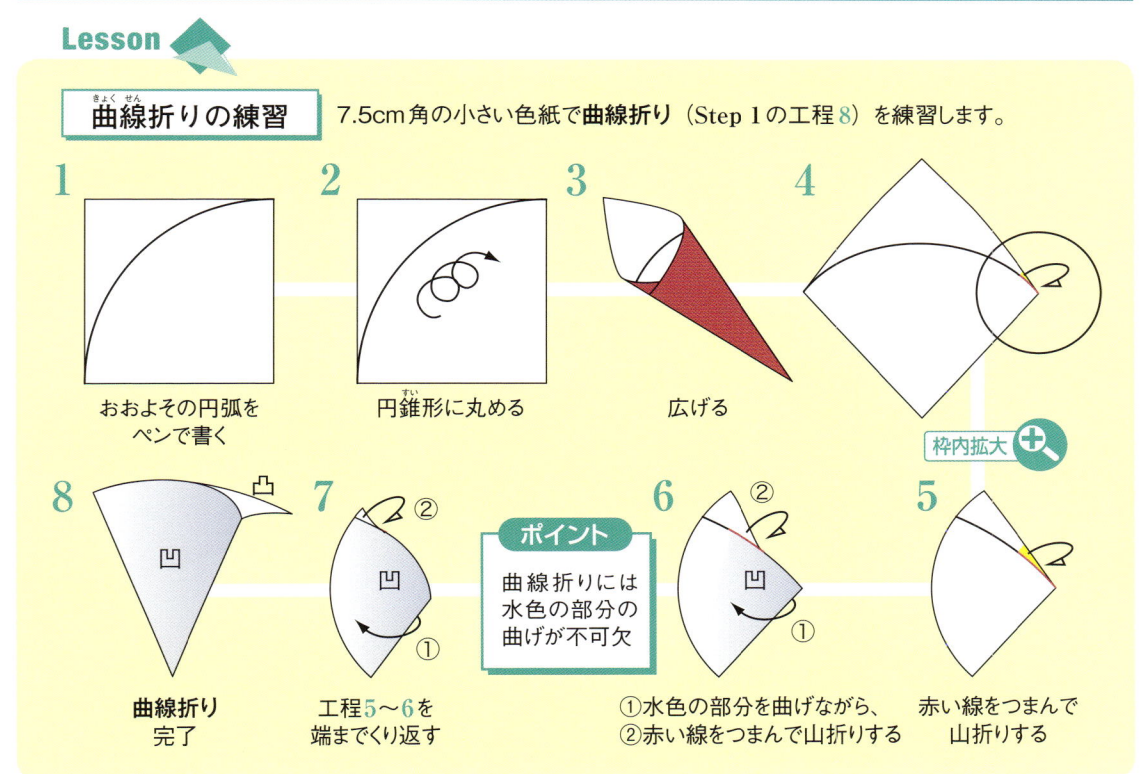

難易度 ★★★★★
かなり時間がかかる
必要な練習 Lesson 3～6

Lesson

曲線折りの練習　7.5cm角の小さい色紙で**曲線折り**（Step 1の工程8）を練習します。

1. おおよその円弧をペンで書く
2. 円錐形に丸める
3. 広げる
4. （枠内拡大）
5. 赤い線をつまんで山折りする
6. ①水色の部分を曲げながら、②赤い線をつまんで山折りする
7. 工程5～6を端までくり返す
8. 曲線折り完了

ポイント　曲線折りには水色の部分の曲げが不可欠

Step▶1　鎧玉を作る

用紙サイズ 35cm×35cm×6枚
用紙の種類 タント、色画用紙など

アルマジロボールのStep 1 工程15から始めます。

1. 2枚を重ねて左半分を巻く（厚い部分は折るように曲げる）
2. もどす
3. 工程1～2をくり返す
4. 太線のフチを中心線に合わせて上の1枚を曲げる
5. ツメで押さえて短い折り目をつける（左半分拡大）

次ページへ

遊ぶ折り紙

117

6
閉じる

7
奥の腕を
裏に開いて離す

8
上の腕で、工程 5 でつけた
短い折り目を
起点に**曲線折り**をする

9
工程 7 にもどす

全体像

10
表と裏で 1 枚ずつめくる

11
工程 4 ～ 10 をくり返して
残り 3 本の腕で
曲線折りする

12
フチが直交するように折る。
以下、**アルマジロボール**の
Step 1 工程 22 ～ 26 と
同様に折る

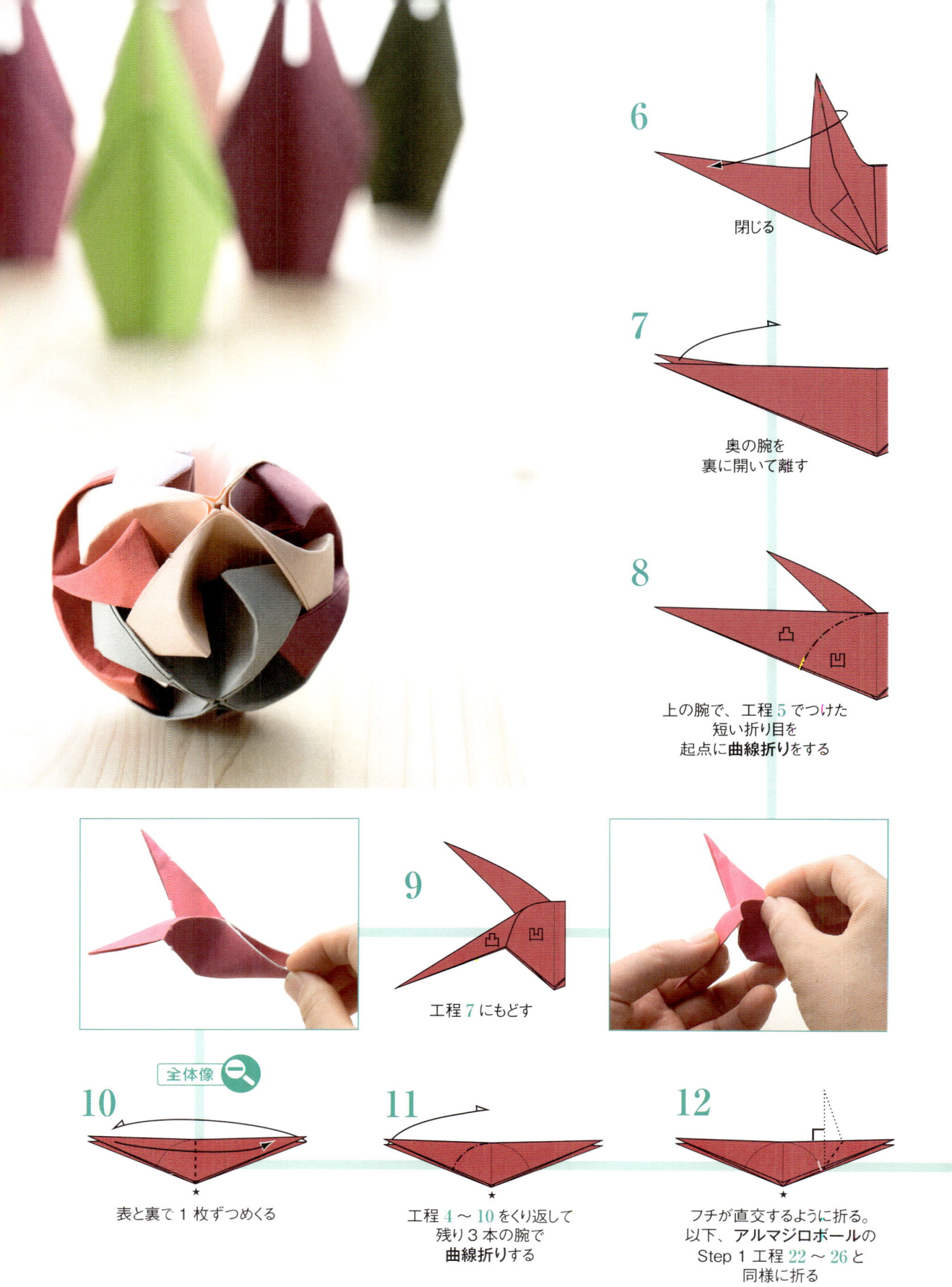

118

Step ▶ 2　ボウリングのピンを作る

用紙サイズ	35cm × 35cm
用紙の種類	タント、色画用紙など

鎧玉でボーリングをしましょう。**鶴の基本形**（7ページ）に少し手を加えてピンにします。

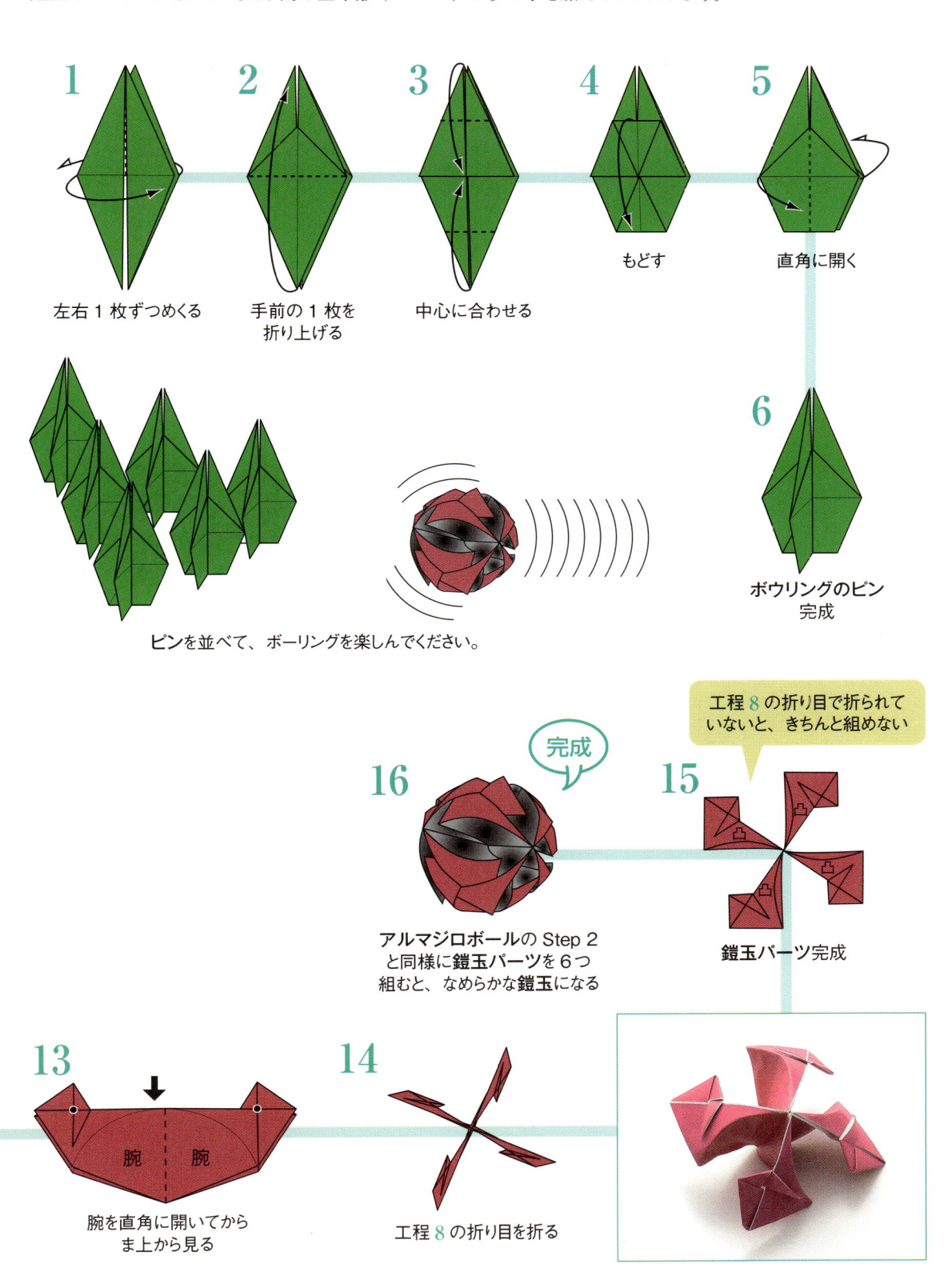

1
左右1枚ずつめくる

2
手前の1枚を折り上げる

3
中心に合わせる

4
もどす

5
直角に開く

6
ボウリングのピン完成

ピンを並べて、ボーリングを楽しんでください。

遊ぶ折り紙

16
完成

アルマジロボールのStep 2 と同様に**鎧玉**パーツを6つ組むと、なめらかな**鎧玉**になる

15
鎧玉パーツ完成

工程8の折り目で折られていないと、きちんと組めない

13
腕　腕

腕を直角に開いてからま上から見る

14
工程8の折り目を折る

119

家のパーツ1　くちばしパーツ

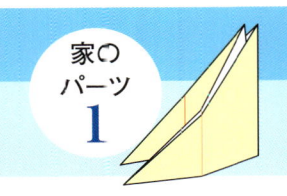

用紙サイズ　7.5cm × 7.5cm
用紙の種類　普通の色紙

ブロックの部品です。
黄色2枚と青2枚で4つ作ります。

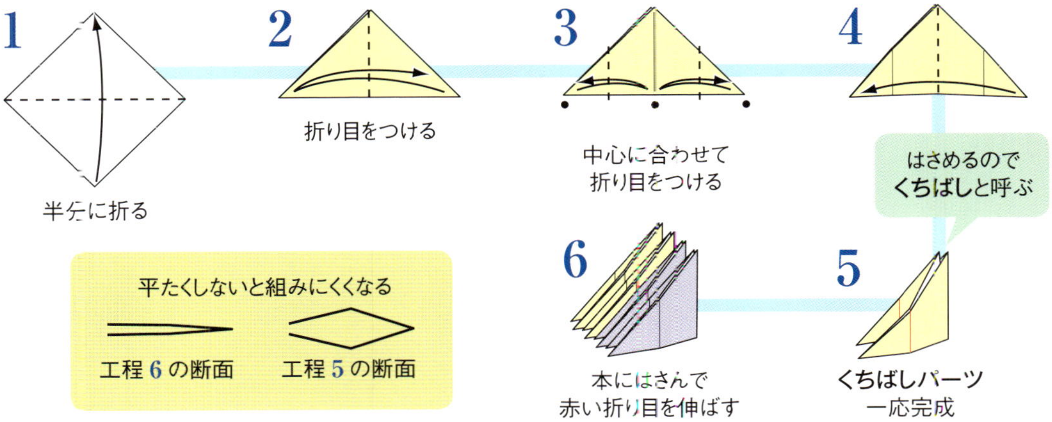

1 半分に折る

2 折り目をつける

3 中心に合わせて折り目をつける

4 はさめるのでくちばしと呼ぶ

5 くちばしパーツ一応完成

6 本にはさんで赤い折り目を伸ばす

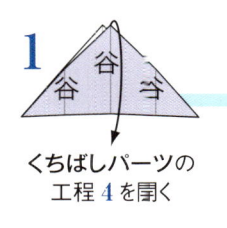

平たくしないと組みにくくなる
工程6の断面　　工程5の断面

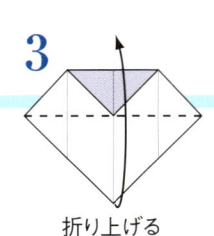

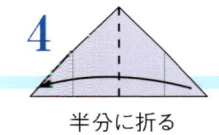

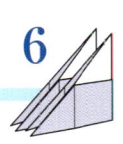

家のパーツ2　半くちばしパーツ

材料　くちばしパーツ×2

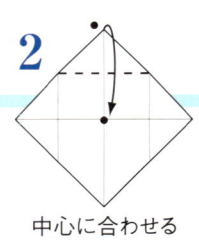

ブロックの部品です。青2枚で折ったくちばしパーツを開いて、
「くちばしパーツ」の工程4にしておきます。

1 くちばしパーツの工程4を閉く

2 中心に合わせる

3 折り上げる

4 半分に折る

5 半くちばしパーツ完成

6 平たくする

家のパーツ3　Mユニット

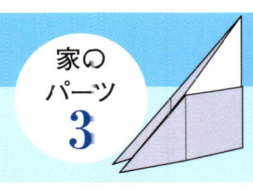

材料　くちばしパーツ、半くちばしパーツ×各1

くちばしパーツと半くちばしパーツを組んで作ります。

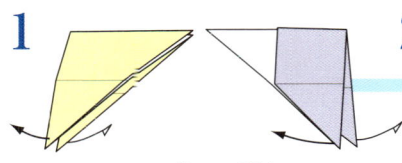

1 120°くらいに開く

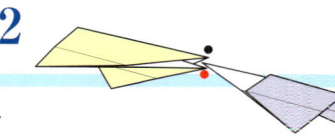

2 くちばしパーツの●と●の間に半くちばしパーツの白い部分を差し込む

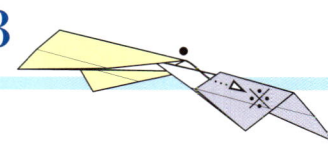

3 ※の下にカド●を入れる

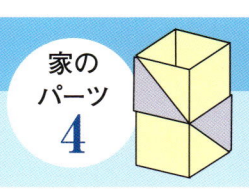

家のパーツ 4 ブロック

材料　Mユニット×2

Mユニットを2つ組んで4角い筒にします。袋と手を逆に組んでいないか、チェックポイント2〜4で確認してください。

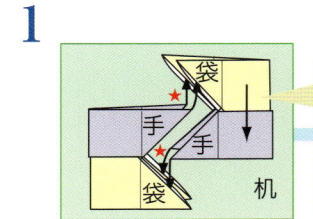

1
机の上に置いて上下に動かして青を黄に入れる

うまく差し込めないときは、まず奥の手★を少し入れてから、残り2つを入れる。

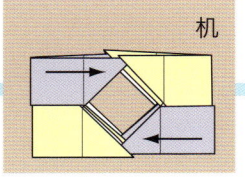

2
少しずつ押し込む

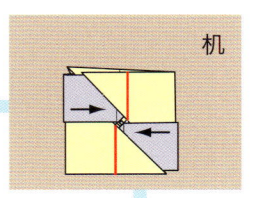

3
赤い線がそろうまで押し込む

4
押して立体にする

5
ブロック完成

チェックポイント4
内側は黄色。青のスリットがある。そうなっていなければ、Mユニットの工程2〜3やブロックの工程1でミスをしている。

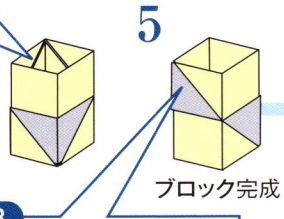

チェックポイント3
リボン模様になっているか？
なっていなければ、チェックポイント1と工程1をやりなおす。

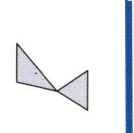

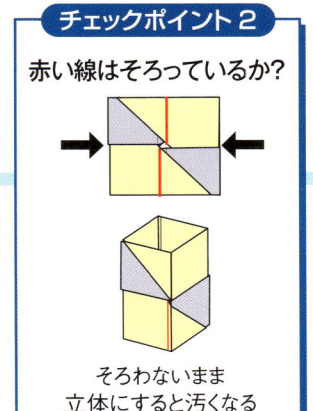

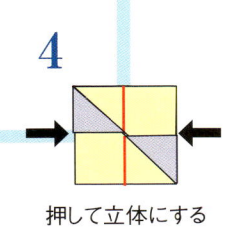

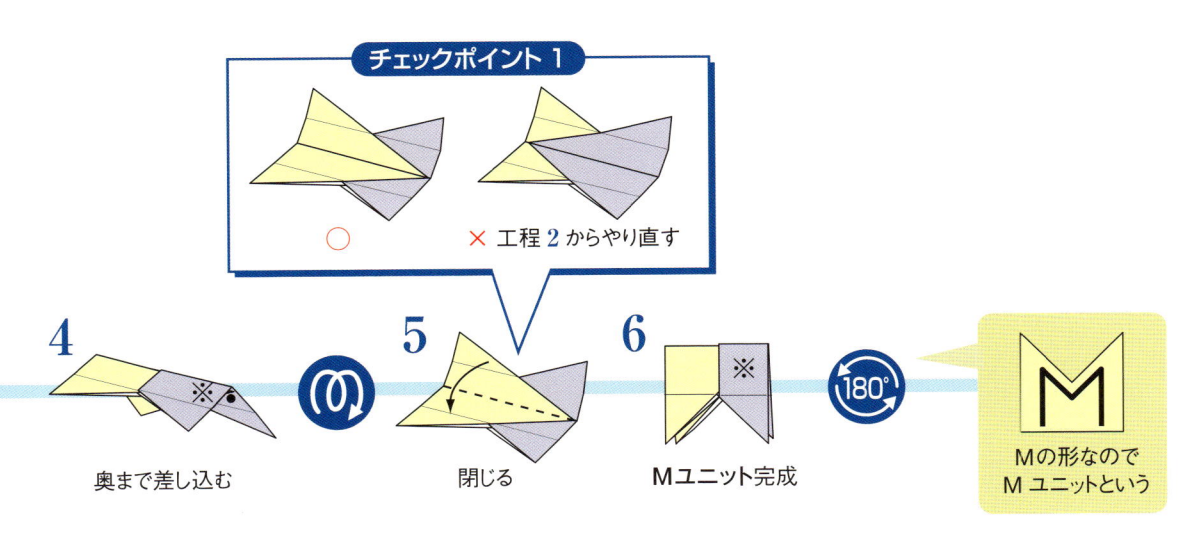

チェックポイント2
赤い線はそろっているか？
そろわないまま立体にすると汚くなる

チェックポイント1
○　×工程2からやり直す

4
奥まで差し込む

5
閉じる

6
Mユニット完成

Mの形なのでMユニットという

家のパーツ 1〜4

横ジョイント

家のパーツ **5**

ブロックを横に組む部品です。

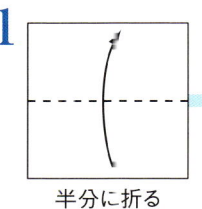

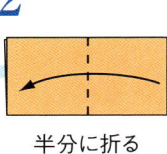

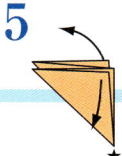

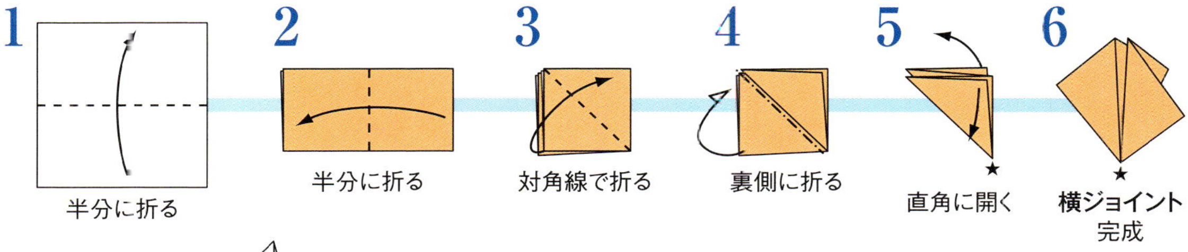

用紙サイズ 7.5cm×7.5cm
用紙の種類 普通の色紙

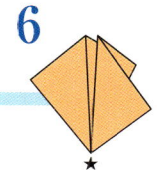

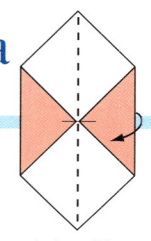

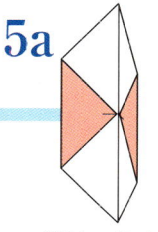

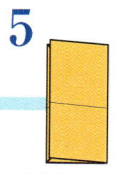

1 半分に折る
2 半分に折る
3 対角線で折る
4 裏側に折る
5 直角に開く
6 横ジョイント完成

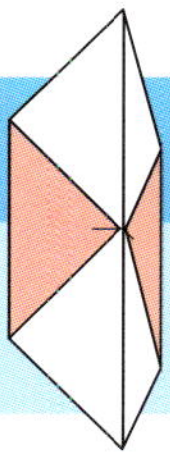

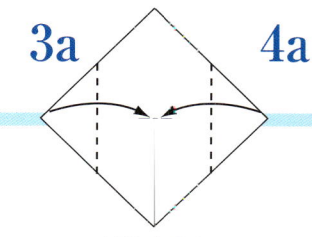

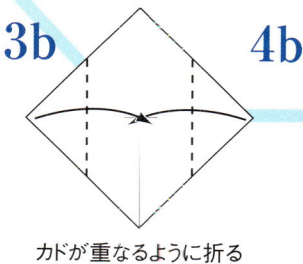

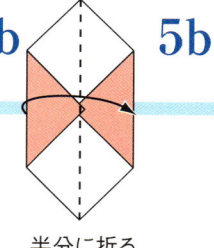

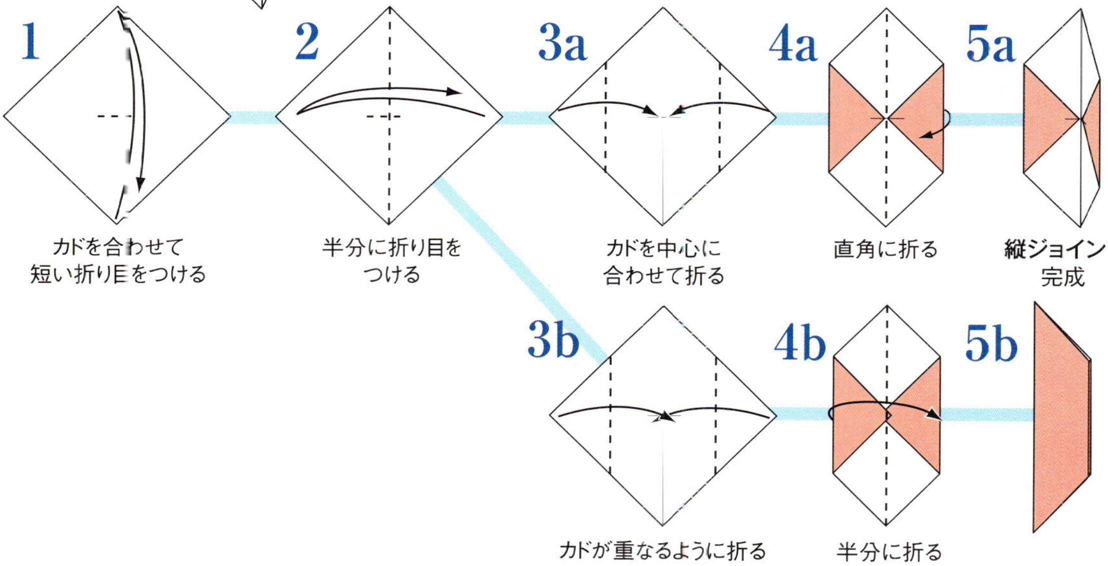

縦ジョイント

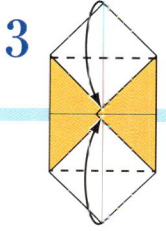

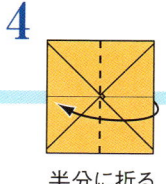

家のパーツ **6**

ブロックを縦方向に組む部品です。
工程 **5b** は「可愛い家」の本体に煙突を取りつける部品です。

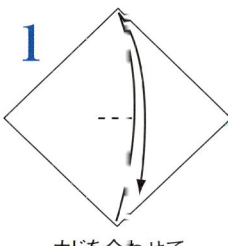

用紙サイズ 7.5cm×7.5cm
用紙の種類 普通の色紙

1 カドを合わせて短い折り目をつける
2 半分に折り目をつける
3a カドを中心に合わせて折る
4a 直角に折る
5a 縦ジョイント完成
3b カドが重なるように折る
4b 半分に折る
5b

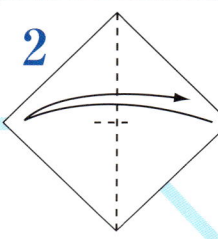

短ジョイント

家のパーツ **7**

ブロックを横方向に組む部品です。

用紙サイズ 7.5cm×7.5cm
用紙の種類 普通の色紙

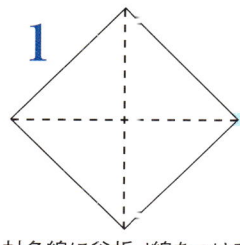

1 対角線に谷折り線をつける
2 カドを重ねて折る
3 中心に合わせる
4 半分に折る
5 短ジョイント完成

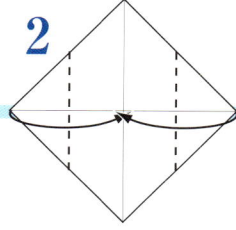

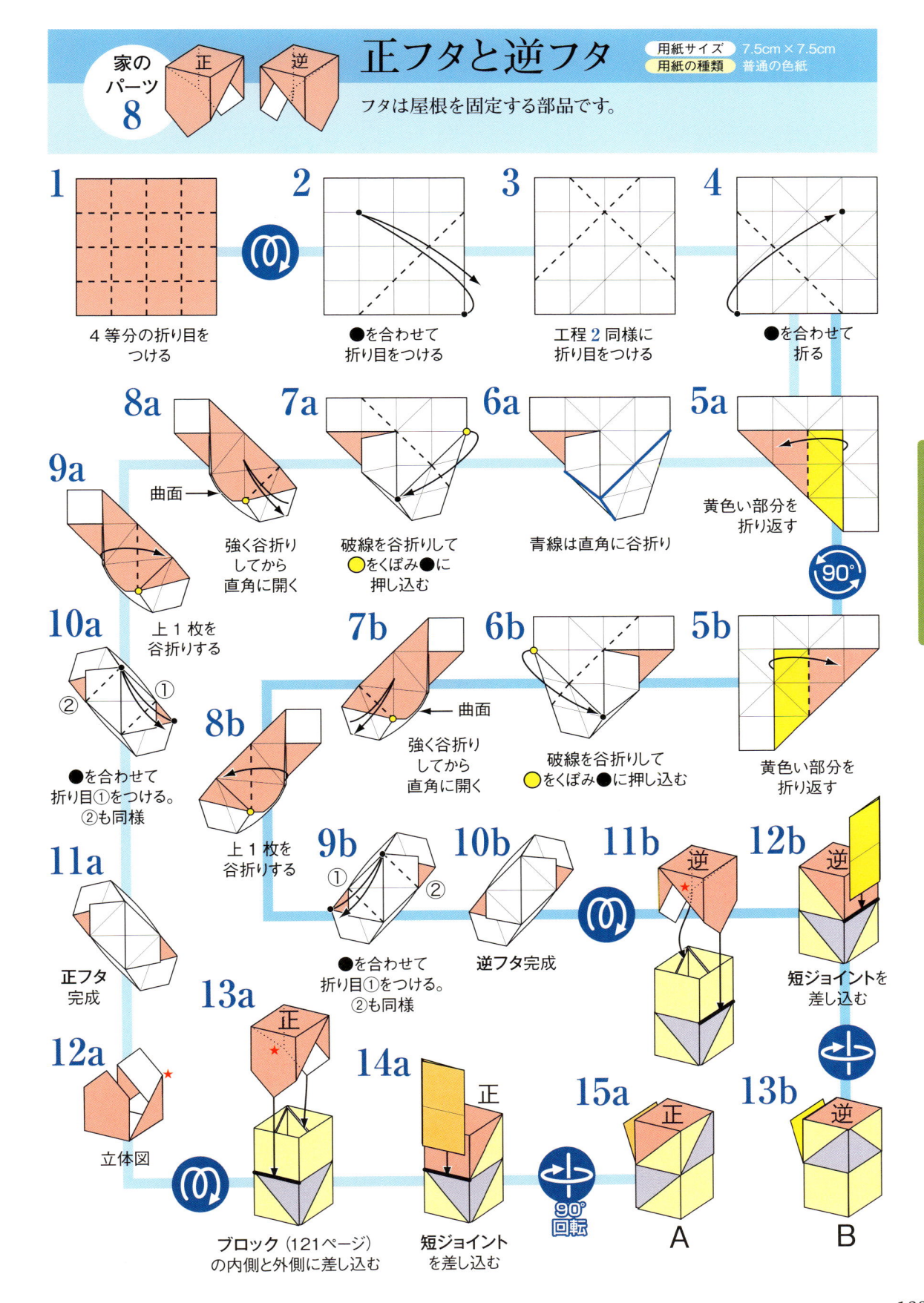

正フタと逆フタ

家のパーツ 8　正　逆

用紙サイズ　7.5cm × 7.5cm
用紙の種類　普通の色紙

フタは屋根を固定する部品です。

1 4等分の折り目をつける

2 ●を合わせて折り目をつける

3 工程2同様に折り目をつける

4 ●を合わせて折る

5a 黄色い部分を折り返す

6a 青線は直角に谷折り

7a 破線を谷折りして〇をくぼみ●に押し込む

8a 曲面 → 強く谷折りしてから直角に開く

9a 上1枚を谷折りする

10a ●を合わせて折り目①をつける。②も同様

11a 正フタ完成

12a 立体図

5b 黄色い部分を折り返す

6b 破線を谷折りして〇をくぼみ●に押し込む

7b 曲面 → 強く谷折りしてから直角に開く

8b 上1枚を谷折りする

9b ●を合わせて折り目①をつける。②も同様

10b 逆フタ完成

11b

12b 逆　短ジョイントを差し込む

13a 正

14a 正　短ジョイントを差し込む

15a 90°回転　A

13b 逆　B

ブロック（121ページ）の内側と外側に差し込む

家のパーツ 5〜8

123

可愛い家

ブロックのおもちゃのように、たくさん組んで家を作ります。糊なしでしっかり組めます。

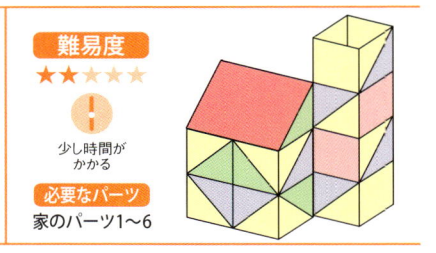

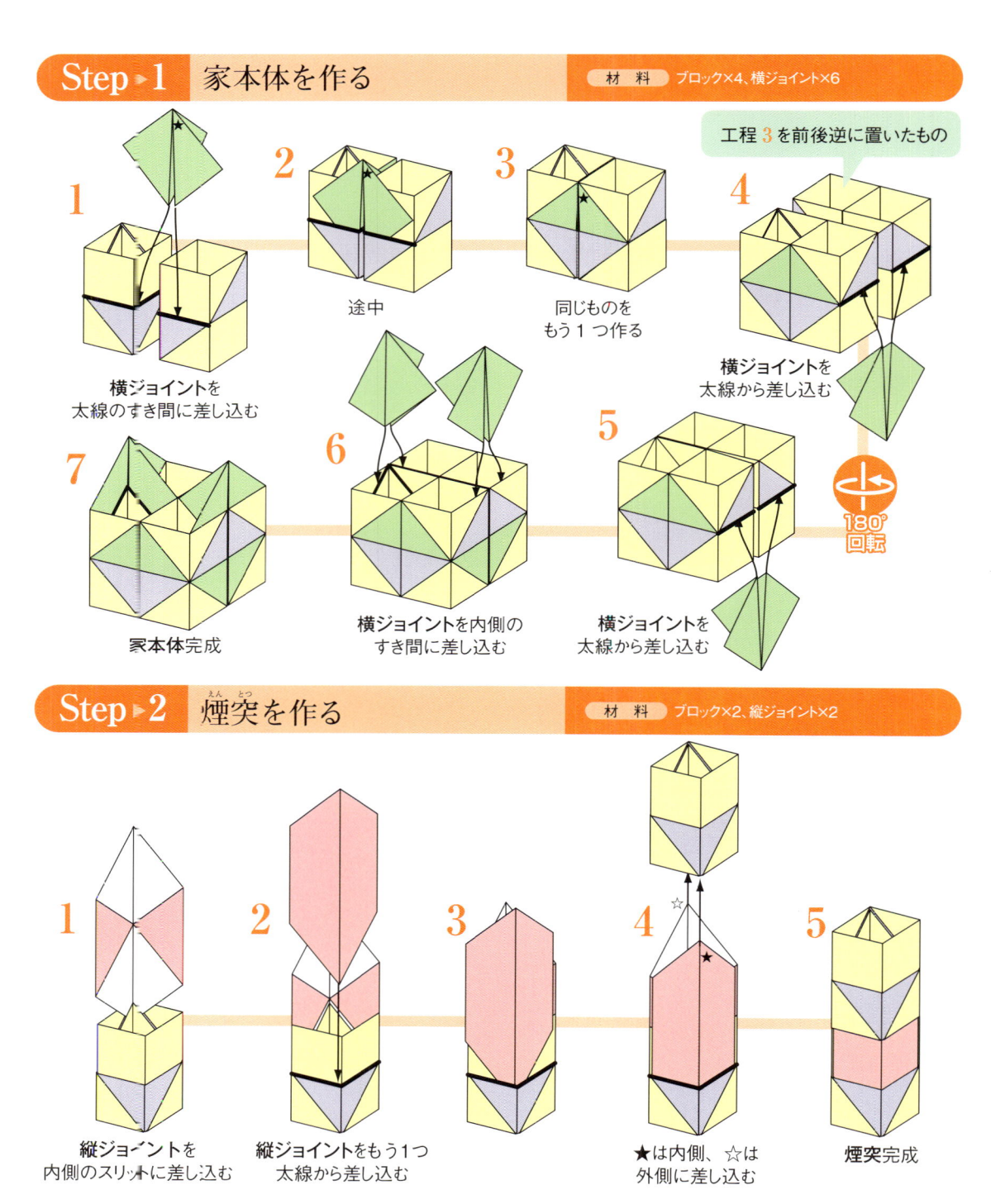

難易度 ★★☆☆☆

少し時間がかかる

必要なパーツ 家のパーツ1〜6

Step▶1 家本体を作る

材料 ブロック×4、横ジョイント×6

1 横ジョイントを太線のすき間に差し込む

2 途中

3 同じものをもう1つ作る

4 工程3を前後逆に置いたもの / 横ジョイントを太線から差し込む

180°回転

5 横ジョイントを太線から差し込む

6 横ジョイントを内側のすき間に差し込む

7 家本体完成

Step▶2 煙突を作る

材料 ブロック×2、縦ジョイント×2

1 縦ジョイントを内側のスリットに差し込む

2 縦ジョイントをもう1つ太線から差し込む

3

4 ★は内側、☆は外側に差し込む

5 煙突完成

124

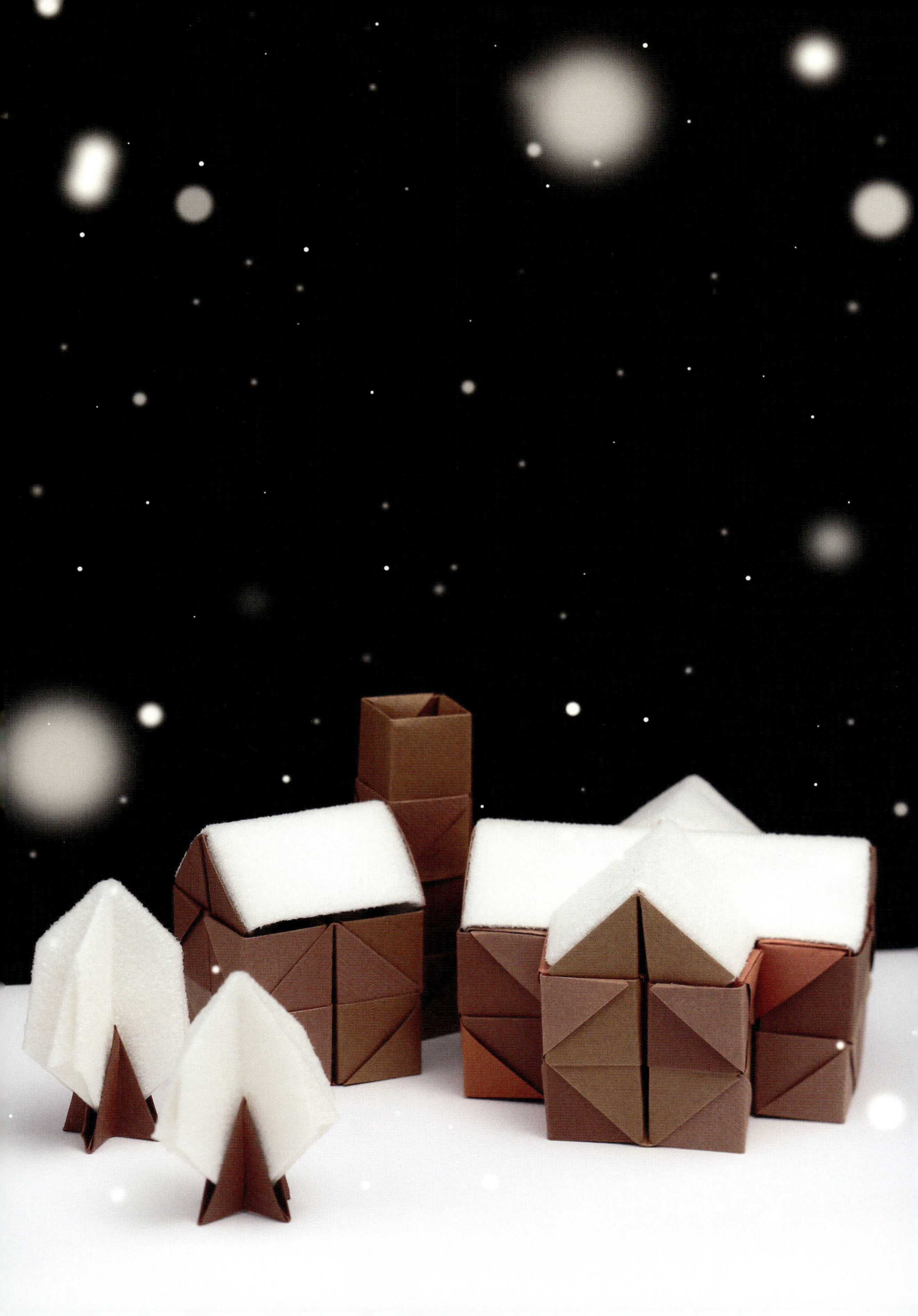

Step ▶3 屋根を作る

用紙サイズ　15cm×13cmの長方形
用紙の種類　普通の色紙

白い紙で折ると、雪が積もった家になります。

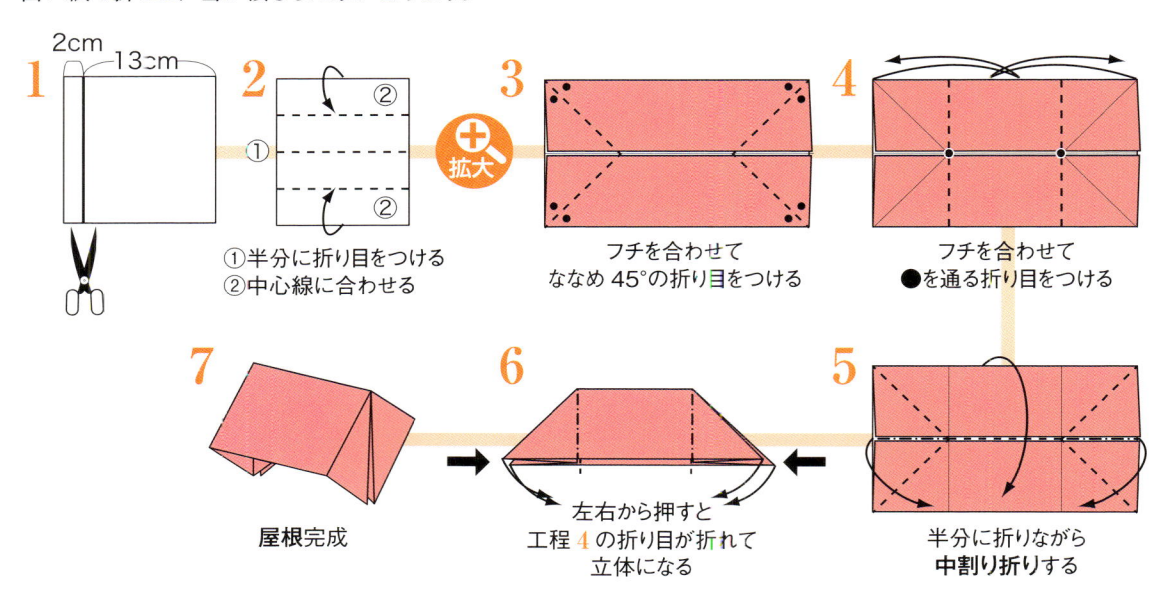

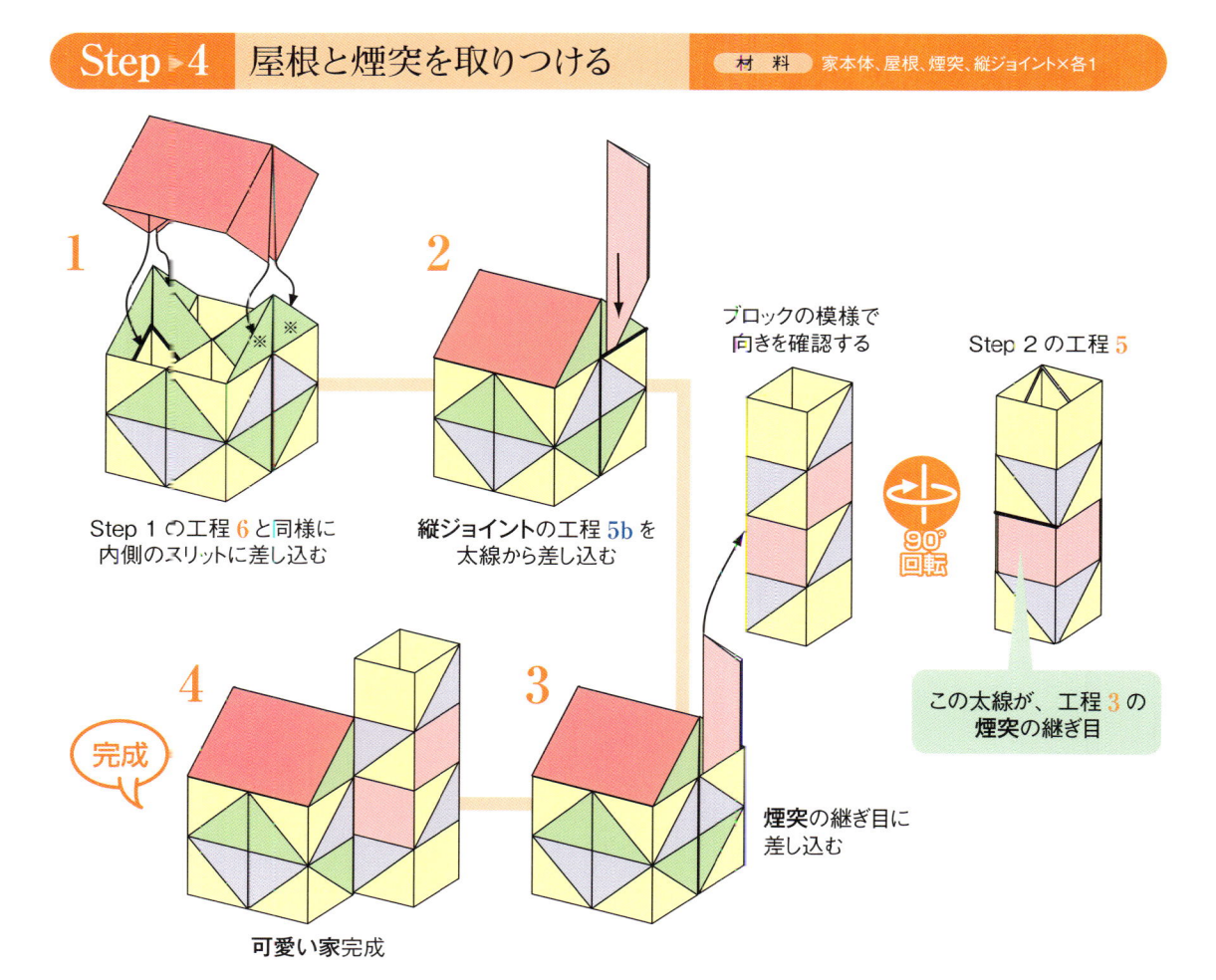

1 2cm 13cm

2
①半分に折り目をつける
②中心線に合わせる

➕拡大

3 フチを合わせて
ななめ45°の折り目をつける

4 フチを合わせて
●を通る折り目をつける

5 半分に折りながら
中割り折りする

6 左右から押すと
工程4の折り目が折れて
立体になる

7 屋根完成

Step ▶4 屋根と煙突を取りつける

材料　家本体、屋根、煙突、縦ジョイント×各1

1 Step 1の工程6と同様に
内側のスリットに差し込む

2 縦ジョイントの工程5bを
太線から差し込む

ブロックの模様で
向きを確認する

Step 2の工程5

90°回転

この太線が、工程3の
煙突の継ぎ目

3 煙突の継ぎ目に
差し込む

4 完成

可愛い家完成

126

応用　家を高くする

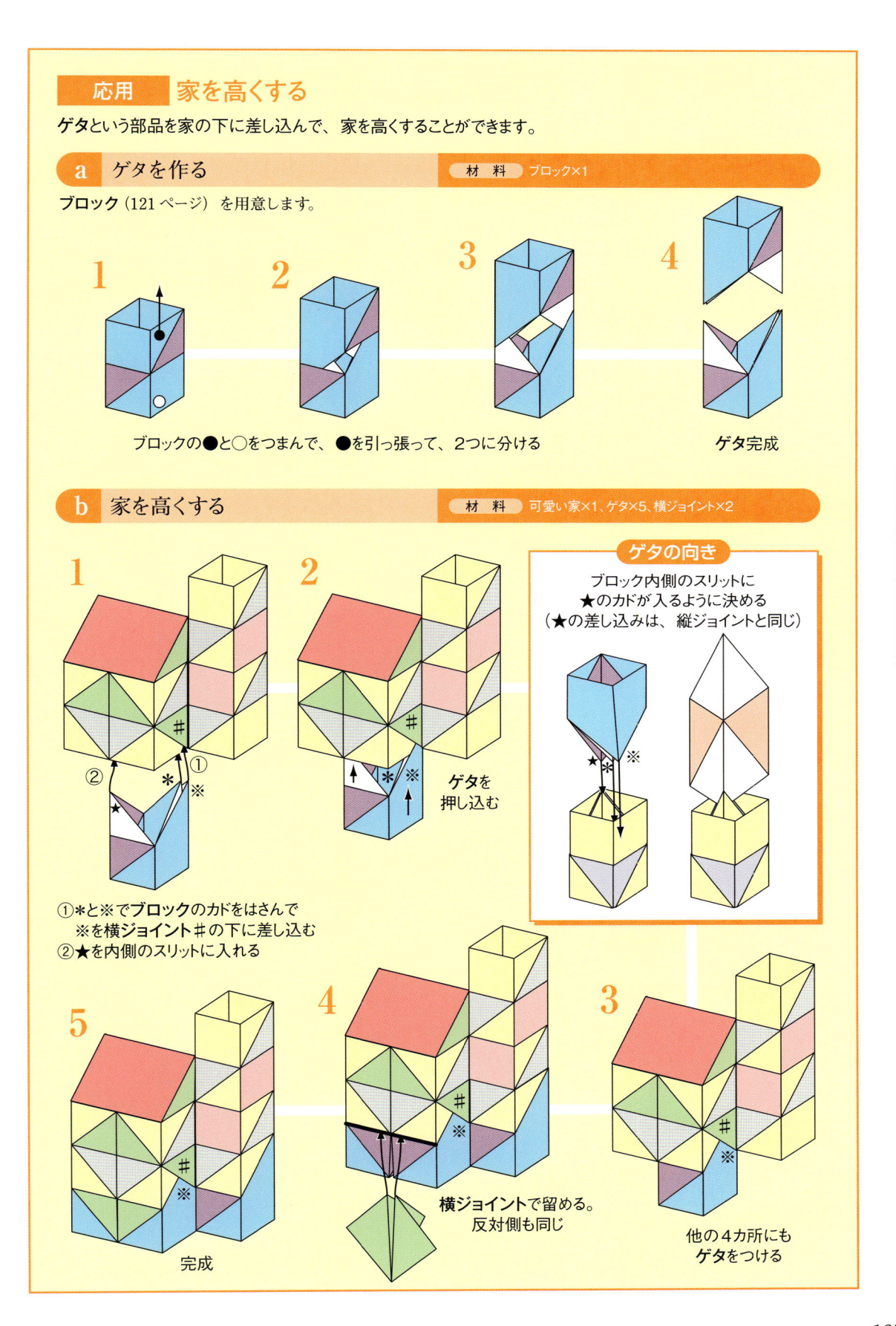

ゲタという部品を家の下に差し込んで、家を高くすることができます。

a　ゲタを作る

材料 ブロック×1

ブロック（121ページ）を用意します。

1

2

3

4

ブロックの●と○をつまんで、●を引っ張って、2つに分ける

ゲタ完成

b　家を高くする

材料 可愛い家×1、ゲタ×5、横ジョイント×2

1

2

ゲタを押し込む

ゲタの向き

ブロック内側のスリットに★のカドが入るように決める
（★の差し込みは、縦ジョイントと同じ）

①＊と※でブロックのカドをはさんで
　※を横ジョイント♯の下に差し込む
②★を内側のスリットに入れる

5

4

横ジョイントで留める。
反対側も同じ

3

他の4カ所にも
ゲタをつける

完成

遊ぶ折り紙

十字の家

屋根が十字の形をした家です。
ブロック8個分の長い家に張出し部分をつけて作ります。

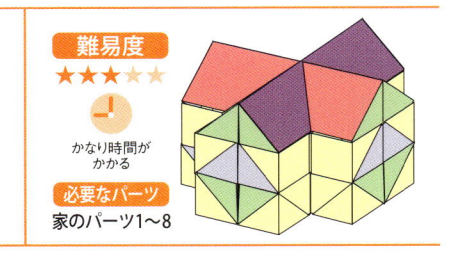

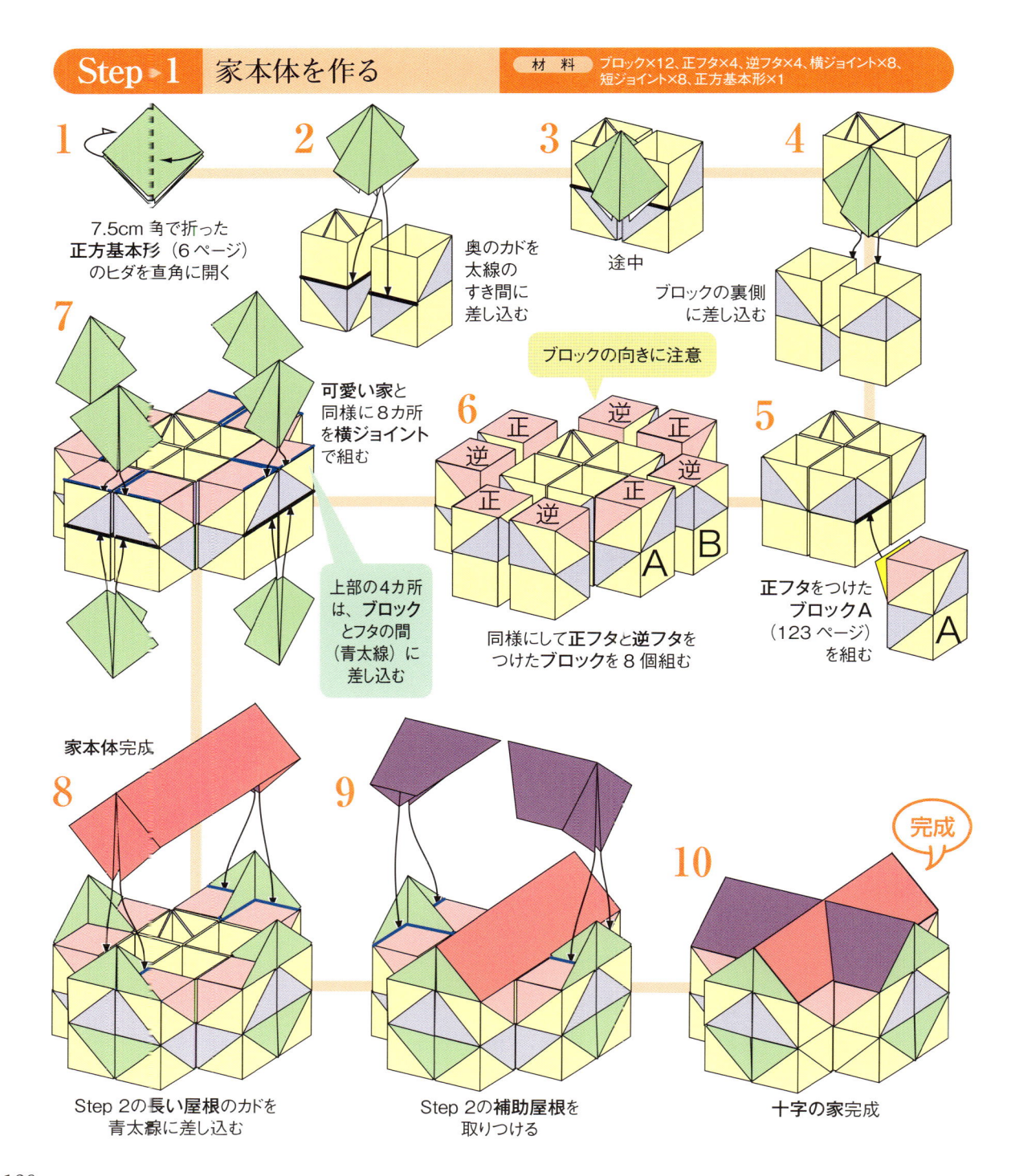

難易度 ★★★☆☆
かなり時間がかかる

必要なパーツ
家のパーツ1〜8

Step ▶ 1 家本体を作る

材 料 ブロック×12、正フタ×4、逆フタ×4、横ジョイント×8、短ジョイント×8、正方基本形×1

1 7.5cm角で折った**正方基本形**（6ページ）のヒダを直角に開く

2 奥のカドを太線のすき間に差し込む

3 途中

4 ブロックの裏側に差し込む

5 **正フタ**をつけた**ブロックA**（123ページ）を組む

6 ブロックの向きに注意
同様にして**正フタ**と**逆フタ**をつけた**ブロック**を8個組む

7 可愛い家と同様に8カ所を**横ジョイント**で組む
上部の4カ所は、**ブロック**と**フタ**の間（青太線）に差し込む

8 家本体完成
Step 2の**長い屋根**のカドを青太線に差し込む

9 Step 2の**補助屋根**を取りつける

10 完成
十字の家完成

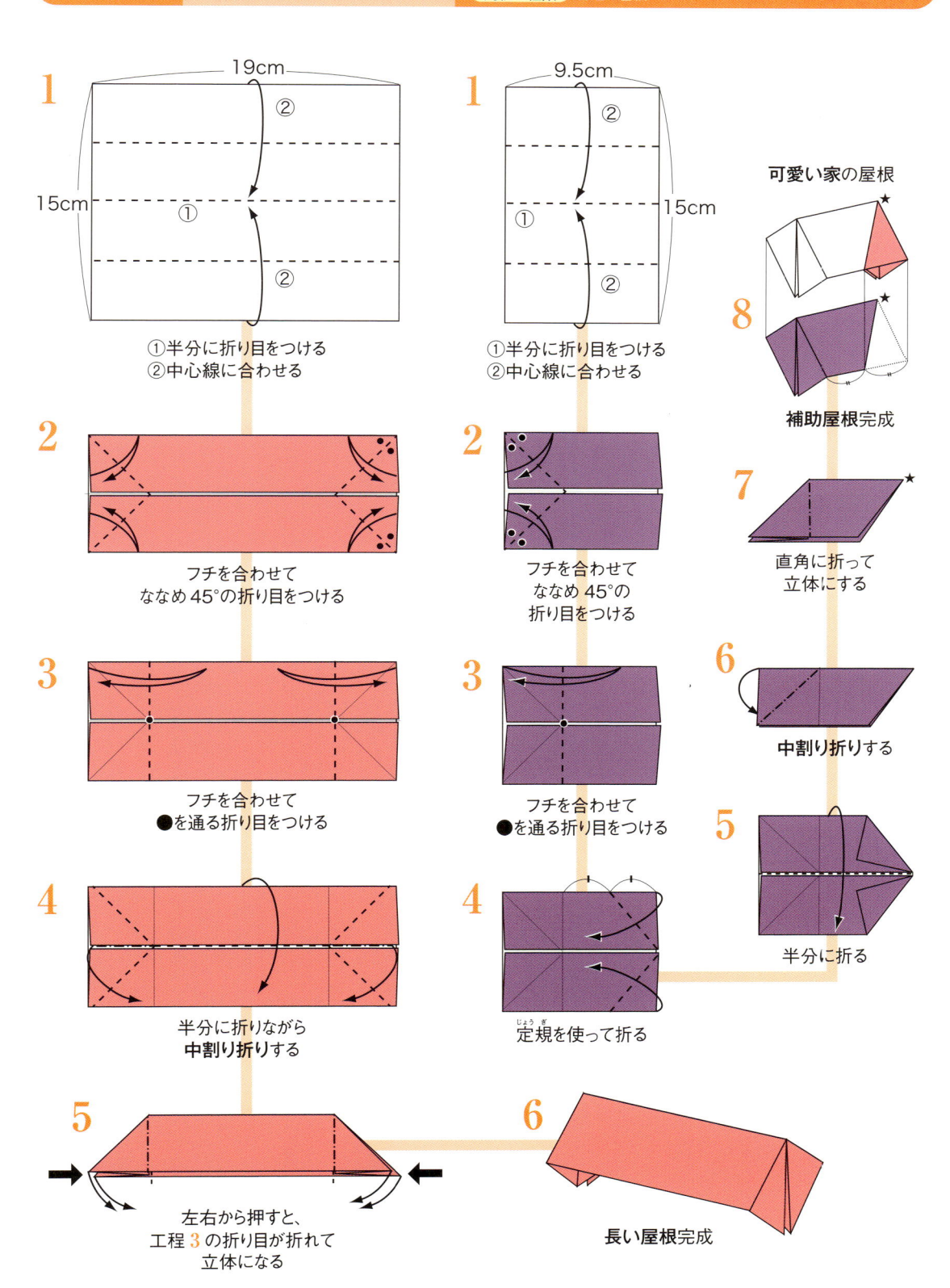

Step▶2 屋根を作る

用紙サイズ　15cm×19cm×1枚、15cm×9.5cm×2枚
用紙の種類　普通の色紙

1
19cm / 15cm
①半分に折り目をつける
②中心線に合わせる

1
9.5cm / 15cm
①半分に折り目をつける
②中心線に合わせる

2
フチを合わせて
ななめ45°の折り目をつける

2
フチを合わせて
ななめ45°の折り目をつける

3
フチを合わせて
●を通る折り目をつける

3
フチを合わせて
●を通る折り目をつける

4
半分に折りながら
中割り折りする

4
定規を使って折る

5
左右から押すと、
工程3の折り目が折れて
立体になる

6
長い屋根完成

5
半分に折る

6
中割り折りする

7
直角に折って
立体にする

8
補助屋根完成

可愛い家の屋根

遊ぶ折り紙

129

教会

尖塔のある小さな教会です。
「可愛い家」を少し加工して作ります。
Step 1 はまず 15cm 角の色紙で練習しましょう。

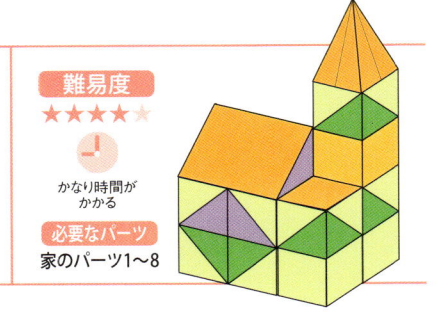

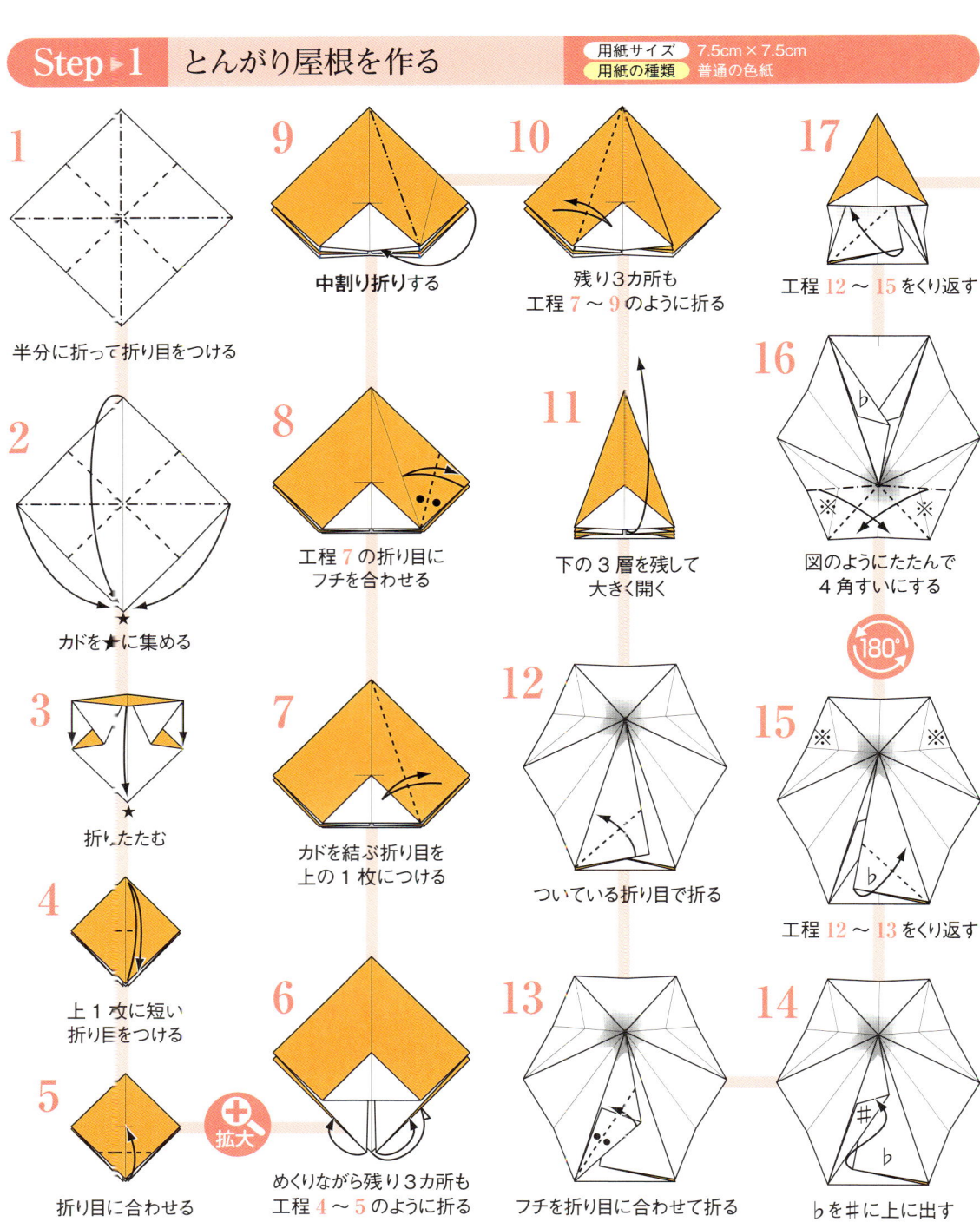

難易度 ★★★★☆
かなり時間がかかる

必要なパーツ
家のパーツ 1～8

Step ▶ 1　とんがり屋根を作る

用紙サイズ 7.5cm × 7.5cm
用紙の種類 普通の色紙

1 半分に折って折り目をつける

2 カドを★に集める

3 折りたたむ

4 上 1 枚に短い折り目をつける

5 折り目に合わせる

⊕ 拡大

6 めくりながら残り 3 カ所も工程 4 ～ 5 のように折る

7 カドを結ぶ折り目を上の 1 枚につける

8 工程 7 の折り目にフチを合わせる

9 中割り折りする

10 残り 3 カ所も工程 7 ～ 9 のように折る

11 下の 3 層を残して大きく開く

12 ついている折り目で折る

13 フチを折り目に合わせて折る

14 ♭を♯に上に出す

15 工程 12 ～ 13 をくり返す

↻ 180°

16 図のようにたたんで 4 角すいにする

17 工程 12 ～ 15 をくり返す

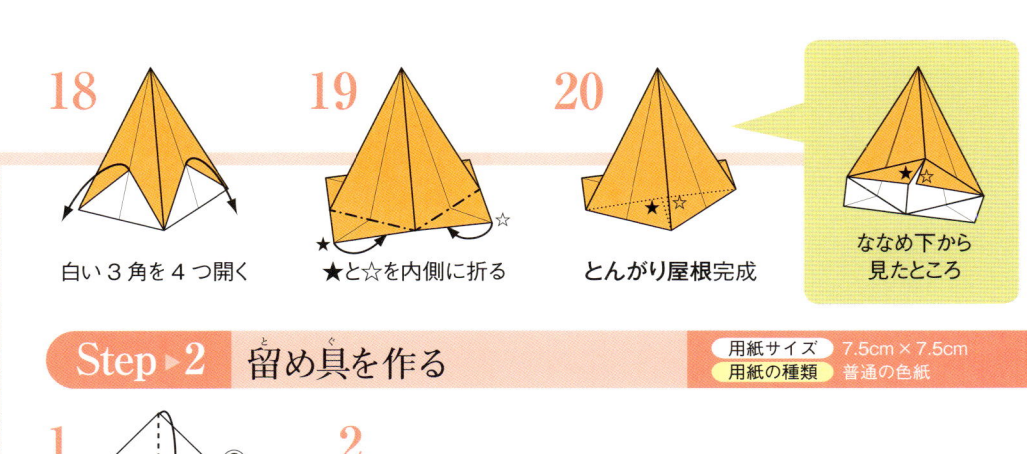

18 白い3角を4つ開く

19 ★と☆を内側に折る

20 とんがり屋根完成

ななめ下から見たところ

Step ▶ 2 留め具を作る

用紙サイズ 7.5cm × 7.5cm
用紙の種類 普通の色紙

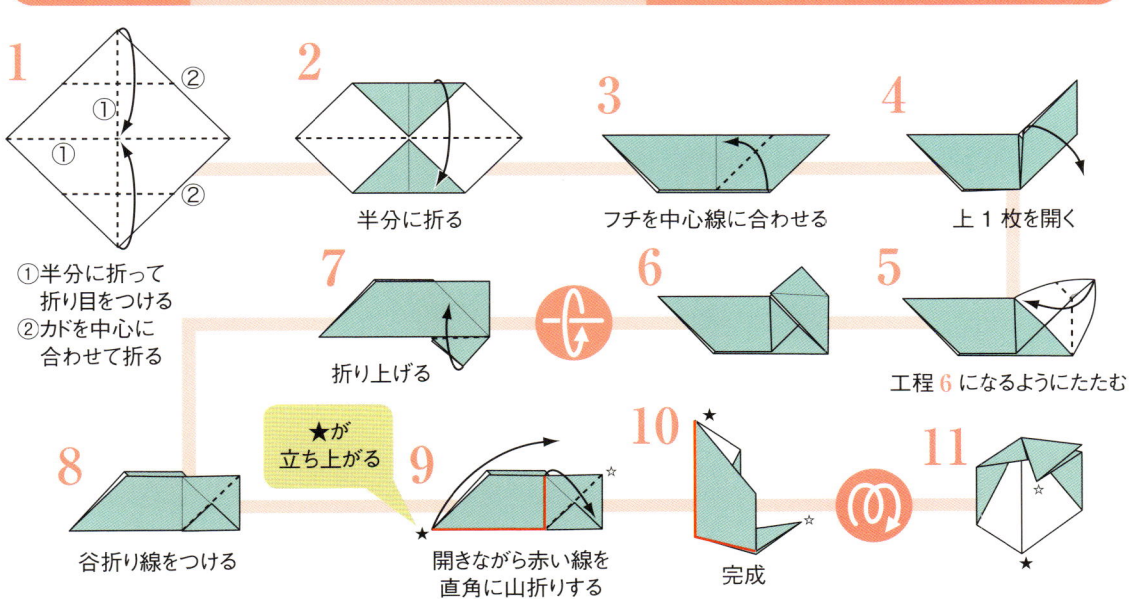

1
①半分に折って折り目をつける
②カドを中心に合わせて折る

2 半分に折る

3 フチを中心線に合わせる

4 上1枚を開く

5 工程6になるようにたたむ

6

7 折り上げる

8 谷折り線をつける

9 ★が立ち上がる 開きながら赤い線を直角に山折りする

10 完成

11

遊ぶ折り紙

Step ▶ 3 教会を作る

材料 可愛い家、逆フタをつけたブロック、短ジョイント×2、とんがり屋根、留め具×2

工程1の向きにつけた「可愛い家」の煙突に、とんがり屋根を取りつけます。

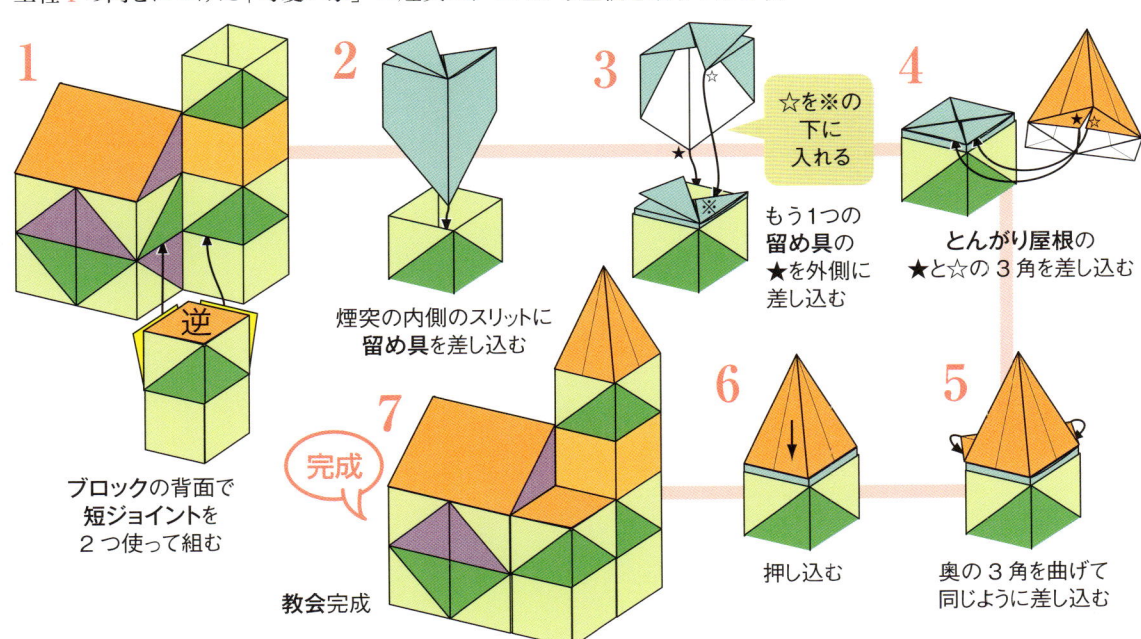

1 逆 ブロックの背面で短ジョイントを2つ使って組む

2 煙突の内側のスリットに留め具を差し込む

3 ☆を※の下に入れる もう1つの留め具の★を外側に差し込む

4 とんがり屋根の★と☆の3角を差し込む

5 奥の3角を曲げて同じように差し込む

6 押し込む

7 完成 教会完成

131

街の壁（見張りの通路）

城壁で囲まれた中世の町では、
壁の一部が見張り用の通路になっています。
「十字の家」の長い屋根を使います。

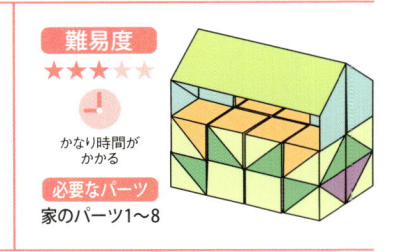

難易度 ★★★☆☆
かなり時間がかかる

必要なパーツ
家のパーツ1～8

Step▶1 　柱を作る

材料 縦ジョイント×2

縦ジョイント（122ページ）の工程 **4a** から始めます。

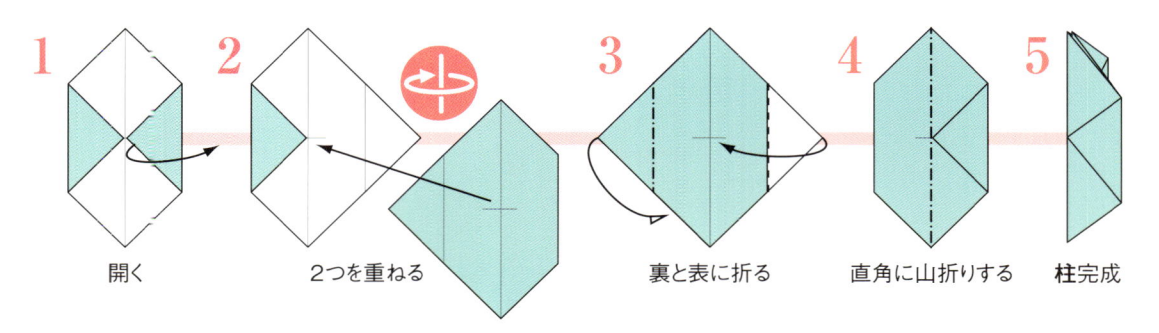

1. 開く
2. 2つを重ねる
3. 裏と表に折る
4. 直角に山折りする
5. 柱完成

Step▶2 　街の壁を作る

材料 フタつきブロック×8、横ジョイント×2、長い屋根、柱×4、正方基本形×1、短ジョイント×4

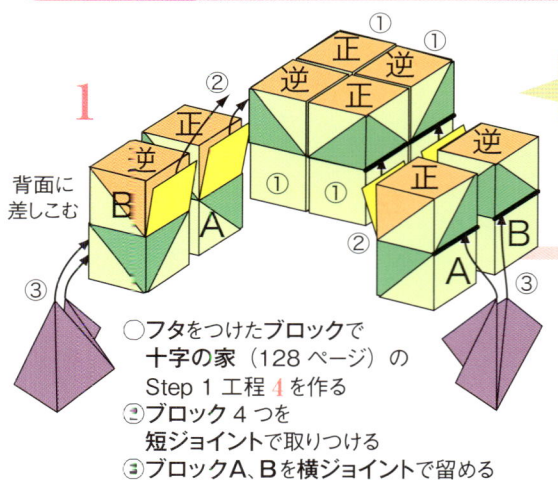

正フタと逆フタがブロックに正しくついていないと、柱が差し込めない

1.
- ○ フタをつけたブロックで**十字の家**（128ページ）の Step 1 工程 **4** を作る
- ② ブロック4つを**短ジョイント**で取りつける
- ③ ブロックA、Bを**横ジョイント**で留める

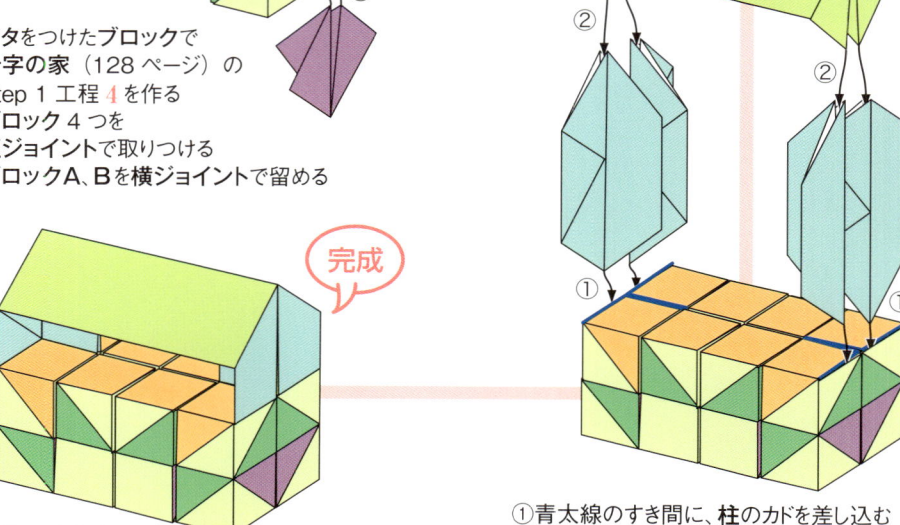

背面に差しこむ

2.
① 青太線のすき間に、**柱**のカドを差し込む
② **長い屋根**（129ページ）のカドを、**柱**に差し込む

3. 街の壁完成

完成

木と切り株

「正方基本形」と「鶴の基本形」を組み合わせたものです。
葉の部分の工程 1 の折りは自由です。
お好みの樹形にしてください。幹は津田良夫さんのアイデアです。

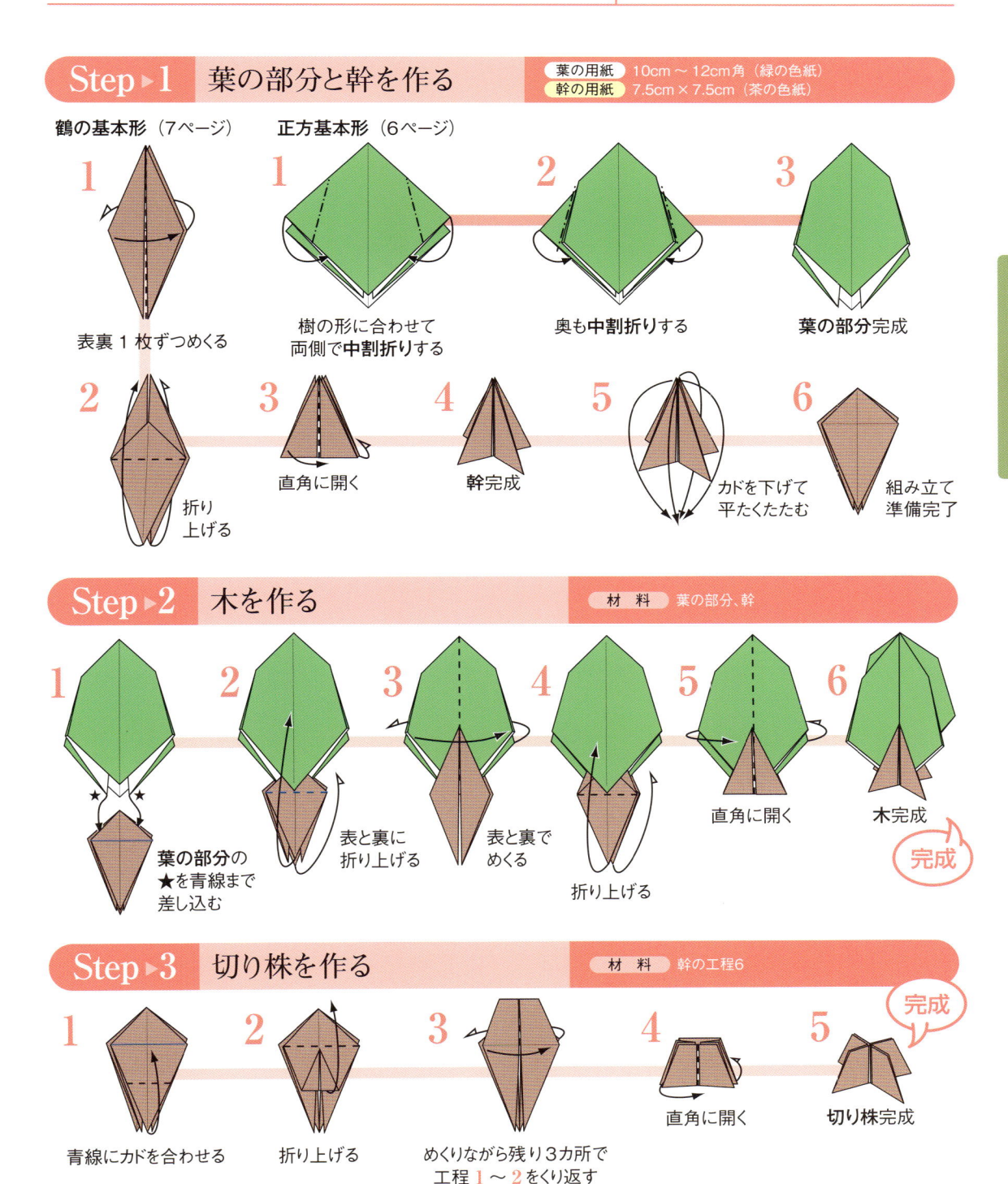

難易度 ★☆☆☆☆
あまり時間はかからない

Step▶1　葉の部分と幹を作る

| 葉の用紙 | 10cm～12cm角（緑の色紙） |
| 幹の用紙 | 7.5cm×7.5cm（茶の色紙） |

鶴の基本形（7ページ）

1. 表裏1枚ずつめくる
2. 折り上げる

正方基本形（6ページ）

1. 樹の形に合わせて両側で**中割折り**する
2. 奥も**中割折り**する
3. **葉の部分**完成
4. 直角に開く
5. **幹**完成
6. カドを下げて平たくたたむ

組み立て準備完了

Step▶2　木を作る

材料　葉の部分、幹

1. 葉の部分の★を青線まで差し込む
2. 表と裏に折り上げる
3. 表と裏でめくる
4. 折り上げる
5. 直角に開く
6. **木**完成

完成

Step▶3　切り株を作る

材料　幹の工程6

1. 青線にカドを合わせる
2. 折り上げる
3. めくりながら残り3カ所で工程1～2をくり返す
4. 直角に開く
5. **切り株**完成

完成

遊ぶ折り紙

写真に使用した用紙一覧

掲載頁	作品名	一般名称・商品名〈メーカー名〉（色 etc.）
カバー	箱の折り紙	オーロラおりがみ、パールカラーおりがみ、ホイル折り紙
p.8-9	1章　使う折り紙	タント、パラフィン紙
p.11	俵の箸置き	普通の色紙、ちよがみコレクション〈トーヨー〉
p.13	花の器	千代紙、タント100kg（L-50）
p.16	チューリップの器	タント100kg（L-50、N-50、D-50）
p.19	合格（5角）ペン立て	ローマストーン（オールド）、タント100kg（D-69、N-66）
p.22	8角ペン立て	岩肌おりがみ〈ゆしまの小林〉
p.25	葉っぱの器	おりがみコーデ（NATURE）、普通の色紙
p.30	LEDキャンドル	和紙
p.34	白鳥のライトスタンド	パラフィン紙
p.38	しゃくなげのライトスタンド	パラフィン紙、タント、普通の色紙（緑）
p.50-51	2章　箱の折り紙	オーロラおりがみ、パールカラーおりがみ、ホイル折り紙
p.55	風車箱	オリガミオリガミ（ストライプ柄、ドット柄）、普通の色紙
p.60	玉手箱	千代紙、里紙100kg（あずき）、タント100kg（H-50、D-63）
p.65	トマトボックス	両面色紙
p.68	4つ星の箱	オーロラおりがみ〈トーヨー〉、パールカラーおりがみ〈ショウワグリム〉、ホイル折り紙
p.74	6角浅箱	普通の色紙、ちよがみコレクション〈トーヨー〉他
p.80	6角深箱	ホイル折り紙+白の色紙（貼り合わせ）
p.85	8角浅箱	普通の色紙、オリガミオリガミ（パッチワーク柄）
p.91	8角深箱	ちよがみコレクション〈トーヨー〉、両面ドットちよがみ〈ショウワグリム〉、普通の色紙
p.95	ストライプのギフトボックス	タント100kg（N-58、D-57、N-64、N-62、N-68、N-70）
p.98	モンドリアンボックス	普通の色紙
p.104-105	3章　遊ぶ折り紙	普通の色紙
p.107	デルタ積み木	動物おりがみ〈ダイソー〉、普通の色紙
p.109	3角雛	千代紙、普通の色紙
p.118	鎧玉、ボウリングのピン	タント100kg（L-73、B-4、N-51、L-72、N-73、L53、N-61、D-63、）
p.125	可愛い家、十字の家、木	色画用紙、ふわふわ紙 ヴィベールペーパー

おわりに ── 仲間に支えられて

　仲間に支えられて、たくさんの実用折り紙ができました。しかし、船出は順調ではありませんでした。編集者に「箱を作りませんか」と言われても、「できません」。「おひなさまはどうですか」には、「創作意欲がわきません」と応えるありさま。いかりを揚げて出港したのは「風車箱」ができた 2011 年 3 月、2 年余り前のことでした。そこから猛ダッシュ、21 世紀マイベスト折り紙の「玉手箱」など、本書の 2 章の作品が続々と生まれました。30 年かけて完成させた「白鳥」は、ライトスタンドとして輝きました。「モンドリアンボックス」で用いた"重ね折り"や"ねじ組み"などの新技法も開発しました。これらの技法は、この先多くの作品を生み出すことでしょう。

　さて、推奨した紙で作品を折っていただけたでしょうか。シワになりやすい銀紙は、白い色紙と重ねて折ることで丈夫できれいに仕上がります。完成したらそこで終わりとせず、お好みの包装紙や和紙を生かす工夫をして"自分流"の折り紙を作ってみてください。そして、お友達に披露して折り紙の輪を広げましょう！

　折り紙の輪が広がると、新しい折り紙が生まれます。「デルタ積み木」など、「3 角雛」系列の作品の原点は、日本折紙協会筑後支部の研修会で教わったものです。もし、支部長の関根千鶴子さんをはじめとする折り紙仲間がいなければ、「3 角雛」やその後に続く折り紙は存在しないのです。不思議ですね。

　仕事の仲間、編集者の谷岡美佐子さんには企画・校正はもとより、監督・コーチから紙の買い出しまで何から何までしていただきました。本当にありがとうございました。紙の指定を含むデザインは前書同様、鈴木悦子さん。口絵作品用の銀紙が届いたときには「鈴木さん、ホイル紙ではきれいに折れないよー。撮影までに紙を選び直す時間はない。事前打ち合わせをきちんとすべきだった！」と後悔しました。しかし、2 枚重ねで折ることで問題が解決すると同時に、銀紙を自家薬籠中の物にすることができました。楽しいデザインとハードルに感謝いたします。松田祐加子さん、DTPと書き換え・追加への対応ありがとうございました。米倉裕貴さん、「しゃしん」が「捨身」と変換されるほどの写真撮影に驚きました。今回も素敵な写真をありがとうございます。作品制作では、萩原嘉奈子さんと阿南高専建設システム工学科の矢野和樹君にとても助けていただきました。この場を借りて、皆さまにお礼申し上げます。

2013 年 7 月　川崎敏和

使う 遊ぶ 博士の実用夢折り紙

2013年9月30日　初版第1刷発行

著者　川崎敏和

写真　米倉裕貴

装丁・デザイン・DTP　プールグラフィックス

作品制作協力　萩原嘉奈子、矢野和樹

編集　谷岡美佐子

発行者　原 雅久

発行所　株式会社 朝日出版社

〒101-0065　東京都千代田区西神田 3-3-5

電話　03-3263-3321（代表）

http://www.asahipress.com

印刷・製本　凸版印刷株式会社

ISBN978-4-255-00735-9 C0076

乱丁・落丁本はお取り替えいたします。

無断で複写複製することは著作権の侵害になります。

定価はカバーに表示してあります。

©Toshikazu Kawasaki 2013
Printed in Japan

川崎敏和（かわさき・としかず）

折り紙作家。阿南工業高等専門学校教授。1955年、福岡県出身。折り鶴変形理論で博士号（数理学）を取得。次々に独創的な折り紙を考案。とくに「ばら」は "Kawasaki Rose" とよばれ、世界的に高く評価されている。日々、高専で教鞭をとって学生と向き合いながら、折り紙の創作活動を行い、講演等で国内外を飛び回っている。著書に『バラと折り紙と数学と』（森北出版）、『折り紙夢WORLD』『折り紙夢WORLD 花と動物編』『博士の折り紙夢BOOK』『究極の夢折り紙』（小社刊）など。

川崎敏和先生実演の動画

下記URLから「葉っぱの器」「しゃくなげのライトスタンド」「モンドリアンボックス」「鎧玉」の折り方の一部を、川崎敏和先生が実演して解説する動画で見ることができます。

http://www.asahipress.com/origami/movie/

【注意】
●本書初版第1刷の刊行日（2013年9月30日）より1年を経過した後は、告知なしに上記サイトを削除する場合があります。あらかじめご了承ください。